U0626170

武汉区域金融中心
建设创新路径研究

许传华　于敏　等　著

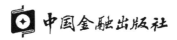

中国金融出版社

责任编辑：石　坚
责任校对：李俊英
责任印制：陈晓川

图书在版编目（CIP）数据

武汉区域金融中心建设创新路径研究／许传华等著．—北京：中国金融出版社，2022.11

ISBN 978-7-5220-1782-2

Ⅰ.①武…　Ⅱ.①许…　Ⅲ.①区域金融中心—建议—研究—武汉　Ⅳ.①F832.763.1

中国版本图书馆 CIP 数据核字（2022）第 189006 号

武汉区域金融中心建设创新路径研究
WUHAN QUYU JINRONG ZHONGXIN JIANSHE CHUANGXIN LUJING YANJIU

出版
发行　**中国金融出版社**

社址　北京市丰台区益泽路 2 号
市场开发部　（010）66024766，63805472，63439533（传真）
网上书店　www.cfph.cn
　　　　　（010）66024766，63372837（传真）
读者服务部　（010）66070833，62568380
邮编　100071
经销　新华书店
印刷　北京九州迅驰传媒文化有限公司
尺寸　169 毫米×239 毫米
印张　18.75
字数　280 千
版次　2022 年 11 月第 1 版
印次　2022 年 11 月第 1 次印刷
定价　68.00 元
ISBN 978-7-5220-1782-2
如出现印装错误本社负责调换　联系电话(010)63263947

序

武汉具有深厚的金融历史积淀。19 世纪中叶,汉口即有现代银行业与传统票号、钱庄并存的局面。当时,当铺、票号、钱庄等旧式金融机构有 200 余家。20 世纪初期,汉口现代金融业快速发展,至 1926 年北伐战争前夕,本国银行发展为 52 家,外资银行增至 20 家,钱庄 200 余家。汉口花楼街于 1916 年设立了证券交易所,经营范围除现货外,还有期货交易。保险业也很兴旺,1917 年汉口的外商保险公司达 102 家,并成立了西商火险公会。到 1947 年,汉口的国内商业银行发展到 60 家,保险公司 43 家,中国农民银行总部一度设在武汉,其他一些本国银行也在武汉设立分支机构。当时的武汉成为全国仅次于上海的第二大金融中心,也是中部地区唯一的金融中心。

20 世纪 90 年代初期,武汉国债交易市场十分红火,1992 年武汉已成为全国最大的债券交易中心,其价格在当时对全国产生了重大影响,国债交易主要依托武汉证券交易中心进行。武汉柜台交易市场(汉柜)红红火火,汉柜一度闻名全国。武汉国债和股票柜台交易当时在全国范围来讲,不论运营机制、硬件设备、管理体系,还是从交易规模、市场容量来讲,都是首屈一指的,在全国占有十分重要的地位。

自 1990 年以来,为把武汉建成现代化的金融中心,武汉曾多次提出不同的方案和设想。1990 年,武汉第一次冲击,要建立商品期货交易所。1992 年,武汉第二次冲击,要建成华中柜台交易市场。1993 年,武汉第三次冲击,要建成我国第三家证券交易所。1994 年,武汉第四次冲击,要建成国债期货交易所。1999 年，武汉第五次冲击，要创建二板市场。2001 年，武汉第六次冲击，要建成股指期货交易市场。2002 年，武汉第七次冲击，要在武汉恢复国债期货交易。

历史的辉煌赋予了武汉太多的责任，尽管屡次遭遇挫折，但武汉仍以打造区域金融中心作为首要任务，不断推进创新、探索。湖北省、武汉市政府一直高度重视武汉区域金融中心建设，相继出台了《武汉区域金融中心建设总体规划（2014—2030）》（武政〔2015〕20 号）、《武汉市打造金融中心实施方案（2021—2025 年）》（武办文〔2021〕23 号）等规划和实施方案，武汉金融得到了长足发展，区域金融中心建设不断推进。

加强现代金融组织体系建设。以金融发展服务地方经济发展为主导方向，大力支持现有地方金融机构做大做强，积极推动组建新型金融机构，努力引进和发展外资金融机构，吸引金融机构在武汉设立后台服务中心，进一步提升武汉金融机构集聚度，积极构建现代金融组织体系。

加强现代金融市场体系建设。以金融市场体系建设为核心，以改革创新为动力，以提高武汉金融资源配置效率为重点，发掘潜力，培育并形成层次分明、错位竞争的金融市场体系，吸引金融机构集聚、投融资交易繁荣，不断增强武汉金融资源的集聚力和辐射力。

加强金融创新体系建设。以科技金融创新为重点，推进金融机构、金融产品、金融服务及金融监管改革创新，将武汉打造为中部地区金融综合改革试验区，从新机构、新产品、新服务、新监管四方面系统性提升武汉区域金融中心服务中部地区实体经济发展的能力，不断创新、勇于自我超越，巩固武汉金融业在中部地区难以撼动的核心竞争优势。

加强现代金融服务体系建设。把握金融服务实体经济的本质要求，以保障经济转型升级，扶持战略性新兴产业和小微企业发展为导向，按"市场培育、政策扶持"的发展思路，建设先进、便捷、高效的现代金融服务体系，做好"民生金融""绿色金融""微型金融"和"城镇化金融"。

在各级主管部门的支持与引导下，武汉金融机构日益聚集，金融市场日趋繁荣，金融业态创新踊跃，金融辐射力和影响力日益增强，在中部六省会城市中，多项指标领先，武汉区域金融中心正在加快形成。

如何准确把握推动金融业高质量发展的重点任务，更好地研究武汉经济与社会发展，进一步发挥好决策咨询服务作用，江汉大学武汉研究院面向国内外大学、科研机构及智库科研人员组织申报了 2021 年度开放性课题。湖北经济学院和江汉大学联合组建科研团队进行申报，经过专家评审，《武汉区域金融中心建设的创新路径研究》（项目编号：IWHS 20211001）获得立项，位居 12 个重点课题之首。

经过课题组一年多默默辛苦的耕耘和不辞艰辛的付出，研究报告得以完成。该研究报告分为七部分：武汉区域金融中心建设的总体态势、武汉区域金融中心建设的实践与启示、武汉区域金融中心建设的理论基础、武汉区域金融中心建设的实证分析、武汉区域金融中心的创新发展研究、主要区域金融中心政策比较和建设经验、创新武汉区域金融中心建设路径的对策措施。

湖北经济学院许传华教授、江汉大学于敏教授担任课题组负责人，课题组成员由湖北经济学院的罗鹏、王怡、何云、许超和江汉大学的肖华东、王琼、尚越、余昊等一批中青年学者组成。江汉大学陈磊教授、汪朝阳教授参与了项目审稿，湖北经济学院研究生吴慧成、祝思琦、李欣洋、田润宇、周文玲、郑昉韬、隋雯和江汉大学研究生李馨雅、钟定平协助导师参与了相关工作。通过研究，团队成员在服务构建新发展格局中强化了使命担当，在服务实体经济主战场中深化了职能作用，在服务武汉现代化建设新征程中坚定了奋斗方向，切实增强了武汉区域金融中心建设的责任感、紧迫感。

在课题研究全过程中，课题组始终围绕影响武汉区域金融中心建设的主要因素展开分析，试图建立武汉区域金融中心建设的创新路径，构建一个独立于宏观视角的区域金融学分析框架。这一分析路径能否成为说明特定区域金融发展问题的方法论，需要时间的观测与检验，课题组仍将致力于这一体系的完善与深化。所以期待着热情关注武汉区域金融中心建设研究的广大学者的批评指正。

编者
2022 年 10 月 4 日

目　　录

第2章　武汉区域金融中心建设的实践探索

第3章　武汉区域金融中心建设的理论基础

第4章 武汉区域金融中心建设的实证分析

第5章 武汉区域金融中心的创新发展

第6章 区域金融中心建设的政策比较与经验借鉴

第7章 武汉区域金融中心建设创新路径的对策措施

第 1 章

武汉区域金融中心建设的总体态势

1.1 区域金融中心的分类与功能

1.1.1 区域金融中心的形成条件

（1）区域金融中心概念

金融是现代经济的核心，是实体经济的血脉，纵观世界近现代史，任何大国的崛起都离不开金融强有力的支持。金融的本质是将储蓄转化成投资，通过金融市场和金融机构影响实体经济发展。从一般规律来看，金融产业发展伴随着金融市场交易量增加、金融机构规模和数量扩张、金融支持实体经济能力提升等方面。当金融业发展到达一定水平后，众多的金融资源便会自发地集中到特定的区域，由此产生金融产业集聚现象，进而演化成为金融中心。从金融产业集聚的过程来看，金融中心是资金的集散地，具有的典型特征是金融市场发达、金融机构集聚、金融服务全面高效、金融信息传递通畅灵敏、资金往来自由，同非金融中心的根本区别是是否集聚了众多的金融资源，产生了金融辐射力。

从金融中心形成过程来看，区域金融中心（Regional Financial Center）指的是在某一区域内具有金融市场发达、金融机构集聚、金融交易活动频繁等特征的资金集散地，同时本身可能是国家的重要工商业城市，能对区域经济产生极化和扩散效应，从而对周边城市甚至世界具有一定的经济影响力。因此，从这个角度来看，区域金融中心实际上是区域开展金融交易活动的纽带，能够集中某一区域大量金融资金和其他生产要素，再把集中起来的金融资源运用在这一区域。这有助于推动本地及周边地区的金融发展，但影响范围限于某一个区域，在一个区域里起到辐射效应。

（2）区域金融中心的形成条件

区域金融中心的形成需要系列条件，从内部条件来看，主要包括以下几个方面：第一，高度聚集的金融机构。金融机构的高度集中在功能上可以实现互补和整合，同时在金融业产业外部产生经济效应，有助于降低投机行为，提高金融促进实体经济发展的贡献率。第二，多层次成熟的金融市场。一个成熟、完善的多层次金融市场体系，可以有力支持实体经济，并在国际上形成较强的价格竞争力。第三，高效的金融调控与监管。区域金融中心不仅应具有公平、合理、充分竞争环境的金融体系，也应形成公平、透明，同国际惯例一致的金融监管机制。第四，高素质的金融专业人才。金融业是资金比较密集的服务业，对从业人员要求非常高且对高技术人才需求量极大，而高素质的金融专业人才也会吸引总部金融机构落户该地区。第五，优良的金融生态环境。有关产业金融的区域性法规政策必将对区域经济发展起到促进作用，使金融部门与产业经济之间相互影响、共促发展。

从外部条件来看，主要包括以下几个方面：第一，雄厚的经济实力。金融中心要实现快速发展，要求该区域的金融活动具有较高的活跃性，而雄厚的经济实力可以给金融中心提供雄厚的物质基础，有助于帮助金融中心实现专业化管理，提高金融中心的创新能力。第二，优越的区位条件。一个城市要成为区域性金融中心，要具备优越的地理位置、完备的基础设施、优良的生态环境以及发达的交通枢纽，这些均对沟通各地区起着重要作用。第三，完善的基础设施。区域金融中心建立要求该地区具有完善的基础设施，主要是降低金融机构与客户之间的信息不对称，减少与客户之间的信息交易成本。第四，健全的制度环境。建立与金融中心发展相匹配的法规政策，有助于保障区域性金融中心资本运作和金融交易活动正常运作和开展。第五，开放融合的人文环境。人口受教育程度是区域金融中心建设的重要因素，当地人口具有良好的道德素质、行为准则、专业化水平，有助于推动区域金融中心建设，同时开放融合的人文环境，对于拓宽国际化金融业务领域的机会也越大。

1.1.2 区域金融中心的分类

金融中心从不同角度具有不同的分类，下面我们从辐射范围、功能、形成路径等角度对金融中心进行分类。

　　从辐射范围角度，金融中心可分为全球性国际金融中心、区域性国际金融中心、国内金融中心。金融业影响力和辐射力是全球性国际金融中心的重要特征，在所有类型的金融中心中层次最高。目前来看，英国伦敦、美国纽约与中国香港是全球金融中心的重要代表，它们拥有先进的结算和支付系统，能支持庞大的国内经济，拥有纵向的、流动的市场，在这个市场上，资金的来源和使用是多元的。区域性国际金融中心相对全球金融中心辐射范围要小，主要在一定区域内对相邻的国家产生影响力，在周边区域居于主导地位，法国巴黎、新加坡等是区域性国际金融中心的重要代表。国内金融中心的辐射范围最小，仅在国内产生较大的影响，但在国际上的影响力不大，如韩国首尔。

　　从功能角度，金融中心可以分为名义金融中心和功能金融中心。麦卡锡最早从功能角度对金融中心进行了分类，目前这种分类方法在国际上应用最为广泛。名义金融中心的特点是在税收及政策上享受便利，但仅进行记账、结转，不进行真实的金融交易活动，设立的目的在于降低政策成本以及合理避税，比较典型的是巴哈马、开曼群岛。相对名义金融中心，功能金融中心才是真正意义上的金融中心，它具有强大的经济吸引力，吸引了世界各地的金融资源，真正地发挥了金融集聚效应。

　　从形成路径角度，金融中心可以分为需求诱致型金融中心和政府主导型金融中心。需求诱致型金融中心是在市场货币需求推动下自发形成的，主要特征是金融中心发展水平高、贸易发达、现代化程度高，伦敦、纽约、法兰克福是其主要代表。政府主导型金融中心是通过政府的政策扶持和激励而逐渐形成，主要特征是金融中心经济发展水平不高，主要通过政府在经济、金融、税收方面的优惠政策吸引大量金融机构，从而带动本地经济的快速发展，中国香港、新加坡、巴哈马等是这类金融中心的主要代表。

1.1.3　区域金融中心的功能

　　区域金融中心最本质的功能是中介功能，围绕中介功能，它的基本功能主要有以下几点：

聚集功能。区域金融中心是城市有力的名片，具有非常大的号召力，能够吸引生产要素和外部要素持续不断地流进，产生非常大的聚集效应。而金融要素和金融机构在一区域的集聚带来的直接影响是提高了本地区经济的凝聚性，可以有效帮助该地区开展招商、融资。故区域金融中心的集聚功能可以帮助提高该地区的经济实力和金融强度，带动该地区的经济发展。

监督管理功能。价格信息扭曲的重要原因是行业垄断、过度竞争、信息不对称等因素，这几种现象通常在资本密集和风险高的行业中出现，而金融行业中的银行、保险、证券是其典型代表。区域金融中心的出现将金融主体进行集聚，它们之间会形成竞争关系，从而有利于消除垄断，降低信息不对称，由此便于金融的监督管理。同时，金融机构集聚一起也间接促进了行业间彼此监督，可以有效降低政府的监督管理成本，监管效率也得到了同步提高。

优化功能。区域金融中心的优化功能主要体现在能为地区的经济发展提供成熟的市场和工具，进而优化地区的金融结构，推动地区金融经济的发展。一方面，成熟的市场和工具使金融方面的活动大大增加，金融的相关率得以提高；另一方面，随着区域金融中心的进一步成熟，会吸引更多的企业和集团进入，由于实际需求，融资的机构和工具也会持续增多。

创新功能。区域金融中心的创新功能主要是由竞争在背后进行驱动，金融机构要想不被市场淘汰，就必须加快金融创新步伐，跟随市场进行改变。随着金融创新的进一步发展，区域金融中心建设也日益成熟，金融创新工具也更加完善，在信息化、数字化的叠加影响下，反过来又助推金融创新的进一步发展。

1.2 武汉区域金融中心建设的基本现状

1.2.1 基本概况

中国（深圳）综合开发研究院自 2009 年开始每年发布中国金融中心指数（CDI CFCI），通过该指数可以为我国各区域金融中心的发展状况作出综合评价。从指数的构建来看，该指数从金融机构实力、金融产业绩效、金融市场规模和金融生态环境 4 个维度统计了 85 个具体指标反映了我国 31 个金融中心城市的竞争力。

表 1-1 显示的是第 12 期和第 13 期的中国金融中心综合竞争力 TOP10 的城市情况。数据显示，在金融中心综合竞争力 TOP10 的城市中仅有天津排名下降，重庆和南京排名上升，其他城市的金融中心综合竞争力排名不变。武汉在这两期排名均为第 10，在第 12 期金融中心综合竞争力得分为 52.81，在第 13 期金融中心综合竞争力得分为 53.68，得分上升了 0.86，变化不大。

与中国金融中心指数（CDI CFCI）类似，中国（深圳）综合开发研究院与英国智库 Z/Yen 每年会联合发布"全球金融中心指数"，该指数是全球最具权威的金融中心指标指数，每年都会对全球范围内的金融中心进行评估排名。根据第 31 期全球金融中心指数报告，中国内地共 12 个城市入选全球金融中心，其中武汉位列第 12，在全球排名位列第 119①，评分得分为 448，较上期上涨 48 分。综上所述，从中国金融中心指数和全球金融中心指数来看，武汉区域金融中心发展相对缓慢，排名未有明显上升，相对其他领先的城市而言，还有很大差距。

---

① 入选全球金融中心城市榜的 12 个内地城市分别是上海、北京、深圳、广州、成都、青岛、杭州、大连、天津、南京、西安、武汉。

表 1-1　中国金融中心综合竞争力 TOP10 的城市

城市	CFCI 13		CFCI 12		变化	
	得分	排名	得分	排名	得分	排名
上海	305.35	1	293.82	1	11.53	—
北京	262.08	2	245.43	2	16.65	—
深圳	175.35	3	150.70	3	22.65	—
广州	85.48	4	78.62	4	6.86	—
杭州	70.96	5	69.60	5	1.35	—
成都	63.66	6	63.12	6	0.54	—
重庆	62.35	7	59.73	8	2.62	1
南京	61.82	8	58.04	9	3.78	1
天津	61.62	9	61.88	7	0.26	2
武汉	53.68	10	52.81	10	0.86	—

资料来源：《中国金融中心指数报告（CDI CFCI）》第12期和第13期。

　　从不同维度来看，武汉与其他城市相比具有一定优势，但是也有很多不足。与郑州相比，武汉和郑州均属于区域金融中心的第一梯队，武汉在金融机构实力、金融生态环境方面，相比郑州优势更加明显，保持中部领先地位。而武汉与成都、重庆、杭州、南京城市相比，又具有一定差距，对东、西部城市的影响力都不大。从不同维度的排名数据上来看，武汉在金融机构实力得分方面排名第10，而杭州、南京、成都、重庆均排名在武汉前面；在金融市场规模得分方面排名第9，仅排在成都前面；在金融生态环境得分方面排名第7，排在南京、苏州和青岛前面。[①] 从金融中心专业化、特色化发展的角度评选出的8个领域中，武汉仅跻身中国金融中心地方金融机构发展十强和中国金融中心金融政策综合支持十强，而无缘中国金融中心法人金融机构发展十强、中国金融中心资本市场利用十强、中国金融中心基金业发展水平十强、中国金融中心金融人才集聚能力

---

　　① 2021年金融机构实力 TOP 10 的城市分别是北京、上海、深圳、广州、杭州、天津、重庆、成都、南京和武汉；金融市场规模 TOP 10 的城市分别是上海、深圳、北京、大连、广州、郑州、杭州、苏州、武汉和成都；金融生态环境排行榜 TOP 10 的城市分别是北京、上海、广州、深圳、成都、杭州、武汉、南京、苏州和青岛。

十强、中国金融中心金融开放发展水平十强和中国金融中心金融风险管理水平十强。

表 1-2 显示的是近年来武汉区域金融中心发展的现状及未来 2025 年武汉区域金融中心发展的目标。数据显示，未来武汉区域金融中心建设在多个方面将实现很大程度的发展，如金融机构、金融市场、金融创新和金融生态，在全国前十券商、全国性交易场所等方面也将实现零突破。同时，武汉市对区域金融中心建设作出了明确的目标和规划，根据 2021 年武汉市发布的《武汉市打造区域金融中心实施方案（2021—2025）》指出，武汉市将通过 5 年努力，在 2025 年实现金融业增加值突破 2500 亿元，占 GDP 的比重超过 10%。我们从金融机构、金融人才以及金融服务实体经济转型三个方面来阐述武汉区域金融中心建设的基本现状。

表 1-2 武汉区域金融中心发展现状和目标

类型	序号	指标名称	单位	2019 年	2021 年	2025 年
金融总量	1	金融业增加值	亿元	1486	1760	2500
	2	金融业增加值占 GDP 比例	%	9.2	9.5	10
	3	金融业税收贡献	亿元	9425	12000	20000
金融机构	4	法人金融机构数量	家	31	32	40
	5	法人银行总资产	亿元	9425	12000	20000
	6	上市法人银行数	家	0	1	2~3
	7	外资银行数	家	10	11	15
	8	全国前十券商	家	0	0	1
金融市场	9	本外币存贷款余额	万亿元	6.0	7.4	10
	10	保费收入	亿元	767	900	1350
	11	直接融资金额	亿元	2380	2900	5000
	12	境内外上市企业数	家	76	93	150
	13	全国性交易场所	家	0	0	1~2
金融创新	14	科技企业贷款余额	亿元	2437	3000	4000
	15	私募基金总规模	亿元	1342	2000	500
	16	基金管理人数	家	329	350	600
	17	投贷联动规模	亿元	55	80	200

续表

类型	序号	指标名称	单位	2019 年	2021 年	2025 年
金融生态	18	金融营商环境排名	位	8	8	6
	19	金融生态指数评级	等次	A	A	A
	20	国家级金融峰会数量	次	0	1	2

资料来源:《武汉市打造区域金融中心实施方案(2021—2025)》。

1.2.2 金融机构建设

在金融机构数量方面,截至 2020 年末,武汉金融机构总部数量仅 31 家,正在筹建或者已设立的具有后台服务中心的金融机构有 33 家,武汉上市公司合计 83 家,其中境内上市公司 63 家,境外上市公司仅有 20 家。整体来看,武汉金融机构数量位居中部城市首位,并呈稳定增长的态势。在地方金融组织方面,武汉共有地方金融机构 457 家,其中小额贷款公司 115 家、融资租赁公司 164 家、商业保理公司 8 家、典当公司 93 家、地方资产管理公司 2 家、融资担保公司 75 家。在交易场所方面,经批准设立的武汉地区交易场所在营 19 家,资产总额合计 26.78 亿元,其中华中国家版权交易中心"十三五"时期营收额年均增长超 10%,湖北碳排放权交易中心 2020 年营业收入较 2019 年增长 10% 以上。2021 年,武汉中央商务区迎来了华发集团"第二总部"揭牌、长江证券总部及合众人寿总部签约落户、首批 17 家行业头部企业签约入驻武汉云数字经济总部区,为"武汉金融城"建设按下了加速键。

总体来看,武汉各类金融机构及分支机构数量较多,地方金融组织种类较为齐全,但全国性、区域性总部机构少,外资金融机构数量也有限,与东部地区中心城市的差距甚大。银行、证券和保险作为金融机构的三大组成部分,它们的发展可以有效呈现我国金融机构建设的基本概况,下面我们对此进行分析。

(1)银行业

表 1-3 显示的是 2015—2020 年武汉市银行业金融机构的基本情况。数据显示,截至 2020 年,武汉市共有银行业机构 56 家,其中开发性金融

机构和政策性银行 3 家，国有大型商业银行 6 家，股份制商业银行 12 家，城市商业银行 2 家，民营银行 1 家，农村商业银行 1 家，农村信用社 1 家，村镇银行 2 家，外资银行 10 家，金融资产管理公司 4 家，信托公司 2 家，金融租赁公司 3 家，企业集团财务公司 8 家，消费金融公司 1 家。全市银行业资产总额 47008.41 亿元，相比 2019 年增加 3977.90 亿元，同比增长 9.24%；负债总额 45210.47 亿元，相比 2019 年增加 3770.61 亿元，同比增长 9.10%。各项贷款余额 37071.58 亿元，同比增长 15.44%，全年新增贷款 4757.00 亿元，同比多增 829.11 亿元。各项存款余额 31005.89 亿元，较 2019 年增加 2299.23 亿元，同比增长 8.19%。整体来看，武汉市银行业主要指标好于预期，在基础、增速、质量等方面指标运行态势稳健，其中股份制银行、外资银行、非银机构数量均居中部省会城市前列。

表 1-3　2015—2020 年武汉市银行业金融机构情况

指标	2015 年	2016 年	2017 年	2018 年	2019 年	2020 年
资产总额（亿元）	27350	32200	35688	38915	43031	47008
不良贷款率（%）	0.89	0.86	0.89	0.84	0.76	0.98
银行业金融机构总数（个）	51	60	57	56	56	56
开发性金融机构和政策银行	3	3	3	3	3	3
大型商业银行	5	5	6	6	6	6
股份制商业银行	11	12	12	12	12	12
金融资产管理公司	4	4	4	4	4	4
城商行	2	2	2	2	2	2
村镇银行	1	2	2	2	2	2
信托公司	2	2	2	2	2	2
民营银行	—	1	1	1	1	1
农商行	1	1	1	1	1	1
农信社	1	1	1	1	1	1
金融租赁公司	2	3	3	3	3	3
企业集团财务公司	8	9	3	3	8	8
外资银行	9	9	10	10	10	10

续表

指标	2015 年	2016 年	2017 年	2018 年	2019 年	2020 年
消费金融公司	—	1	1	1	1	1
其他	2	5	6	7	—	—

资料来源：2015—2020 年《湖北省金融统计年鉴》和《武汉市金融发展报告》。

武汉市银行业在中部崛起、区域金融中心建设等契机下，取得了较大程度的发展，在社会筹融资体系中处于核心地位，由此带来了银行业信贷规模的不断攀升。截至 2021 年末，全市金融机构（含外资）本外币存款余额较上年增长 8.9%，数值为 33775.87 亿元。具体来看，非金融企业存款 13513.02 亿元，住户存款 11631.53 亿元，均取得了 10% 以上的增长。与存款余额相比，2021 年末全市金融机构（含外资）本外币贷款余额增长 10.8%，数值为 40825.42 亿元。具体来看，消费贷款 10132.85 亿元，金融机构本外币企业贷款 25188.81 亿元，增长也非常迅速。将银行信贷资金来源的结构进行拆分可以发现，个人储蓄存款占比稳步提升，成为信贷资金的重要来源，而财政存款和企业存款占比却有所下滑，背后的原因可能是城乡居民收入水平的不断提高，以及个体经济的持续发展。具体来看，2015 年城乡居民储蓄年末余额为 6059.03 亿元，2020 年上升到 10213.24 亿元，增长了 68.56%；2020 年住户存款为 10349.54 亿元，相比 2019 年上升 15.1%，非金融企业存款为 13607.64 亿元，仅相比上年增加了 10.6%。

（2）证券业

一直以来，武汉市积极响应中央号召，谋求证券市场创新发展，在市场规模、管理水平和抗风险能力等方面均有很大程度提升。2018 年天风证券在上海证券交易所上市，总资产超过 550 亿元，自此武汉两家法人证券公司均已成为上市公司，证券市场的实力与质量得到大幅度提升。与此同时，武汉两家法人期货公司也取得较大程度的发展，代理交易额及净资产同比增速分别为 6.79%、5.98%。其中长江期货分类评级达到 A 类 A 级，美尔雅期货注册资本也由 5990 万元增加到 3 亿元，资产规模进一步扩大。

表 1-4 和图 1-1 显示的是 2015—2020 年武汉市证券业基本情况。数据显示，2020 年武汉市共有证券经营机构网点数 256 家，是 2015 年的 1.88 倍，其中证券公司总部机构数量、期货公司总部机构数量均为 2 家，相对 2015 年并未有所增加，截至目前基金公司总部机构数量仍未有所突破。在交易量上，自 2018 年末证券市场交易量呈较大幅度下降后，已连续实现两年的快速增长，2019 年增速达到 27%，2020 年增速达到 40%，证券市场交易量为 88922 亿元。

表 1-4　2015—2020 年武汉市证券业基本情况

指标	2015 年	2016 年	2017 年	2018 年	2019 年	2020 年
证券公司总部机构数量	2	2	2	2	2	2
期货公司总部机构数量	2	2	2	2	2	2
基金公司总部机构数量	0	0	0	0	0	0
年末境内上市公司数量	46	52	52	57	59	63
年末境外上市公司数量	16	18	18	20	21	20
年末证券市场交易量（亿元）	945901	55330	59887	46497	63989	88922
网点数（个）	136	201	227	236	253	256

资料来源：2015—2020 年《武汉市统计年鉴》《武汉市金融发展报告》和《湖北省金融统计年鉴》。

图 1-1　2016—2020 年武汉市证券市场交易量和网点数

与此同时，资本市场活力不断激发，上市公司数量持续增长。截至2020年末，武汉市一共有83家境内的上市公司，居中部六省省会城市第1位。其中，境内上市公司63家，境外上市公司20家。"新三板"挂牌公司总数达到206家，较"十二五"末增长40.1%，直接融资规模将近万亿元。"十三五"时期，全市直接融资金额9622.79亿元，其中债券融资8242.61亿元，股权融资1380.18亿元。全市共有11家上市公司开展并购重组，涉及金额合计为625.67亿元，并购重组助力做大做强。两家证券法人机构通过IPO、现金增发、公司债、次级债等方式累计实现融资585.49亿元，机构融资水平不断提升。在2021年在9月，"湖北ETF指数基金"和武汉产业发展基金与武汉市签约，正式落地武汉金融城，更是成为武汉金融城加快资本市场发展、助推武汉区域金融中心建设的又一有力举措。

表1-5和图1-2显示的是2021年武汉市上市企业行业分布情况。数据显示，武汉上市公司中光电子信息、汽车及零部件、生物医药、能源方面的上市公司市值较大，上市企业数量明显集中在信息技术产业，说明城市新一代信息技术产业发力强，产业结构优势明显。但是，武汉上市企业数量相较于其他的一二线城市来说较少，说明武汉市资本活力有待加强，上市企业在规模上有更大的发展空间。

表1-5　2021年武汉市上市企业行业分布情况

行业名称	成分个数	总市值（亿元）
机械设备	9	1545.55
医药生物	8	1139.21
通信	8	1012.42
国防军工	4	628.36
电子	4	566.01
电力设备	3	460.52
公用事业	3	546.17
商贸零售	3	366.28
传媒	3	137.6

续表

行业名称	成分个数	总市值（亿元）
建筑装饰	3	148.76
环保	3	101.25
非银金融	2	419.2
农林牧渔	2	140.02
交通运输	2	93.69
社会服务	2	67.06
房地产	2	64.07
食品饮料	1	72.91
交运设备	1	51.64
基础化工	1	46.5
计算机	1	20.69
综合	1	14.54

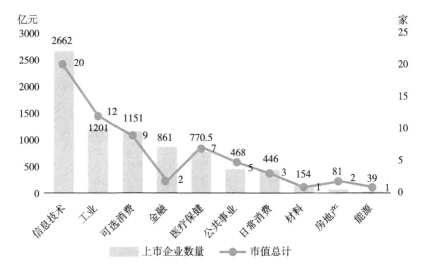

图 1-2 武汉市分行业上市公司企业数及市值总计

　　整体来看，近年来武汉市证券业取得了长足的发展，行业综合竞争力和法人公司实力在稳步提高，在服务客户及实体经济的能力上也在不断增强。随着监管机构放松管制，证券业的业务范围不断扩大，有助于激发证券业务创新不断发展。

（3）保险业

经过数年的发展，武汉市目前已经形成较为完善的保险服务网络体系。从发展历程来看，2001年湖北省保监局的成立标志着武汉市保险业进入规范发展阶段，随后中外资保险机构相继入驻武汉，保险系统开始逐渐完善。2011年长江财险在武汉成立，武汉市法人财产保险机构实现了突破。2013年，武汉市法人保险机构共2家，分公司64家，专业保险中介机构128家，支公司和营业部153家，营销服务部等其他机构240家。2014年，在中央政策的支持下，武汉开始建设保险示范区，开始逐渐形成了多元化、多层次的市场结构。

表1-6显示的是2015—2020年武汉市保险业基本情况。数据显示，截至2020年末，武汉市各类保险机构共计578家，包括法人及省级分公司。具体来看，拥有泰康在线、国华人寿、长江财险、合众人寿四家保险公司；省级分公司有79家，人身险公司44家，财产险公司35家；45家中心支公司，163家支公司，26家营业部，254家营销服务部，7家专属机构；全年新增1家财产险省级分公司、1家人身险省级分公司、1家中心支公司、6家支公司，减少3家营业部、17家营销服务部。另外，全市共有专业保险中介法人机构50家（新增2家），保险中介分支机构393家（新增13家），兼业代理持证机构91家（减少10家）。整体来看，目前武汉市保险服务网络体系主要是营业性保险机构，还有部分保险中介机构。

武汉市保费业务不断增长，渗透力持续增强。2015年，武汉保费收入324.57亿元，保险深度为2.98%，保险密度为3059.8元/人，保险业各项赔款和给付99.5亿元。2020年武汉市全年实现保费收入835.66亿元，保险业总资产1978.23亿元，保险深度5.35%，保险密度6779.39元/人，各项赔款和给付221.86亿元，同比分别增长了23.51%、5%、23.76%、29.57%、7.21%。具体来看，财产险2020年赔付相比2015年增长了2.5倍，人身险2020年赔付相比2015年增长了近2倍，赔付比率最高的分别是意外伤害险、责任险和伤害险。

武汉市保险创新发展和服务实体经济能力不断提升。2020年10

月，武汉市获批建设全国首个国家级科技保险创新示范区——东湖科技保险创新示范区。同年12月，由中国保险行业协会和武汉市人民政府共同举办的"中国保险创新发展大会"在武汉召开，会议主题为"汇聚保险行业力量、助推武汉疫后重振"，13家保险机构与武汉市签约17个项目，投资总额超过500亿元。

表1-6　2015—2020年武汉市证券业基本情况

指标	2015年	2016年	2017年	2018年	2019年	2020年
保险总部机构数量（家）	3	3	3	4	4	4
其中：财产险经营主体	1	1	1	1	1	1
人身险经营主体	2	2	2	3	3	3
保费收入（亿元）	324.57	425.76	554.03	621.02	767.26	835.66
其中：财产险保费收入	107.95	111.11	146.27	170.06	198.24	182.41
人身险保费收入	216.62	314.66	407.76	450.96	569.02	653.25
赔款给付（亿元）	99.5	122.9	129.04	159.7	206.93	221.86
其中：财产险赔款给付	45.78	57.8	62.15	84.83	104.77	114.46
人身险赔款给付	53.73	65.1	66.89	74.87	102.15	107.40
各类保险机构（家）	519	547	560	575	589	578
保险公司资产总额（亿元）	803.04	1066.47	1158.57	1352.35	—	1978.23
保险密度（元/人）	3059.8	4013.7	5086.2	5604.4	6843.20	6779.39
保险深度（%）	2.98	3.57	4.13	4.18	4.73	5.35

资料来源：2015—2020年《武汉市金融发展报告》《武汉市国民经济和社会发展统计公报》及公开资料整理。

1.2.3　金融人才建设

区域金融中心建设中人力资源供给因素处于重要地位，缺乏金融人才支持不利于建成完备的区域金融中心。那么，武汉现有金融人才情况如何，能否满足武汉区域性金融中心建设的需要？下面本章以武汉所在的湖北省为例，从金融人才规模、金融人才结构、金融人才效率等方面进行分析。

从定义上看，金融人才指的是大专以上学历、具有金融领域专业知识，能够承担并胜任金融专业工作的从业人员。根据金融人才的定义，我们统计金融从业人员相关数据来对金融人才情况进行评价。表1-7显示了2015—2020年湖北省的金融业从业人员规模和金融业从业人员人均贡献等指标。数据显示，近年来，随着金融机构数量不断增加，湖北省金融从业人员规模也逐渐扩大，除2018年有所下降外，其他年份均呈明显上升趋势。2015年金融从业人员数值为19.5万人，到2020年增加到23.8万人，6年增加了4.3万人。

在结构方面，我们通过计算金融从业人员占城市总就业人员的比例来对金融人才结构进行客观评价，进一步判断金融业在现代产业中的规模地位。从表1-7数据看出，湖北省金融从业人员占城市总就业人员的比例在2015年为2.7%，到2020年上升到3.8%，说明近年来湖北省金融业从业人员的规模呈持续扩大趋势。通过武汉和郑州的相关数据对比发现，尽管近年来武汉金融从业人员规模不断扩大，结构也相应优化，但与郑州的差距正在缩小。

表1-7　2015—2020年湖北金融从业人员总量、结构及人均贡献

指标	2015年	2016年	2017年	2018年	2019年	2020年
金融业城镇单位就业人员（万人）	19.5	21.0	21.5	19.9	20.2	23.8
城镇单位就业人员（万人）	712.3	719.3	695.0	653.3	653.8	631.2
金融人才结构（%）	2.7	2.9	3.1	3.0	3.1	3.8
金融业增加值（亿元）	1588.8	1975.1	2255.2	2554	2783.6	3185.8
金融人才人均贡献（亿元/万人）	81.48	94.05	104.89	128.34	137.80	133.86

资料来源：国家统计局网站。

进一步地，我们用金融业增加值与金融从业人员数量的比值表示单位金融劳动力对金融业增加值的贡献。从表1-7数据看出，2015—2020年武汉该指标增速较为明显，从2015年的1588.8亿元增长到2020年的3185.8亿元，增长近2倍。再观察金融从业人员对金融业的人均贡献这一指标，除了2020年，其他年份金融人才人均贡献均呈上升趋势，从2015年的81.48亿元/万人增长到2020年的133.86亿元/万人，增长近64.3%。

　　表 1-8 显示的是 2016—2020 年金融行业与其他行业就业人员平均工资。数据显示，金融业就业人员平均工资在 2016—2020 年呈逐渐上升趋势，由 2016 年的 132750 元上升到 2020 年的 170733 元，增长了 28.6%。尽管增长幅度小于其他行业，但是在绝对值上，金融行业的就业人员平均工资在 2016—2020 年稳居所有行业中的第一位。

表 1-8　2020 年金融行业与其他行业就业人员平均工资　　　　单位：元

行业	2016 年	2017 年	2018 年	2019 年	2020 年	增长率
农林牧渔业	34814	37006	39717	42180	47916	37.6%
采矿业	42636	45052	53466	64899	75348	76.7%
制造业	64705	72425	78216	88464	97576	50.8%
电力、热力、燃气及水生产和供应业	80901	88662	100318	112868	127433	57.5%
建筑业	53574	59622	64657	68973	77181	44.1%
批发和零售业	53689	57864	65309	73050	78062	45.4%
交通运输、仓储和邮政业	65569	69702	79436	85407	88101	34.4%
住宿和餐饮业	43164	43870	45792	49288	39458	-8.6%
信息传输、软件和信息技术服务业	95196	102833	114453	124323	128536	35.0%
金融业	132750	148102	163860	169646	170733	28.6%
房地产业	68352	70439	73820	74870	78988	15.6%
租赁和商务服务业	61549	66696	72350	76329	78848	28.1%
科学研究和技术服务业	107946	118818	128855	145225	153412	42.1%
水利、环境和公共设施管理业	55217	60959	70091	73661	82942	50.2%
居民服务、修理和其他服务业	44447	44191	51180	58751	66930	50.6%
教育	88138	98321	114977	125324	130964	48.6%
卫生和社会工作	99046	111296	125209	139857	147130	48.5%
文化、体育和娱乐业	74861	79691	89047	105156	108100	44.4%
公共管理、社会保障和社会组织	102335	110290	122356	133130	148573	45.2%

资料来源：2021 年《武汉市统计年鉴》。

　　通过以上数据分析结果可以发现武汉金融人才建设方面可能还存在以下问题：第一，金融人才数量缺口仍然较大。数据显示，近年来武汉金融从业人员数量呈不断增加趋势，但是并不能够很好地满足需求。与其他城市相比，2020 年北京市金融从业人员数量最多，数值达到 62.8 万人，同期上海为 29.7 万人，竞争城市重庆也比武汉多 4.2 万人。武汉大力建设区域性金融中心需要大量金融人才，而当前金融人才缺口较大，尤其是高端金融人才，满足不了武汉建设服务于中部的区域性金融中心的需要。第二，金融从业人员占总就业人员比重偏低。根据国际标准，国际金融中心金融从业人员占比 10% 为宜，一般区域性金融城市金融业从业人员占比也应达到 5%。但是，就目前我国的情况来看，2020 年北京市金融业从业人员占比为 8.49%，上海达到了 4.60%，而武汉仅有 3.8%。显然，武汉金融人才结构与武汉区域金融中心的战略地位是不相称的。第三，金融从业人员的人均贡献偏低。同北京、上海和重庆对比，2021 年北京、上海和重庆的金融业增加值分别为 7603.7 亿元、7973.3 亿元和 2459.8 亿元，而武汉仅有 1760 亿元。可以发现，武汉不仅与全国性金融中心存在较大差距，与竞争城市重庆相比，在金融业增加值、金融业从业人员数量等方面也存在明显差距。

1.2.4　金融服务实体经济转型

（1）投融资规模

社会融资规模指的是一定时期内（每月、每季或每年）实体经济从金融体系获得的全部资金总额，是增量概念。该指标主要用来反映金融与经济之间的关系，以及金融对实体经济的支持力度。以武汉市所在的湖北省为例，图 1-3 显示的是 2015—2020 年湖北省社会融资规模变动趋势。数据显示，近年来湖北省社会融资规模呈增加趋势，说明金融对实体经济的支持力度持续增大。2015 年社会融资规模增量约为 4248 亿元，2020 年增加到约 10433 亿元，除 2018 年以外，其余所有年份融资规模增量均较上一年有较大程度的增长，特别是从 2018 年以后，融资总量增长得更为迅速。

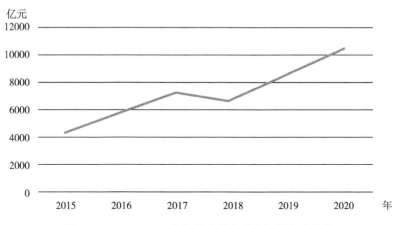

图 1-3　2015—2020 年湖北省社会融资规模变动趋势

表 1-9 显示的是 2020 年中部 6 省份社会融资规模增量数据。数据显示，湖北省社会融资规模增量要低于河南省和湖南省，高于安徽省、江西省和山西省。具体来看，湖北省在人民币贷款、企业债券、政府债券和非金融企业境内股票融资增量方面表现得最为突出，居中部 6 省份首位，而在外币贷款（折合人民币）、委托贷款、信托贷款和未贴现银行承兑汇票方面增量为负，呈下降趋势，特别是信托贷款下降得最为明显。

表 1-9　2020 年中部 6 省份社会融资规模增量统计　　　　　　　单位：亿元

项目	河南省	湖南省	湖北省	安徽省	江西省	山西省
社会融资规模	11472	10779	10433	9251	8550	4689
人民币贷款	7211	7028	7798	7236	5917	2638
外币贷款（折合人民币）	36	22	-35	5	78	-88
委托贷款	-47	-58	-107	-384	-159	-25
信托贷款	277	-285	-1251	-349	-495	-27
未贴现银行承兑汇票	90	97	-324	-333	-170	-126
企业债券	707	1571	1505	604	1056	971
政府债券	1907	1637	2006	1655	1794	966
非金融企业境内股票融资	225	156	294	179	147	20

资料来源：2021 年《湖北金融统计年鉴》。

在直接融资方面，2021 年末，湖北省直接融资余额同比增长

14.3%，突破一万亿元，增速高于全国平均水平。其中，非金融企业债券融资余额同比增长 16.4%，增速高于全国平均水平 7.8 个百分点。全年新增直接融资 1391 亿元，其中非金融企业债券融资 1161 亿元、非金融企业境内股票融资 230 亿元。整体来看，湖北省金融业发展对经济增长提供了较多资金支持，但是同间接融资相比，武汉市直接融资发展缓慢，直接融资占比较低。背后的原因是武汉市资本市场发展规模相对较小，在企业融资活动中主要依赖于银行机构的贷款，资本市场作用有限。过于依赖间接融资，不利于拓宽企业融资渠道，由此会导致企业融资难、融资贵等问题，尤其是小微企业。

图 1-4 显示的是 2016—2021 年武汉固定资产投资额及增长情况。① 数据显示，2020 年受疫情影响，武汉固定资产投资额下降至 8372.93 亿元，同比下降 11.8%。2021 年，武汉固定资产投资额达到 9453.04 亿元，同比增长 12.9%。武汉固定资产投资额规模在全国排名靠前，且武汉固定资产投资额 2017—2019 年的同比增速高于同一时期的全国固定资产投资额同比增速和新一线城市固定资产投资额同比增速均值。

表 1-10 显示的是 2021 年不同行业固定资产投资的增长速度。数据显示，2021 年金融业投资下降得非常明显，下降幅度达到 67.6%，远远高于其他行业水平。而全年固定资产投资（不含农户）比上年增长 12.9%，第一产业投资下降 3.2%，第二产业投资增长 10.0%，第三产业投资增长 13.9%。可见金融业投资增长远远不及全国的固定资产投资水平，甚至远低于第三产业投资增长。从不同行业对比来看，在 18 个行业中，仅有 5 个行业固定资产投资是负增长，金融业固定资产投资增速仅略高于采矿业。

---

① 2018—2021 年武汉固定资产投资额根据 2017 年武汉固定资产投资额以及 2018—2021 年每年固定资产投资额的同比增速测算所得；2017—2020 年全国固定资产投资额增速为全社会固定资产投资增速，2021 年全国固定资产投资额增速为全国固定资产投资（不含农户）；新一线城市固定资产投资额同比增速均值为算术平均数。

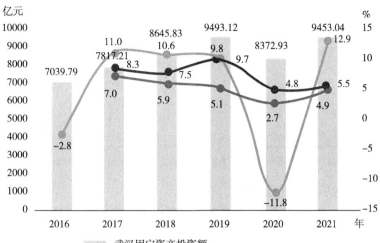

图1-4 2016—2021年武汉固定资产投资额及增长情况

表1-10 2021年武汉市分行业固定资产投资（不含农户）增长速度

行业	比上年增长（%）
农林牧渔业	3.5
采矿业	−78.5
制造业	8.8
电力、热力、燃气及水生产和供应业	31.8
建筑业	25.3
批发和零售业	−3.2
交通运输、仓储和邮政业	10.2
住宿和餐饮业	−47.6
信息传输、软件和信息技术服务业	−7.0
金融业	−67.6
房地产业	16.3
租赁和商务服务业	165.9
科学研究和技术服务业	59.5
水利、环境和公共设施管理业	0.4

续表

行业	比上年增长（%）
居民服务、修理和其他服务业	100.9
教育	34.9
卫生和社会工作	41.7
文化、体育和娱乐业	-45.7
公共管理、社会保障和社会组织	49.0

资料来源：2021年武汉市国民经济和社会发展统计公报。

（2）金融信贷支持力度

图 1-5 显示的是 2016—2021 年金融机构本外币存贷款余额。数据显示，截至 2021 年末，金融机构本外币存款余额 31005.89 亿元，比上年增长 8.2%。其中，住户存款 10349.54 亿元，增长 15.1%；非金融企业存款 13607.64 亿元，增长 10.6%。年末金融机构（含外资）本外币贷款余额 36885.97 亿元，增长 14.8%。其中，消费贷款 9110.75 亿元，增长 10.5%，中小微企业本外币贷款 12283.79 亿元，增长 16.6%。整体来看，金融机构本外币存款余额和贷款余额每年呈稳健的增长趋势，说明金融对实体经济的信贷支持力度也不断提升。

图 1-5 2016—2021 年金融机构本外币存贷款余额

图 1-6 显示的是 2009—2020 年武汉市的金融业增加值和存贷比情况。数据显示，2021 年，武汉市金融业实现增加值 1862 亿元，较"十二五"末期实现翻番，占 GDP 比重由 2015 年的 7.68% 提升至 10.51%，居中部

地区第 1 位。同时，武汉市金融业税收收入 262 亿元，占全市的 9.65%，金融业成为武汉市五大核心产业之一。存贷比达 1.19，居 19 个副省级城市首位，显示武汉对外来资金吸附能力较强。2019 年 12 月，武汉市建成企业融资对接服务平台（以下简称汉融通），实现了政策信息发布、企业信用评价、金融产品展示、银企融资对接等线上功能。截至 2020 年末，26 家银行实现与汉融通对接，累计发放贷款 31457 笔，贷款金额 1018 亿元。4 家商业银行在汉融通建立全线上、纯信用的"301"贷款模式，发放信用贷款过亿元。

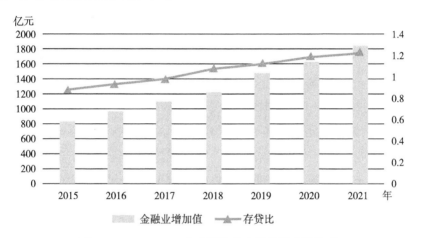

图 1-6　2015—2021 年金融机构金融信贷支持情况

图 1-7 显示的是 2015—2021 年第三产业增加值、金融业增加值和 GDP 增速情况。数据显示，2017 年金融业增加值增速与 GDP 增速较为接近，其他年份金融业增加值增速均大于 GDP 增速，同时金融业增加值增速也高于第三产业增加值增速，数值说明金融业发展快于经济增长与第三产业发展，侧面反映了金融信贷支持力度提高的同时，"脱实向虚"趋势也更加明显，影响金融支持经济增长的效率。

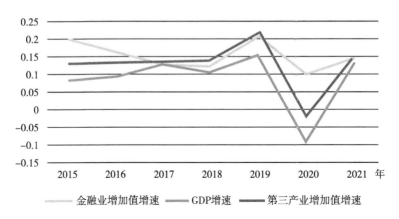

图 1-7　2015—2021 年第三产业增加值、金融业增加值和 GDP 增速

为了更好服务实体经济发展，统筹推进国家部委支持、落实中央支持湖北一揽子金融政策事项，争取国家相关部门更多金融扶持政策落地武汉。截至 2020 年末，全市本外币贷款余额较年初增加 4721 亿元，较上年同期增加近 700 亿元，全年金融业合计为实体经济让利近 500 亿元。同时，银行业也加大了信贷投放力度，降低了综合融资成本，帮助市场主体纾困解难，有力支持了疫情防控和疫后重建工作。全市银行业金融机构累计为企业实施延期还本付息金 2800 亿元，累计减免利息和手续费超过 20 亿元。

此外，为帮助中小微企业纾困和全力保障重点领域金融需求，武汉市制发了《关于印发武汉市应对新冠肺炎疫情中小微企业纾困专项资金使用管理办法的通知》和《关于印发武汉市应对新冠肺炎疫情影响个体工商户纾困专项资金使用管理办法的通知》。截至 2020 年末，武汉市银行业国标口径小微企业贷款余额 6468.24 亿元，较年初增加了 868.37 亿元，增速 15.51%，较武汉市各项贷款平均增速 14.08% 高 1.43 个百分点。国标口径小微企业贷款户数 19.68 万户，较上年同期 14.79 万户增加了 4.89 万户。围绕"一带一路"倡议和"长江经济带"等国家重大发展战略、倡议和湖北"一主引领、两翼驱动、全域协同"区域发展布局，武汉市大力支持重点项目和重大工程建设，加大了对先进制造业、战略性新兴产业等领域的支持力度。截至 2020 年末，全市基础设施建设贷款余额近 9000 亿元, 增速高于全省 4.77 个百分点, 制造业贷款增速高于全省 12.09 个百分点。全市工程险实现保费收入 5.24 亿元, 同比增长 65.4%, 责任险实现保费收入 12.87 亿元, 同比增长 20.76%。

（3）金融改革创新

武汉市持续推动科技金融创新发展。为促进保险业更好地服务于科技创新, 促进企业技术进步, 2007 年武汉市开始实施了科技保险试点工作, 经过数年发展, 保险业服务经济增长的能力取得了显著进步。2020 年, 银保监会与湖北省人民政府联合印发了《东湖科技保险创新示范区总体方案》（银保监〔2020〕46 号）, 全国首个国家级科技保险创新示范区在武汉设立。该示范区致力于为科技创新企业进行融资, 持续推进保险创新, 预计在 3~5 年, 实现"五个一"目标。同时, 为推动科技金融纵深发展, 武汉市制定了《关于进一步深化科技金融改革创新工作实施意见》, 编制了《武汉大健康金融发展规划（2020—2035 年）》, 大力发展绿色金融, 努力推进大健康金融。

武汉市持续做大投贷联动等创新产品规模。截至 2020 年末, 3 家投贷联动试点银行与 40 家内外部投资公司开展合作, 支持科创企业 204 户, 投贷联动贷款 27.15 亿元, 同比增长 69%, 对应投资总额 47.5 亿元, 同比增长 20%。同时, 全年参与"科保贷"业务备案银行共有 5 家, 新增受理科技型企业认定 372 家, 新增科技型企业保证保险贷款 161 笔, 新增贷款 3.99 亿元, 累计有 761 家企业获得科技型企业保证保险贷款 17.76 亿元。

（4）金融风险影响经济增长

金融业发展面临风险加大, 影响经济增长的稳定性。主要原因有以下几点: 首先, 当前我国经济步入新常态, 经济高速增长转向高质量增长, 在新冠肺炎疫情叠加影响下, 复杂性和不确定性更加突出, 给金融业稳定发展带来很多新问题与挑战, 不利于武汉区域金融中心建设。其次, 武汉市长期以来以粗放式发展经济, 导致各种潜在风险日益积累, 如互联网金融、房地产金融、地方政府债务等风险。这些风险具有破坏性大、隐蔽性高、突发性强等特点, 导致系统性金融风险增大, 金融业稳健发展面临挑战。最后，当前我国金融业面临着结构性改革等艰巨任务，武汉市也不例外，在中小微企业融资以及支持自贸片区金融服务等方面面临着困境，导致武汉金融创新不高、金融组织结构不够完善，影响了经济增长的稳定性。

表1-11显示的是"十四五"时期金融业发展主要目标。该目标指出，坚持服务实体经济，把握金融为实体经济服务的总原则，将服务实体经济作为金融工作的出发点落脚点，坚持以人民为中心，践行"金融为民"理念，不断满足人民群众日益增长的金融服务需求。充分发挥现代金融资源配置、风险管理、交易促进、产业调整和服务调控的功能，全面提升金融服务能力，促进金融与实体经济良性互动、协调发展。

表1-11 "十四五"时期金融业发展主要目标

指标名称	2020年	2025年	年均增长率
金融业增加值（亿元）	1628.48	2500	8%
金融业增加值占GDP比例（%）	10.4	10.5	—
法人金融机构数量（家）	31	40	5%
存贷款余额（万亿元）	6.78	10	8%
直接融资总额（亿元）	2580.04	5000	15%
境内外上市公司总数（家）	83	160	14%
保费收入（亿元）	835.67	1350	10%
保险密度（元/人）	6779.39	9000	6%
保险深度（%）	5.35	5以上	—
政府融资性担保额度（亿元）	31.54	200	45%
政府融资性担保发生笔数（单）	3894	25000	45%

资料来源：《武汉市金融业发展"十四五"规划》。

（5）金融生态环境优化

武汉市持续优化金融营商环境，制定了《2020年武汉市进一步优化金融营商环境工作方案》。方案中制定了信贷联席会议制度，会同多个部门共同推进优化金融营商环境工作，主要工作包括优化小微企业信贷审批流程、压缩办理时间、减少申贷材料。同时，武汉积极协调汉口银行启动上市进程，支持法人银行高质量发展，市人民政府、省人民政府先后对该行历史沿革等事项合规性给予批复。

武汉市持续加强信用城市建设，着力构建完善的社会、企业和个人信用体系，已连续 15 年获得信用城市称号。同时，武汉致力于建立创新金融风险防控机制，成立市防范化解金融风险攻坚战指挥部。指挥部办公室实行实体化办公，加强统筹协调，连续 3 年完成湖北省下达的非法集资案件"双降"目标，处非工作在全省名列前茅。另外，武汉会同有关部门加大约谈、督导力度，全市 P2P 网贷机构于 2020 年 4 月全部实现机构清退，提前完成国家及湖北省下达的工作目标。通过开展清理摸排、分类整治，加强部门协调、市区联动，依法依规推进重点企业债务风险处置，配合监管部门压实金融机构主体责任，加强风险及内控管理，武汉地区金融机构整体不良贷款率保持在 1% 以下，全市地方金融组织、交易场所风险总体平稳可控。

1.3 武汉区域金融中心建设的优势与不足

1.3.1 武汉区域金融中心建设的优势

湖北 GDP 领跑中部地区，是长江经济带发展的重要支点，而武汉立足中部，承接四方，北接河南、西安，西接重庆，南接湖南、江西，东接安徽，天然具备建设区域金融中心的优势。

（1）经济金融基础优势

武汉经济总量排名靠前，具备产业结构优势。Wind 数据显示，武汉市 2021 年地区生产总值 17716.76 亿元，在全国城市中排名第 9，较 2020 年上升一位次，亿元以上项目新开工 768 个、建成 500 个，固定资产投资增长 12.9%，领跑中部地区。同时，武汉东湖科学城建设全面启动，3 个重大科技基础设施建设也纳入了国家重大科技基础设施"十四五"规划。

在产业布局方面，武汉各大产业 GDP 占比相对均衡，具备较好的产业发展基础，特别是新兴产业发展具备极佳的增长潜能。例如，武汉高新区企业个数及平均净利润在新一线城市中处于高位，光电子通信领域具备国内领先的完整产业链条。同时，武汉具备数个国家级创新中心，在生物医药、互联网技术等领域也有较好的发展基础。可见，武汉经济发展的几项核心指标稳中有进，建设区域金融中心的经济金融基础优势突出。

（2）区位优势

武汉自然区位优势明显，在建设区域金融中心上具有天然优势。武汉位于我国经济地理中心，素有"九省通衢"之称，在地理上东临长江三角洲，南临珠江三角洲，是东西部地区的天然衔接点。武汉市内湖港交织，河流纵横，世界第三大河长江及其最大支流汉水横贯市境中央，将武汉城区一分为三，形成了武昌、汉口、汉阳三镇隔江鼎立的格局。武汉全境面积 8494.41 平方千米，占湖北省面积的 4.6%，市域周长 977.28 千米，7 个中心城区面积达到 863 平方千米。

武汉也是我国最具有活力的东部、南部和最具潜力的西部的传承地，具备极佳的区位优势。同时，武汉的水陆空交通条件非常优越，长江穿城而过，是中国内陆最大的"水陆空交通枢纽和长江中游航运中心"，其高铁网更是辐射大半个中国，可以说交通非常便利。在华中地区，武汉也是唯一可直航全球五大洲的城市，境内拥有武昌站、汉口站、武汉站等数座车站。

（3）教育和科技优势

武汉高校云集，人才储备强大。截至 2021 年底，武汉高校共计 83 所，985 院校 2 所，211 院校 5 所，本科院校 46 所，专科院校 37 所。全年在校研究生 16.48 万人，比上年增长 10.3%，本专科在校生 106.72 万人，比上年增长 6.0%，中等职业教育在校生 8.04 万人，比上年增长 0.9%。从数量上看，仅次于北京，高居全国城市的第 2 位。

在金融人才的培养和金融教育资源上，武汉的优势非常明显。武汉有中南财政政法大学和湖北经济学院两所财经类院校，武汉大学和华中科技大学两所 985 院校设立了经济金融类学科，其他院校也有相应的金融人才的培养。同时，武汉重视人才引进，全市人才资源总量达 285.7 万人，集聚两院院士81人，经认定的高层次人才达9585名，连续5年实现人才净流入。在2021年度"武汉英才"的名单中，有657名高层次人才成功入选。为留住人才，武汉早在2017年初就启动了"百万大学生留汉就业创业工程"，而近日制定的《关于加快武汉区域金融中心建设的若干支持政策》，再一次提出要聚集高端金融人才，加大高级金融人才奖励力度。可见，武汉丰富的高校资源在中部6省中绝无仅有，这可以为区域金融中心建设奠定人才基础。

在科技方面，截至2020年末，武汉地区科技研究机构101个，国家重点实验室27个，国家工程实验室3个，国家级工程技术研究中心19个，拥有中国科学院院士29人，中国工程院院士41人。全年技术合同认定登记23835项，技术合同成交额942.30亿元。全年规模以上高新技术产业增加值4023.10亿元，占GDP比重25.8%，比上年提高0.1个百分点。全年专利申请量93950件，授权量58923件，分别比上年增长21.9%和50.1%。发明专利申请量34635件，授权量14667件，分别增长4.3%和24.8%，如图1-8所示，每万人发明专利拥有量51.87件，国际PCT专利申请量1389件。

图1-8　2016—2020年专利申请量和授权量

（4）历史优势

历史上，武汉一直是我国工商业的重镇，具有雄厚的基础。在近现代经济发展史中，武汉的金融史占据了重要地位，这离不开武汉得天独厚的地理位置。明代开始，汉口就已经成为中国传统经济的中心，到清代出现了现代银行业与传统票号、钱庄并存的局面，当时当铺、票号、钱庄等旧式金融机构有 200 余家。特别是 1861 年后，外国商品与资本开始入驻武汉，造就了武汉金融商贸业的繁荣。到 1947 年，在汉口设立的国内商业银行高达 60 家，保险公司也有 43 家，中国农民银行总部曾一度设在武汉。改革开放后，武汉金融业得到了更加迅速的发展，金融资金渗透到各行各业，金融活动的范围也越来越大，使金融机构与金融市场的活力与日俱增，逐渐发展成为内陆融资交易中心。与此同时，武汉的金融聚集能力也得到了不断强化，在新发展理念下，对内陆地区众多城市都有比较强的聚集和辐射力。由武汉经济金融发展可以发现，金融业的发展对武汉经济地位起到非常重要的影响，工业经济和金融产业繁荣兴盛是武汉快速发展的重要原因。

（5）金融行业优势

武汉金融机构种类齐全，拥有各类各级金融机构，如银行、证券、保险、信托等。相关数据显示，截至 2021 年底，在汉设立或筹建后台服务中心的金融机构已达 33 家，武汉市金融机构（含外资）本外币存贷款余额约 67891 亿元，市内商业银行网点的数量、外资银行数量在中部地区居于首位，已成为众多金融机构的聚集地。一方面，多元化的金融体系为武汉金融行业发展奠定了非常好的市场基础。另一方面，武汉市高校云集，开设经济管理及金融专业的高校数量众多，也为金融行业提供了优质的人力资源。目前，武汉正持续推进以建设大道为主轴，西起青年路，东至黄浦大街的银行保险聚集区，在中南路至中北路形成总部金融集聚区，在东湖新技术开发区核心板块打造光谷国际创投集聚区。2021 年发布的《武汉市打造区域金融中心实施方案（2021—2025 年）》《武汉市加快区域金融中心建设若干支持政策》及《市人民政府关于进一步深化科技金融改革创新的实施意见》等一系列文件也指出，武汉要壮大总部型金融机构体系、培育多层次金融市场体系、打造标杆级金融创新体系以及构建可持续的金融生态体系，在 2025 年要实现金融业增加值突破 2500

亿元，各类金融后台中心突破 40 家，金融机构各项存贷款余额突破 10 万亿元，金融业要成为武汉第 4 大支柱产业。未来可预期的是，武汉金融业在"十四五"时期将持续健康发展，更好地服务武汉建设国家中心城市、长江经济带核心城市和国际化大都市的总体目标。

（6）服务实体经济优势

武汉资本市场活力不断激发，服务实体经济能力也得到不断提高。截至 2020 年末，武汉市境内外上市公司数量达到 83 家，居中部六省省会城市第 1 位，武汉市"新三板"挂牌公司总数达到 206 家，直接融资规模将近万亿元。而在服务实体经济方面，武汉地区本外币存贷款余额达 67861.86 亿元，其中贷款余额 36855.97 亿元，存款余额 31005.89 亿元。26 家银行实现与汉融通对接，累计发放贷款 31457 笔，贷款金额 1018 亿元，4 家商业银行在汉融通建立全线上、纯信用的"301"贷款模式，发放信用贷款过亿元。

（7）政府政策支持

为更好地促进武汉区域金融中心建设，武汉出台了系列的优惠政策，并对区域金融中心未来建设的规划和目标提出了明确的要求，如《武汉市打造区域金融中心实施方案（2021—2025 年）》《武汉市加快区域金融中心建设若干支持政策》《市人民政府关于进一步深化科技金融改革创新的实施意见》及《中共武汉市委　武汉市人民政府关于新时代推动武汉高质量发展更好发挥建成中部地区崛起重要战略支点引领作用的实施意见》等一系列文件指出，要加快打造武汉区域金融中心，支持武汉做大做强，全面提升城市能级和核心竞争力，推动中部地区加快崛起。相关措施主要包括：第一，对新设立或新迁入的总部、地区总部金融机构给予落户、办公用房和运营支持，其中落户支持最高可达 1 亿元，运营支持连续奖励 3 年，上不封顶。第二，对武汉企业在多层次资本市场上市、挂牌给予分阶段累计最高 800 万元奖励，对新设立或新迁入的股权投资企业（私募基金），按实际投资额奖励最高可达 3000 万元。第三，对开展科技金融、普惠金融的银行业机构按照投放规模分别给予最高 200 万元的专项激励，而对银行投贷联动贷款、科创企业保证保险贷款等创新型产品实施风险补偿。第四，对新设立或新引进的金融机构高管人员，连续 3 年按照不超过个人薪酬的 8% 给予奖励，单家企业每年最高 1000 万元。

中央及省市多重利好叠加的政策给武汉金融业高质量发展及各项战略的实施提出了明确要求和方向，有利于武汉市在更高层面集聚和配置金融资源，优化地区金融资源配置，进而促进金融业改革创新，推动本地及周边区域经济发展。

1.3.2 武汉区域金融中心建设的不足

与中部其他省会城市相比，武汉市在经济总量、地理位置、人才资源及金融业实力等方面均有明显优势，在此条件下，武汉区域金融中心建设优势明显。但与当前全国已经形成的金融中心城市相比，武汉仍有相当明显的差距，主要存在以下方面的不足。

（1）缺乏总部机构

全国性金融机构总部数量有限，地方性金融机构规模不够大，金融机构聚集区分散，未能形成统一形象和品牌效应。一方面，为了建设区域金融中心，武汉加大了金融招商力度，已形成门类较为齐全的金融机构，但是总部金融机构、大型央企、国企和有知名度和影响力的民企在汉总部数量较少，资金集聚作用有限，还没有明显领先全国的金融机构。另一方面，地方金融机构实力较弱，长江证券、天风证券两家证券公司虽然已经实现上市，但是市值并不高，汉口银行提出上市但目前依然没有取得突破。相关数据显示，截至 2021 年底，总部设在武汉的金融机构仅 31 家，全国前十的券商数为 0，全国性交易场所数为 0，上市法人银行数仅为 1。另外，武汉区域金融中心对省内具有一定的辐射力，特别是仙桃、咸宁、黄石等 9 个县市，但是对地理位置较远的其他地市几乎没有辐射能力。同时，武汉金融密度不够集中，"明星""亮点"区域不够，部分区域以金融名义招商，但并没有明显突出金融特色，呈"多点开花"的布局。这些不利因素均会影响武汉区域金融中心的形象展示和金融业的做大做强，从而就难以形成上海、北京类似的金融中心。

武汉区域金融中心建设创新路径研究

（2）科技创新不足

科技金融创新未有明显突破，缺乏实质的金融创新。首先，武汉高端金融人才不足，金融产品开发业务少，整个金融业更倾向于营销产品，由此导致各类金融机构的重要业务部门不倾向于在武汉设立。其次，武汉缺乏实质性的金融创新，金融创新有助于金融、经济效率的提高，但是目前武汉金融创新多是停留在政策层面，未取得实质性成果。再次，金融机构仍以传统金融产品为主，对大数据、区块链等金融科技手段使用不足，在数字人民币、碳金融、科技金融等创新领域仍处于探索和追赶阶段，开展全局性重大金融创新试点还不够多。最后，国家层面对武汉的金融支持政策较少，金融服务配套不足。当前湖北省政府重视武汉区域金融中心建设，力图将武汉打造成为中部地区有影响力的区域金融中心，但是相关配套设施不足，尤其是来自国家层面的政策支持。此外，部门之间的信息不对称，科技投融资政策体系不健全等问题也直接影响了科技金融工作的深入推进。因此，从多方面来看，武汉市的科技创新有待进一步加强。

（3）缺乏金融高端人才

武汉高校资源丰富，使武汉区域金融中心建设的人才环境有一定优势，但是随着金融业竞争日益激烈，金融业高端人才缺乏的问题日趋突出。背后的原因在于教育资源优势未能转化为人才资源优势，人才洼地效应尚未形成。同时，对比深圳和杭州的人才政策，武汉的人才保留政策明显不足，使武汉不能成为高校毕业生首选城市。在人才教育方面，虽然武汉高校众多，但在高校科技创新成果、毕业大学生就业能力、对经济社会发展的贡献等多个指标数据中，与国内一线大城市的差距还是非常明显的。因此，武汉只算得上是全国高教大市，但并非高教强市。人才为本，留住人才，加强政策支持，促进武汉培养的人才留在武汉、留在湖北，是助力武汉打造区域金融中心的必要条件，也是产业转型升级的长期保障。

（4）金融商业环境不佳

金融商业环境不佳，金融生态环境有待改善。金融生态环境主要包括人才环境和商业环境，金融生态环境是否优良关系到金融业成长发展以及城市金融竞争力。与人才环境相比，武汉金融商业环境问题较多，如征信系统不完善，信用评级和资产评估等中介机构不规范等。因此，如何改善金融商业环境，将其转化为更强的经济实力和金融水平，是武汉区域金融中心建设需要考虑的问题。

（5）服务实体经济能力不强

武汉金融体系中商业银行占主导地位，信托公司、基金公司等证券类金融机构规模较小，数量不足。因此，武汉的金融服务仍以银行信贷为主，普惠金融发展不足，服务实体经济能力有待提升。在这种融资模式下，武汉普惠小微企业贷款占比不高，双创企业、民营及小微企业融资难、融资贵问题依然有待缓解。另外，与金融发达城市相比，武汉上市公司数量较少、融资规模不大，金融与科技产业的融合度不高。因此，武汉区域金融中心难以有效满足企业多样性、差异化的融资需求，服务实体经济能力有待进一步提升。

（6）金融业开放程度不高

武汉金融业开放程度不高，外资金融机构数量较少。从著名的国际金融中心的发展规律来看，金融中心的对外开放程度也是影响金融产业集聚规模和水平的重要力量，是衡量区域金融中心发展的重要标尺。一方面，跨国公司可为区域金融中心提供大量的资本与海外业务，扩大金融中心的辐射范围；另一方面，跨国公司也可为区域金融中心带来新的管理知识与技术创新，有利于提高金融中心的集聚程度。近几年，我国大幅度放宽了外资金融机构的准入限制，大量的跨国金融机构进入我国，为我国的金融业的发展带来了许多外资业务和资本。但是由于武汉相对北上广深等一线城市，对外资的吸引相对较低，因此来武汉进行投资的外资只占全国很小的部分。

第 2 章
武汉区域金融中心建设的实践探索

2.1 武汉新兴金融发展

进入 21 世纪以来，随着大数据、人工智能、移动互联网、区块链和云计算等技术的迅猛发展，金融业态也发生了巨大变化，新兴金融成为金融发展新的动力。新的发展理念的提出，也给金融发展开拓了新的空间，指出了新的发展方向。武汉立足金融业的本质，立足做强传统金融业务，坚持改革创新和开放思维，在金融科技、绿色金融和普惠金融等方面的发展进行了积极探索。

2.1.1 武汉众邦银行凸显金融科技优势

武汉众邦银行股份有限公司（以下简称众邦银行），是银保监会批准成立的全国第 11 家民营银行，也是湖北省首家民营银行，2017 年 5 月 18 日正式开业，初始注册资本 20 亿元，2020 年 1 月 16 日完成增资扩股，注册资本达到 40 亿元。截至 2021 年末，众邦银行资产总额为 871.24 亿元，营业收入总额为 15.01 亿元，实现净利润 3.28 亿元。

（1）发挥科技优势，打造互联网交易银行

众邦银行是国内首家互联网交易银行。自成立以来，众邦银行始终秉承"专注产业生态圈，帮扶小微企业、助力大众创业"的使命，以交易场景为依托，以线上业务为引领，以供应链金融为主体，以大数据风控为支撑，着力打造"三个银行"，即"打通交易与场景的互联网交易银行，致力于产业与金融深度融合的供应链金融银行，数字化驱动科技赋能的开放型数字银行"。

2019 年 11 月，众邦银行被全国高新技术企业认定管理工作领导小组认定为国家高新技术企业，成为全国第 5 家获得高新技术企业认定的银行，这意味着众邦银行在利用区块链、大数据、云计算、人工智能等金融科技能力上获得国家层面认可。2020 年 9 月，众邦银行湖北省首单标准化票据业务落地；2020 年 10 月，众邦银行"众链联盟服务平台"获国家网信办区块链信息服务备案；2020 年 10 月，众邦银行入选外滩金融峰会"金融科技创新十佳案例"；2021 年 1 月，众邦银行完成了湖北首单民营银行电子保函业务落地；2021 年 12 月，获得人民银行武汉分行颁发的"湖北银行业科技奖一、二、三等奖"。众邦银行作为一家原生数智银行，拥有数智化、全线上的金融服务能力。

（2）加大科技创新，构建全场景金融生态

众邦银行信息科技战略目标是加大科技赋能引领，全面推进"打造一个超级平台、构建双核四驱全场景金融生态"。近年来，众邦银行着力聚焦支撑业务转型、强化数据服务等领域，持续加强科技能力建设，搭建新一代信贷平台，建设统一用户中心、可视化流程引擎、产品中心、流程编排引擎、智能风控引擎、核算引擎等服务平台。

基于众邦银行自身丰富的业务场景，平台内置 API 接口，可支持多种贷款产品的快速展业和持续运营。合作机构可从具体的贷款产品中选取一项或多项服务，同时也可根据自身需求快速定制某一项特色服务，可实现 1 个月内业务快速上线，助力中小银行信贷业务模式改造升级。截至 2021 年 6 月，众邦银行已获得 93 件发明专利，涉及金融科技各个领域。

（3）持续迭代升级，助推金融服务数智化

在新一代信贷平台基础上，众邦银行将持续稳步推进金融科技创新应用，更好支持小微企业的业务中台建设。从系统架构上进行优化升级，通过重构方式让业务中台尽可能实现微服务化。加速业务中台持续迭代升级，实现更快速迭代更新、更安全业务支持、更优秀系统性能。

同时，进一步加强线上业务的数智化建设，着力推进智慧平台建设，完善智慧平台在线上智能业务中各个场景的应用，利用成熟人工智能技术创新全流程智慧金融模式。全面提升大数据与人工智能在客户服务、精准营销、风险防控、身份识别、资产管理、投融资等金融领域的应用水平。众邦银行通过持续完善基础技术建设，采用敏捷开发、灰度发布、开发运维一体化等方法，提升创新研发质量与效率。加强对底层技术的自主掌控和应用能力，全面赋能金融服务线上发展。

2.1.2 天风证券构建多元化绿色金融体系

天风证券股份有限公司（以下简称天风证券）成立于 2000 年，原名四川省天风证券经纪有限责任公司，2008 年公司注册地址迁至湖北省武汉市，是一家全球性全牌照综合金融证券服务商。2018 年 10 月 19 日，公司股票在上海证券交易所正式上市交易，股票代码：601162，注册资本 86.66 亿元。2017 年以来，公司连续 5 年获得中国证监会授予的 A 类评级，2019 年跃升至 A 类 AA 级评级。截至 2021 年末，天风证券总资产为 10.59 万亿元，净资产为 2.57 万亿元，实现营业收入 5024.10 亿元，同比增长 12.03%，实现净利润 1911.19 亿元，同比增长 21.32%。当前，天风证券各项主营业务进入行业中上游水平，研究业务、国际业务、绿色金融等业务发展及布局位列行业前列，经营指标、业务布局、人才储备都进入历史最好时期，公司在湖北省累计纳税额近 20 亿元。

（1）发力绿色金融，走在行业前列

2003 年"赤道原则"（Equator Principles，EPs）的提出，标志着绿色金融在全球正式起步。近年来，绿色金融也在我国发展迅速。2015 年《中共中央国务院关于加快推进生态文明建设的意见》首次提出要"构建绿色金融体系"。2016 年 3 月，推动绿色金融发展和构建绿色金融体系正式成为国家战略。2016 年 8 月，中国人民银行、财政部等 7 部门联合发布《关于构建绿色金融体系的指导意见》（以下简称《指导意见》），给出了绿色金融的定义，提出了证券市场支持绿色投资的重要作用，要求统一绿色债券界定标准，积极支持符合条件的绿色企业上市融资和再融资，支持开发绿色债券指数、绿色股票指数以及相关产品，逐步建立和完善上市公司和发债企业强制性环境信息披露制度。2020 年 9 月，中国在第七十五届联合国大会上第一次提出"要将二氧化碳排放力争于 2030 年前达到峰值，并努力争取 2060 年前实现碳中和"（以下简称"30·60目标"）。随后，"做好碳达峰、碳中和工作"被列入了国家"十四五"规划当中，中国绿色金融迎来了前所未有的发展机遇。

与其他金融机构相比，证券公司可以充分利用产品设计、交易撮合等方面的优势，引导社会资源更多地投向绿色产业，促进绿色经济发展。2016 年是天风证券绿色金融元年。这一年，绿色金融成为天风证券核心发展战略，成为国内首家成立绿色金融工作小组和绿色金融事业部的券商。由此，绿色金融在天风落地生根，成果丰硕。

（2）实施绿色金融战略，组建绿色金融智库

天风证券作为积极从事绿色金融融资的投资银行，是国内绿色金融实践的先行者，也是率先倡导设立绿色证券委员会的行业力量。公司率先设立了绿色金融一级部门，成立的绿色金融事业部专门为绿色企业和绿色项目提供投资银行服务。公司积极将绿色金融作为自身核心战略，在经营运作过程中充分践行绿色低碳理念。公司的总部大厦充分运用最新节能环保技术，是绿色建筑的典型代表。

2016 年 9 月，天风证券出资与中央财经大学共建中央财经大学绿色金融国际研究院（IIGF，以下简称绿金院），深入探讨绿色金融发展格局，旨在打造"国内一流、世界领先、具有中国特色"的绿色金融智库。当前，绿金院不仅承担中国金融学会绿色金融专业委员会的常务理事单位、中国证券业协会绿色证券委员会秘书长单位、中国环保产业协会专业委员会秘书处等多项职能，也是国际资本市场协会的第一家中国观察员机构，还作为唯一一家智库，担任国际资本市场协会绿色债券原则咨询委员会的 60 位理事之一。绿金院已成为全球最大的绿色金融高校研究院。在研究成果方面，截至 2021 年 9 月，绿金院在可持续金融研究领域出版学术专著 25 部，发表研究报告 115 份、观点文章 1442 篇；承接国家部委、地方政府、金融机构、国际组织等委托课题 12 项。

（3）发行绿色金融产品，助推绿色产业发展

天风证券积极倡导绿色发展理念，不断推进绿色业务，并通过早期在绿色金融产品的战略布局，已在绿色金融方面具备领先优势，创造出中国和全球绿色债券市场中的多个"首单"项目：承销首只民营上市公司绿色企业债券"16 清新绿色债"；主承销上海证券交易所首单"碳中和"ABS 支持绿色产业项目；协助比亚迪股份有限公司发行国内首单新能源汽车租赁资产支持专项计划；协助西安高新区热力有限公司发行 2020 年国

内企业资产证券化市场发行的唯一绿色供热合同债权 ABS 等。

此外，天风证券通过多种形式为绿色企业的战略布局、业务发展、产业升级提供服务。2019 年为 5 家企业完成 72 亿元绿色债券和股票融资发行；2020 年为 6 家企业完成 93 亿元绿色债券和 ABS 融资。同时，在研究业务这一优势领域，天风证券也不断加大绿色产业研究力度，2020 年第四季度以来先后发布碳中和系列行业和公司报告，深耕产业，强化绿色企业价值发现。

（4）深耕绿色金融，积极融入国家发展战略

作为证券业协会绿色证券委员会主任委员单位和中国金融学会绿色金融专业委员会理事单位，天风证券始终在实践中履行绿色金融使命，服务和助力实现"碳达峰、碳中和"长远战略。一是积极参与国家绿色发展相关政策制定，如《绿色产业指导目录（2019 年版）》《绿色债券支持项目目录（2020 年版）》《绿色债券发行指引》《绿色投资指引》。二是多方面推介绿色低碳金融理念，先后参与举办"博鳌亚洲论坛绿色金融分论坛""武汉金融博览会绿色金融分论坛""中国环保产业投融资论坛""中国绿色金融与国际市场高层对话论坛""粤港澳大湾区绿色金融研讨会"等重大活动。三是广泛动员行业共同践行绿色金融助推碳中和，先后组织提交《证券公司 2019 年度绿色金融业务情况调研报告》等多篇建议报告，参与起草《证券业绿色金融发展蓝皮书》，联合媒体和高校发布证券行业首份《促进"碳达峰 碳中和"行动倡议书》，发布《天风证券"碳达峰 碳中和"行动方案》和《2016—2021 年度环境信息披露报告》。

2.1.3 汉口银行打造"普惠金融"工程

2005 年，普惠金融这一概念首先在联合国使用，主要用于宣传小额贷款。2006 年，中国人民银行研究局在亚洲小额信贷论坛上正式使用这一概念。2016 年，国务院发布了《推进普惠金融发展规划（2016—2020 年）》。近年来，我国政府采取了若干重大措施大力发展普惠金融。

汉口银行股份有限公司（以下简称汉口银行）成立于 1997 年 12 月，是一家总部位于武汉的城市商业银行。截至 2021 年末，资产总额

4676.00 亿元，各项贷款余额 2487.40 亿元，各项存款余额 3096.72 亿元。汉口银行坚持以成为"特色鲜明、价值领先、区域一流的现代金融企业"为愿景，秉承"思想为您服务"的核心服务理念，牢牢坚守"服务地方、服务中小、服务市民"的市场定位，通过专业化经营和精细化管理，全力打造具有自身特色的民生普惠金融工程。

（1）加强渠道建设，打造社区银行"邻里金融"品牌

汉口银行秉承城商行服务本地的经营宗旨，基于立足社区、贴近市民的服务理念，从 2013 年开始致力于打造"邻里金融"零售银行服务品牌，通过"心金融，伴邻里"的服务内涵，构建线下线上相融合的"邻里金融"生态体系。汉口银行投入战略资源与政府、公共事业单位开展深度合作，在政务服务、便民生活等多个领域实现了创新和突破，提供更优银行金融服务，创新建设社会服务平台，助力政府服务百姓家庭，将惠民服务担当落到实处。

汉口银行高度重视老年人金融服务，积极探索智能金融服务模式，帮助老年人共享科技发展成果。建立健全针对老年客户服务的金融教育机制，利用网点厅堂阵地，通过海报、折页等媒介开展金融知识宣传，通过社区金融课堂与便民服务等形式，开展"邻里乐""邻里融"等金融服务宣传进社区活动，向老年人普及金融知识，重点提示老年群体警惕各类新型电信网络诈骗，提高老年金融消费权益保护意识。

（2）担当使命责任，支持改善民生

2018 年以来，汉口银行积极践行"我为群众办实事"，以"创立、创新、创精品"为原则设立"爱心驿站"，在武汉市各区实现全覆盖，"爱心驿站"不断发挥金融窗口、服务窗口、爱心窗口作用。汉口银行始终将公益事业作为推进企业文化建设的重要内容，援建希望小学和学校"爱心厨房"，向武汉市医疗机构捐赠救护车；新冠肺炎疫情发生后，积极捐款支持湖北各地抗击新冠肺炎疫情；在恩施州开展助学募捐活动，积极履行企业责任。一直以来，汉口银行积极助力地方文化、体育事业发展，支持丰富群众文体生活，用实际行动回馈社会。

汉口银行积极参与社会保障事业发展，与省、市、区各级人社机构开

展深度合作，切实履行社会保障卡"主办银行""首选银行"社会责任和服务承诺。武汉市全辖营业网点和省内部分营业网点均成为社会保障卡授牌定点网点，设立绿色通道服务窗口。先后在武汉市社会保障卡管理中心、市民之家、各区社保经办机构服务大厅派驻工作人员，提供现场驻点服务；推出"金卡快车"社会保障卡流动服务窗口快办服务，打通单位职工、社区居民换发社会保障卡"最后一公里"；在线上养老金年审、社会保障卡特色服务等多领域实现创新，成为武汉市社会保障卡发卡业务和养老金代发业务主要合作服务银行，在广大市民中赢得优良服务口碑。此外，汉口银行坚持服务民生工程建设，为保障性安居工程、老旧小区改造和城市基础设施改造建设等民生工程提供资金支持；支持大众创业万众创新，加大对下岗失业、高校毕业生等创业人员的扶持力度，积极开办财政贴息的创业担保贷款，支持大众创业万众创新。2021年末，创业担保贷款余额6670.61万元。

（3）深耕实体经济，大力支持小微企业融资

汉口银行坚持回归服务实体经济本源，通过"提高站位、完善制度、创新产品、倾斜资源、及时沟通"5方面的举措，在监管政策允许范围内努力提升对小微企业"融资难、融资贵、融资慢"等长期存在问题的解决能力，持续做优做强小微企业金融服务。

持续加大小微企业支持力度，提升普惠客户服务覆盖面，将更多资源向普惠小微领域倾斜，不断提高普惠小微企业首贷率和信用贷款、中长期贷款占比。截至2021年末，全行普惠小微贷款余额147.70亿元，较年初增长41.67亿元，增速39.30%，高于各项贷款增速12.97个百分点。积极落实国家扩大小微企业信贷投放要求，自2020年以来累计发行4期小微企业贷款金融债券合计60亿元，专项用于开展小微企业贷款，有效拓宽小微企业信贷资金来源。通过将直接融资与对小微企业间接信贷融资结合，切实增加信贷供给，定向"滴灌"普惠小微企业。积极推广"楚天贷款码"，严格按照"1351"服务模式（即1天内受理融资申请、3天内调查收集资料、5天内初步落实授信条件、1天内反馈办理情况）开展业务，为中小企业提供线上融资服务。针对广大普惠小微企业缺乏抵押物的

特性，依托政府力量着力提升企业信用水平。创新开展"新型政银担""信用税 e 贷""政融通"等金融产品和服务模式，助力普惠小微企业融资。截至 2021 年末，汉口银行"政银担"系列产品余额 10.73 亿元，较年初增加超过两倍。出台进一步提升小微企业融资服务效率的通知，进一步梳理业务流程，提高贷款审批效率，提升普惠小微企业融资服务质效。建立"敢贷、愿贷"制度。出台《汉口银行 2021 年度授信业务基本授权方案》《汉口银行小微企业授信工作尽职免责实施细则》《汉口银行民营企业授信工作尽职免责实施细则》，进一步完善了小微企业、民营企业授信业务管理机制。用好用足支小再贷款、普惠小微企业贷款延期支持工具和信用贷款支持计划等直达实体经济的货币政策，加大纾困贷款贴息政策宣传，通过内部资金转移定价优惠、差异化利率定价、减免手续费等方式，持续降低普惠小微企业综合融资成本。目前，汉口银行普惠金融已从量增、价减、面扩，逐步演变至提升服务质效，迎来了更广阔的发展空间。

2.2 武汉产融结合发展

"金融服务实体经济"是近年来中国金融思想的最新发展。现有的大量研究都表明，产融结合在提高储蓄—投资转化效率、发挥协同效应、获得范围经济、增强资本积累能力等方面都具有积极作用。创新产融结合方式，让金融与实体经济更加紧密地结合，既能使金融更好地服务于实体经济，同时也是促进金融中心建设的重要内容。

2.2.1 "汉融通"平台助力小微企业融资

"汉融通—武汉市企业融资对接服务平台"（以下简称"汉融通"），是为贯彻、落实党中央、国务院关于缓解民营中小微企业"融资难、融资贵、融资繁"问题的要求，推进武汉市金融科技发展，调动金融资源支持民营中小微企业，由武汉市地方金融工作局牵头建设，2019 年 12 月 27 日，正式启动。"汉融通"以优化企业融资环境为目标，以市场需求为导向，以聚焦服务实体经济、聚力机制技术创新、聚合资源有效供给为抓手，打造武汉市企业融资公共服务平台，是湖北省内第一个征信融资一体化的大型综合性服务平台。

（1）多方位开展工作，助力民营中小微企业

"汉融通"旨在搭建"融资服务+信用评价+持续经营能力评估"的"互联网+政务+金融+大数据"融资服务链，缓解企业与金融机构的信息不对称问题，打造中小微企业融资对接服务的"武汉模式"。

第一，多部门信息联动，优化融资服务模式。由武汉市政务和大数据局搭建数据共享交换平台，发改、经信、税务、市场监督、人社、科技、公积金中心等多个职能部门给予数据支持，将信用良好的企业推送给金融机构，提高企业融资效率。

第二，坚持平台的公益性，全方位服务企业。平台运营坚持保护企业隐私和权益，采集和使用企业信息必须经企业授权，非公开数据使用，坚持"可用不可见"原则。平台不仅能够把政府各部门关于惠农、科创、双创、专利、政府采购等领域的融资扶持政策进行集中展示，还可以依据企业融资条件智能匹配金融产品和金融机构，有效拓展企业融资渠道。

第三，强化金融监管，全力打造"汉融指数"。"汉融通"在线对金融机构与企业的融资对接流程和结果进行实时监测，并邀请省银保监局、人行武汉分行营管部对金融机构的融资服务进行监管。同时，对企业持续经营能力进行评估，并将社会信用联合惩戒的要求贯穿其中，助力金融机构全面评估企业贷款能力与控制风险，努力破解过去金融机构对中小企业贷款"看不清、看不透"的困境。

第四，开设服务专区，提供高效金融支持。为缓解疫情影响导致的中小微企业流动资金压力，使中小微企业纾困专项资金落到实处，"汉融通"充分发挥其作为企业融资对接服务平台的功能，开设抗击疫情金融服务专区，为中小微企业提供便利。企业如需申请纾困资金，在"汉融通"提交融资需求后，平台把需求实时推送给银行机构。企业可随时登

录"汉融通"查询各银行的贷款办理进度。针对未纳入纾困专项资金支持名单，但想获得贷款的中小微企业，同样可登录"汉融通"注册并提出融资需求，在线申请入驻银行机构推出的优惠利率信贷产品。此外，平台为疫情防控相关企业和受疫情影响较大企业智能对接金融机构专项融资产品，并开通延期还款的快速通道。

（2）发挥科技能效，构建相对优势

相对于通常意义上的融资撮合平台和征信平台，"汉融通"的主要优势包括以下四点。

第一，数据权威，管理合规。"汉融通"受中国银行保险监督管理委员会湖北监管局指导，高效整合发展改革委、市场监管、税务、不动产、社保、税务、公积金、司法、环保等部门的政务数据；平台将按照"可用不可见"原则使用企业数据，保证数据的安全和企业的隐私。未经企业合法授权和数据源单位、相关管理部门的书面同意，不以任何形式，向平台使用者输出企业原始数据。

第二，"汉融指数"设计科学。"汉融指数"是武汉市地方金融工作局与中诚信征信有限公司合作设计的对企业持续经营能力的评估方式，对企业从工商、政务、纳税、财务、风险 5 个维度的信用表现进行科学评估，助力金融机构全面评估企业贷款能力与控制风险，破解过去金融机构对中小企业贷款"看不清、看不透"的困境。

第三，政府监管、政府扶持落地。"汉融通"对企业融资流程以及金融机构受理效率、放款规模等进行实时监测。同时，针对如惠农、科技创新孵化、小微企业、专利、政府采购等领域的融资扶持政策，汉融通平台整合特定金融产品，对符合扶持政策的企业给予专门通道进行融资对接。

第四，效率优先，服务细致。汉融通平台核心服务于企业融资需求，为企业融资条件智能匹配金融产品，一键同时对接多家银行，高效拓展企业融资渠道；为金融机构提供"汉融指数"、公开信用评估报告、企业股权关联图谱，全面评估企业信用信息的同时，对风险信息进行重点审慎提示，既充分支持企业融资需求，又为金融机构控制多头借贷风险。

（3）践行服务初心，彰显卓越成效

第一，有效拓展企业融资渠道，优化中小微企业融资环境。"汉融通"是湖北省第一个征信融资一体化的大型综合性服务平台，作为融资新窗口，起到示范带动作用。目前全市各类银行机构在"汉融通"上已提供 221 项金融产品（见表 2–1），形成商业银行 24 小时快速响应机制，增强防疫及疫后经济重振期间金融服务的覆盖面、可得性、满意度。截至 2022 年 5 月，平台已入驻 513 家机构、94562 户市场主体，121408 笔成功融资数、融资总额达 2747.56 亿元。

表 2–1 　"汉融通"金融产品数量

银行机构	国有大型 商业银行	股份制 商业银行	地方 法人银行	外资银行	301 融资
上线金融产品数量	64	91	49	9	8

注：2020 年 9 月，武汉市地方金融工作局会同汉口银行、武汉农村商业银行、中诚信征信有限公司启动上线武汉市地方法人银行"301"贷款模式，即"三分钟申贷、零人工干预、一秒钟放款（或授信）"，充分利用科技手段让资金需求方足不出户、合法合规获得贷款。

资料来源：根据武汉市企业融资对接服务平台数据整理。

第二，切实缓解中小企业经营困难，助力打赢疫情防控阻击战和经济保卫战。开辟"企业复工复产资金需求信息填报"快速通道，降低企业融资门槛及融资成本，加大对企业复工复产信贷支持力度。通过信息归集，由金融主管部门进行协调，尽力满足企业的合理资金需求。对符合复工复产专用再贷款用途的，银行发放的优惠贷款利率不高于 4.55%。此外，对符合条件的中小微、民营企业票据，还有再贴现支持。

第三，大幅减轻中小微企业流动资金压力，推动企业有序复工复产、复商复市。截至 2021 年末，汉融通平台已入驻银行 26 家、对接融资企业 9.07 万户，累计促成融资 10.08 万笔，融资总额 2253 亿元，累计拨付纾困贷款贴息资金 15.4 亿元。其中，2021 年通过汉融通发放纾困贷款 1163.75 亿元，惠及中小微企业（含小微企业主）及个体工商户 31533 户，申请贴息 6.12 亿元。

2.2.2 武汉农商行勇当服务"三农"主力军

武汉农村商业银行股份有限公司（以下简称武汉农商行），是国务院批准组建的全国第一家副省级城市农村商业银行。武汉农商行由139家企业法人股东和3515个自然人股东共同入股发起，股本金总额30亿元。2009年成立以来，武汉市农村商业银行业务发展全面提速，规模跃居武汉市金融同业"第一方阵"，是中部首家资产、存款过千亿元的农商行。截至2021年末，武汉农商行全行资产总额达到3727.58亿元，各项存款余额2921.62亿元，各项贷款余额2221.43亿元，实现营业净收入84.45亿元，实现利润总额为13.04亿元。武汉农商行成立以来，始终坚持"服务'三农'、服务小微、服务民生"的定位，在脱贫攻坚、乡村振兴、产业壮大、民生工程等方面探索独具个性的金融扶持实体经验，不断提升"三农"金融服务质效。

（1）创新帮扶模式，助力脱贫攻坚

武汉农商行用产业带动扶贫，创新深化"新型农业经营主体+村委会+贫困户+主办银行"四方协议模式，促进"农业增效、农民增收、农村增绿"。2020年面对疫情影响，武汉农商行，为猪肉供应储备企业安排信贷资金12.05亿元，专门用于疫情期间采购储备猪肉的民生保供必需。面对因市场供需变化形成的猪肉价格周期性波动，其加大信贷支持力度，"熨平"猪周期对生猪养殖企业的冲击。近3年，全行已累计支持257户生猪养殖企业、投放生猪专项信贷资金26.41亿元。

武汉农商行创新"订单帮扶""就业帮扶""入股帮扶""土地流转帮扶"等多种帮扶模式，变"输血"为"造血"，带动2万多贫困人口创业增收。面对贫困户启动资金短缺难题，推出"免抵押免担保、基准利率放贷、财政贴息"的"扶贫小额贷款"专项产品，实现政府、财政、金融合力扶贫的新局面，获评2021年度"湖北省脱贫攻坚先进集体"。

（2）践行初心使命，当好武汉"三农"的守望者

从决战决胜脱贫攻坚的排头兵，到助力乡村振兴的主力军。武汉农商行把全面推进乡村振兴作为重大政治任务，强化顶层设计，在总行层面成

立一级部门——"三农"业务部。着力落实金融服务重心下沉要求，延伸服务渠道打通"最后一公里"，近半网点扎根乡镇，服务覆盖面稳居全市金融机构之首。成立以来，武汉农商行始终坚守"农字号"的市场定位，获得"金融机构支持武汉经济发展突出贡献奖""中国服务企业500强""全国十佳农村商业银行""农村金融工作优秀单位"等称号。截至2021年末，全行涉农贷款余额889亿元，净增68亿元，增幅8.2%，成为服务乡村振兴当之无愧的主力军。

大灾大难显担当。2020年初，面对突如其来的新冠肺炎疫情，武汉农商行迅速出台金融服务"十二条"，明确支农信贷重点投向疫情防控、民生保供、春耕生产和精准扶贫等领域，创新推出"抗疫春耕贷"专属产品。开展"金融特别行"，组织总、分、支三级行长600人"行长包户"，推动各级优惠政策落地生根。新冠肺炎疫情期间，创造了抗疫专项再贷款户数、"汉融通"融资金额、纾困资金贴息金额、"应急贷"份额、产业扶贫贷款"5个全市第一"的纪录，荣获"金融支持武汉经济社会发展突出贡献奖"等5项殊荣。2021年5月14日，罕见龙卷风袭击武汉市蔡甸区，受灾区域的各支行快速响应，对救灾贷款实行快审快贷、利率优惠；对因受灾到期还款有困难的，采取展期、借新还旧；对灾后重建有贷款需求的企业、农户，特事特办、急事急办。

（3）创新特色产品，打造惠农品牌

人从哪里来？地往何处"流"？钱从哪里来，又该怎么投？这是乡村振兴绕不过去的"三道坎"。武汉农商行坚持加大金融资源向乡村振兴重点领域和薄弱环节的倾斜力度，探寻适合乡村规律、符合乡村特色、激发乡村内生动力的金融帮扶路径。

关注下乡市民、回乡能人、兴乡企业等入驻式新型"职业农民"的融资需求，为人才回流提供好金融服务。创新推出惠农贷、楚银贷、农业企业融资应急基金贷款等特色产品，推动乡村振兴与"三乡工程"深度融合，创新现代旅游金融模式；围绕"美丽乡村"建设和"三乡"工程，持续加大农村基础设施建设和环境综合治理的金融支持。截至2021年12月末，全行支持武汉市美丽乡村旅游景点20个，信贷支持面为全市第 1，贷款余额 14.56 亿元，当年投放 11.49 亿元，取得了改善农村环境、带动周边农民致富的"双赢"效应。按照"一业一品、一地一品"思路，持续扶持本土农产品品牌发展壮大。近 3 年，累计向"米袋子""菜篮子""肉案子"等民生工程投放信贷资金 66 亿元。打响了新农牛肉、大汉口热干面、木兰湖鸡蛋、汪集鸡汤等一批驰名"三农"品牌，助推了洪山菜薹、汉南甜玉米、蔡甸藜蒿莲藕、张店鱼面等一大批本土优质农产品走向全国。

(4) 敢闯敢试，唤醒农村"沉睡资本"

新时代实施乡村振兴战略的动力来自农业农村的改革和创新。武汉农商行坚持在金融供给下功夫，深入推进农村集体产权制度改革，拓宽农业农村抵质押物范围，积极探索农村承包土地经营权、农民房屋财产权、集体资产股权等农村特有的新型抵押贷款模式，创新多元化的农村资产抵质押融资模式，更好满足乡村振兴融资需求。

武汉市黄陂区、江夏区跻身为全国"两权"抵押贷款试点后，武汉农商行发放了首笔农户承包土地经营权抵押贷款和农民住房财产权抵押贷款。作为"农股贷"首家试点银行机构，武汉农商行完成湖北省首笔"农股贷"，实现了"农民变股民，股权变现金"，成功将农村集体产权制度改革红利与金融支农惠农相结合。积极创新整合"三农"信贷产品，通过推广"惠农贷"，解决涉农企业抵押不足问题。截至 2021 年末，全行"惠农贷"贷款余额 3.54 亿元；向 145 户农业主体发放"农业银政担"和"楚银贷"产品，余额共计 3.34 亿元；累计运用农业企业融资应急资金 7.27 亿元；当年运用支农再贷款资金 10.16 亿元，为客户节省融资成本约 1280 万元。武汉农商行"楚银贷""惠农贷"、农业企业融资应急资金贷款业务和支农再贷款份额占比均为全市第一。

2.2.3 兴业银行武汉分行服务社会绿色发展

兴业银行武汉分行于 2002 年 6 月 24 日正式对外营业，是兴业银行在中西部地区设立的第 2 家分行级机构。兴业银行作为国内绿色金融先行者和探路者，在国内创下多个"第 1"的纪录，兴业银行武汉分行则立足地方，积极支持湖北绿色发展。

（1）探索绿色金融之路，勇夺多个"第1"

在国内，兴业银行是最早探索绿色金融的先行军。在湖北，兴业银行武汉分行也是绿色金融最早的践行者。2008 年 1 月，兴业银行武汉分行首笔 3200 万元的能效贷在湖北京山落地，受到当地政府、社会各界的普遍关注和欢迎。

十余年来，兴业银行武汉分行在绿色金融市场持续深入发展，不断刷新"第1"的纪录：全国首单碳排放权质押贷款、湖北首单水环境治理项目绿色债券、湖北首单乡村振兴债券、湖北首笔挂钩"碳中和"债券指数结构性存款，该行绿色金融客户数和融资余额在总行类区行中位居首位。截至 2022 年 3 月末，该行绿色融资总额达近 500 亿元。

（2）深耕绿色金融业务，扮靓绿水青山

兴业银行武汉分行结合湖北环境保护、绿色发展的战略机遇，不断创新绿色金融产品，拓宽绿色产业融资渠道，为长江经济带生态保护、湖北可持续发展持续注入金融动力。近年来，兴业银行武汉分行将融资与融智进行有机结合，先后与省市有关部门以及湖北碳排放权交易中心签署战略合作协议，制定《湖北省中央环保督查整改项目综合解决专案》《武汉市绿色金融服务建议书》等专属绿色金融服务方案，并落地全国首笔排污权抵押贷款。立足武汉市"四水共治"，为三金潭污水处理厂改扩建、堤角水厂扩建、青山港明渠治理、龙阳湖截污及清淤等重点项目提供绿色金融专项贷款。2018 年 9 月，兴业银行武汉分行落地全省首单绿色票据再贴现业务。湖北碳排放权交易中心建立初期，兴业银行与其签订了 200 亿元的碳金融授信协议，并且发放了全国首单碳排放权质押贷款。2022 年 2 月 17 日，兴业银行武汉分行创新推出的绿色企业保证保险贷款（以下简称"绿保贷"）业务成功落地，向三峡电能能源管理（湖北）有限公司发放"绿保贷"300 万元。

近年来，兴业银行武汉分行绿色金融支持的领域和项目覆盖面日益广阔，实现了低碳经济、循环经济、生态经济全覆盖。目前，兴业银行武汉分行已拥有绿色信贷、绿色债券、绿色基金、绿色租赁等覆盖绿色发展全领域的系列金融产品。

（3）发挥"商行+投行"优势，绿色债券提升融资质效

"碳达峰""碳中和"已经被写入政府工作报告，"双碳"目标的实现，离不开绿色金融的支持。兴业银行武汉分行充分发挥"商行+投行"优势，不断创新金融服务绿色发展新方式。

2021 年 3 月，兴业银行武汉分行获得武汉碧水集团为巡司河流域综合治理工程所发行的 5 亿元绿色债券独家承销权，这也是湖北首单用于水环境治理项目的绿色债券。2021 年 5 月，兴业银行武汉分行为湖北省文化旅游投资集团有限公司发行 8 亿元短期融资券，这是湖北省首单公募乡村振兴票据，开辟了绿色金融支持生态旅游发展新渠道。2021 年 6 月，兴业银行武汉分行承销湖北省能源集团 9 亿元绿色债券，仅用了 1 个月就完成了从筹划到发行的全流程，专业高效的服务赢得了客户高度认可。2022 年 5 月，由兴业银行武汉分行牵头组建的 70.7 亿元宁德时代宜昌邦普循环废旧电池循环利用项目银团贷款首笔 6 亿元正式落地，为湖北绿色产业发展和生态环境建设注入强劲动力，也是兴业银行武汉分行抢抓"双碳"战略机遇、支持湖北重大项目、推广绿色金融的又一生动实践。

2.3　武汉金融营商环境建设

金融中心是金融聚集的结果，金融中心的形成和发展也会进一步吸引各种金融要素的聚集。二者互为因果，相辅相成。优化营商环境，有利于减少体制性与机制性障碍，促进金融聚集和金融中心的形成。

2.3.1　江岸区持续优化金融营商环境

武汉市江岸区位于长江北岸、武汉市的东北部，区域总面积 81.21 平方千米（含水域），户籍人口 81 万，常住人口超 100 万。江岸区是中共武汉市委、武汉市人民政府、武汉市人大常委会和武汉市政协委员会所在

地，是全市的政治、经济、文化、信息中心。自汉口开埠以后，江岸地区的银行、钱庄高度集中，是当时世界知名的重要进出口商埠。改革开放以来，历届区委、区政府坚持把招商引资作为经济发展的重中之重，目前在区位、商贸基础和投资环境方面具有一定优势，已成为武汉市对外开放的重要窗口。近年来，江岸区贯彻落实全省优化营商环境大会精神和武汉市委经济工作会议精神，推进业务流程再造和系统重构，确保营商环境各项政策措施落地见效，持续打造市场化、法治化、国际化的营商环境。连续多年，江岸区营商环境综合排名稳居武汉市前列。

（1）切实开展"151工作法"

2019年以来，江岸区切实开展"151工作法"，建立健全"部门联动、政企互动、企呼我应"等工作机制，营商环境持续改善。

第一，树立一个理念。牢固树立为企业服务的理念，始终以企业、群众的利益为先，不忘初心，砥砺前行。扎扎实实地为人民群众办实事、促发展、谋利益，以更优的营商环境，推动江岸经济高质量发展。

第二，强化5个维度。一是提升工作标准高度。全方位对标国内营商环境先进城区，坚持目标导向、问题导向、结果导向，加强各部门之间协调配合，与全市同步完成流程再造和重点指标工作任务，大力实施"长江金岸人才港"计划。二是优化服务企业态度。继续实施区级领导联系重大项目的领衔推进机制，组织优化营商环境企业座谈会，建立健全"企有所呼、我必有应"信息服务平台。三是加大推进力度。持续深化"马上办、网上办、就近办、一次办"改革，大力推进部分区级审批事项下沉街道办理和智慧政务服务大厅建设，抓好督查问题整改工作。四是加快行政效能速度。继续深化行政审批制度改革，探索线上"互联网+"政务服务，开发建设"江岸微邻里"社区网格服务信息平台。五是增强优化营商环境热度。坚持开展区级领导干部服务企业大走访、深调研活动，上门宣传优化营商环境政策，定期开展"优化营商环境，助推区域发展"座谈会和全区优化营商环境大会，开展招商留商政策宣传，组织开展各类银企对接活动。

第三，实现一个目标。以更有效的工作机制为保障，着力解决企业遇到的实际问题，更好地满足企业提出的实际需求，实现市场主体明显增多、投资明显上升、企业成本明显下降的良好局面。推动江岸营商环境质量持续提升、全面进步，努力打造营商环境最优城区。

（2）打造全生命周期金融服务体系

针对企业融资难题，通过金融赋能与科技创新，不断优化企业融资服务、强化金融服务保障，切实为企业纾困解难，助力实体经济高质量发展，持续优化金融营商环境。

武汉岱家山科技创业城是国家级小微企业创业创新示范基地，入驻了200多家中小微企业，其中50%以上是高新技术企业，也是江岸区率先打造全生命周期服务体系的金融创新"试验田"。2021年以来，江岸区地方金融工作局联合区科经局、税务局以及岱家山孵化器，以岱家山科创城为重点载体，先后设立科技金融工作站、上市挂牌工作站，依托"汉融通""融商会""汉口论坛""金融财税学堂""科技金融服务机构联盟"等线上线下金融服务平台，打造"科技金融联络员+科技金融服务专员+科技金融业务员+融资顾问"的服务链条，为中小微企业提供"伴随型"金融服务，持续推动金融营商环境改善，打通政策落实的最后"一公里"，疏通中小微企业融资堵点。截至2021年11月，江岸区共有6933家中小微企业及个体工商户入驻"汉融通"平台。通过"汉融通"平台实现2366户中小微企业及个体工商户贷款，共计放款3605笔，累计获得信贷金额83.91亿元，企业入驻率和获贷率位居中心城区第1。

（3）全力打造中部金融保险中心

近年来，金融业稳居江岸区经济增长"第一梯队"，成为占GDP比重最高的产业。江岸区已基本形成以"一轴一带多点"为代表的金融总部聚集区，即沿江金融保险发展轴、建设大道金融保险产业带、多个重点金融保险楼宇集聚点。目前，入驻江岸区的金融机构总部（或区域总部）共有91家。其中，保险业法人及区域性总部达41家，占武汉市保险业区域总部机构比例超过30%。

面向"十四五"，江岸区明确提出打造"三中心一基地"建设现代化强区发展目标，其中一个中心为中部金融保险中心。自"中部金融保险中心建设"目标确立以来，江岸区政府扎实做好"四给型"店小二（给环境、给政策、给信息、给服务），持续加力推进招商引资，为16家重点金融总部机构的招商提供全方位的优质服务，坚持不懈优化营商环境，金融各项指标完成情况良好。2021年第一季度金融业增加值达94.50亿元，增幅8.5%，占全区 GDP 比重达 32%，创历年新高；金融业增值税达 5.6 亿元，增幅52%；存贷款余额同比增幅达到12.86%，中心城区排名第2。

结合江岸区"十四五"规划布局，江岸区实施保险产业布局提升工程，做优沿江保险产业发展轴，做强建设大道金融产业带，做多重点金融楼宇集聚点。发挥平安金融中心、浙商大厦、外滩天悦金融中心等现有高端写字楼的辐射带动效应，规划建设一批集聚保险机构的高端金融楼宇，建设主体多元、配套完备、效益突出的保险楼宇网络。

2.3.2 武昌水果湖人民法庭打造金融审判专业法庭

金融领域纠纷集中反映了经济社会发展中的矛盾和问题，推进金融纠纷多元化解机制建设，是加强金融制度建设、优化金融营商环境的重要内容。针对辖区受理金融案件量大的特点，2018 年初，武汉市武昌区人民法院将该院水果湖人民法庭打造成金融审判专业法庭，坚持不断创新金融审判功能，主要审理以银行业金融机构为原被告的金融类案件，以专业化的金融审判服务区域经济金融健康发展，近年来，水果湖法庭受理的金融案件呈迅猛增长态势。

（1）构建"1+N"模式司法为民

水果湖法庭位于湖北省委、省政府所在地，辖区汇聚了区域总部型及法人金融机构（企业）等共计320家，其中区域总部职能持牌金融机构100 余家。为方便当事人，武昌区法院自 2018 年以来将金融案件的全部立案权限下放至水果湖法庭。为让当事人更好地参与立案、开庭、宣判，水果湖法庭不断规范制度、优化流程。

水果湖法庭构建"1+N"模式，以一个法庭为驻点，覆盖 N 个网格、N 家金融机构，针对社区和金融机构开展多种形式的法制宣传活动，为周边 22 个社区的 30 余万名群众和区域经济金融发展提供专业化的司法服务。

（2）"二分法"助力纠纷化解

金融纠纷类案件具有案件总量较大、诉讼标的争议较小、案件事实清楚等特点。诉前调解能够降低银行的诉讼成本，化解当事人的纠纷。水果湖法庭采用繁简"二分法"，充分发挥审判和调解化解矛盾纠纷的合力作用，高效、低成本、一站式预防和解决金融纠纷，提高了审判质效，为打造市场化、法治化、国际化的一流金融营商环境提供有力的仲裁法治保障。

水果湖法庭设立了专门的调解室，用于当事人诉前调解。自 2020 年 10 月起，水果湖法庭联合湖北省银行业纠纷调解中心（以下简称银调中心），制订并推进银行业纠纷诉调对接工作实施方案。2021 年 3 月，武昌区法院和银调中心挂牌成立诉调对接工作室，并在银调中心设立金融案件巡回法庭。截至 2021 年末，该工作室共接到诉前调解案件 3700 余件，调解成功率近 70%。通过高效化解金融纠纷，有力保障了社会经济秩序和金融企业发展。对于诉前调解不成功的案件，则及时导入诉讼程序，由武昌区法院驻银调中心金融案件巡回法庭进行审理。该巡回法庭成立以来接到的金融纠纷案件中，审理时间大幅缩短，送达方式更加多样，送达效率大幅提高。

（3）"三化"工作机制防风险

近年来，随着我国数字经济的迅速发展，互联网金融纠纷案件和其他新类型金融案件呈现高发态势。面对新形势，水果湖法庭坚持多样化审判团队建设、专业化审判机制创新、常态化审判意见交流的"三化"工作机制，有效防范化解金融风险。

坚持多样化审判团队建设。水果湖法庭设立 7 个金融审判团队，既包括审判经验丰富的资深法官，又有高学历后备法官人选。坚持专业化审判机制创新。一方面，邀请金融机构工作人员对法官和法官助理进行专题培训，加强法律与金融的融合；另一方面，建立武昌地区金融座谈会常态机制，定期组织召开武昌地区金融座谈会，积极推动法院与金融机构之间的及时沟通。坚持常态化审判意见交流。针对金融审判中发现的问题，从司法角度为当事人及时提出有效意见，帮助其防范和化解金融风险。坚持类案规模化审理，裁判文书进行类型化制作，推进类案文书一键生成。

2.4 武汉金融要素市场建设

发展金融业，特别是发展金融企业必须依赖于金融要素市场的支撑。金融要素市场的培育和发展是创新地方金融服务体制机制的重要措施，也是区域金融中心建设的重要内容，对整个区域经济的发展都有良好的支持作用。近几年，武汉市在完善金融要素市场方面取得了一定的成果。现将摘取部分已初获成效的金融要素市场建设项目作为典型案例进行分析。

2.4.1 全国碳排放权登记结算中心落户湖北武汉

全国碳排放权交易市场于 2021 年 7 月 16 日 9 时 30 分正式启动上线交易。全国碳排放权交易市场采取双核运行——全国碳排放权注册登记系统（以下简称"中碳登"）落户湖北武汉，交易系统落户上海。作为全球覆盖温室气体排放量规模最大的碳市场，其正式运行将成为全球气候行动的重要一步，也是实现碳达峰、碳中和与国家自主贡献目标的重要政策工具。

（1）"中碳登"落户武汉的背景

碳排放权交易，是运用市场经济来促进环境保护的重要机制。2005年，作为人类第一部限制各国温室气体排放的国际法案——《联合国气候变化框架公约的京都议定书》（以下简称《京都议定书》）正式生效。温室气体排放是具有典型负外部性的企业行为，温室气体造成的全球气候变化带来的负经济效应并未完全转移至温室气体排放方的企业决策中。同时，随着全球对气候变化逐渐重视，企业受到政府与民众的压力逐渐增大，但由于缺乏足够的经济激励，企业减排的正外部性无法实现经济收益，难以实现自主自愿减排。为了促进各国完成温室气体减排目标，《京都议定书》规定了 4 种减排方式，其中之一就是碳排放权交易。

各类企业由于所处行业、国家法规要求不同，具备的技术积累与管理方式也存在着较大差异，最终它们实现温室气体减排的成本存在明显区别。碳排放权交易实质上是鼓励减排成本低的企业超额减排，将其所获得的剩余碳配额或温室气体减排量通过交易的方式出售给减排成本高的企业，从而得以使减排成本高的企业实现设定的减排目标，最终有效降低实现目标的减排成本。借由《京都议定书》的正式生效，碳排放权逐渐成为一种重要的国际商品，受到包括投资银行、对冲基金、私募基金以及证券公司在内的越来越多的金融机构的青睐，基于碳排放权交易而产生的如远期、期货、掉期、期权等各类衍生产品不断涌现。目前世界上主要的碳排放权交易市场包括欧盟碳排放权交易机制（European Union Greenhouse Gas Emission Trading Scheme，EU ETS），中国碳排放权交易系统（China's Carbon Emission Trading System，CNETS），美国加利福尼亚总量控制与交易体系（California Cap-and-Trade Program，California CAT），新西兰碳排放权交易机制（New Zealand Emissions Trading Scheme，NZ ETS）等。

我国碳排放权交易市场的建设大致经历了 3 个阶段：第一阶段为2005—2014 年，采取国内清洁发展机制（CDM）实现二氧化碳当量（CO_2e）减排约 8.8 亿吨；第二阶段为 2011—2017 年，在北京、天津、上海、重庆、深圳、广东、湖北 7 个省份试点碳排放交易市场建设；第三阶段为自 2017 年 12 月起，中国启动全国碳排放权交易市场建设，截至 2021 年 3 月，碳排放权交易试点共覆盖 20 多个行业，近 3000 家重点排放企业，累计覆盖 4.4 亿吨碳排放量，累计成交金额约 104.7 亿元，是全球覆盖二氧化碳排放量规模最大的碳市场。随后，2021 年 7 月，全国碳市场正式上线交易。

湖北碳排放权交易中心有限公司（以下简称湖北碳排放权交易中心）正式注册成立于 2012 年 9 月，是经国家发展改革委备案，湖北省政府批准，由湖北省联合交易集团有限公司等多家公司共同出资组建的专业交易机构，是我国碳排放交易市场建设试点的重要内容。成立以来，湖北碳排放权交易中心在碳排放权交易、碳金融产品与服务、低碳产业投融资和碳资产管理等领域进行了大量的创新和探索。截至 2021 年 3 月，湖北碳市场纳入 373 家企业，全部为年能耗 1 万吨标准煤以上的工业企业，总排放量约占湖北全省碳排放量的 45%，涉及电力、钢铁、水泥、化工等 16 个行业，占全省第二产业产值比重的 70%。截至 2021 年 6 月，湖北碳市场配额共成交 3.57 亿吨，累计成交总额 83.75 亿元，交易规模、连续性、引进社会资金量、企业参与度等指标保持全国前列。

（2）"中碳登"正式落户武汉

2017 年 3 月，国家发展改革委面向碳排放权交易试点省市公开征集碳排放权注册登记系统和交易系统建设及运维任务的承担方。湖北省参加了国家评审会，获得"注册登记系统"和"交易系统"评审得分第 1 名。但是根据国家发展改革委随后制定的"两个系统分开承建"和"九省共建"的要求，湖北省牵头承建全国碳市场"注册登记系统"。2017 年 12 月，"中碳登"落户湖北武汉，成为全国碳资产的大数据中枢，也填补了湖北省没有国家级金融市场平台的空白，"中碳登"主要承载着重要的业务和管理职能，将在包括碳排放权的确权登记、交易结算、分配履约等方面带来积极正面效益。"中碳登"的功能定位为中国碳排放权交易市场核心运行平台、国家气候变化政策实施支持平台、中国气候投融资市场定价基准形成平台、中国碳排放权交易市场对外开放主门户。

为了保证"中碳登"的顺利运行，碳排放权登记结算（武汉）有限责任公司设立于 2021 年，是全国碳排放权交易市场核心金融基础设施平台，承担全国碳排放权交易市场的登记、交易结算等职能，为全国各级生态环境部门提供碳排放配额分配、履约等综合管理服务，为全国规模以上工业企业提供碳排放权交易开户、交易结算、资产管理等市场化服务。

（3）"中碳登"落户武汉有力推动了武汉金融要素市场的建设

"中碳登"落户湖北武汉，将实现以"碳市场"为桥梁，沟通中西部地区发展，进一步便利"碳市场"和其他资本市场的互联互通，从而发挥金融集聚效应，吸引资金、技术、绿色金融机构和各类金融要素向长江中游城市群聚拢。未来，这里将是全球最大的碳交易注册登记中心，是全球碳交易的焦点之一，也是碳交易的对外交流窗口。武汉完全可以凭借

"中碳登"的影响力，争取更多的国际会议、高峰论坛、国际合作平台等在汉举办，形成经济全球化条件下参与国际经济合作和竞争的新优势。

憑借"中碳登"落户的先发优势，武汉市可以抢占全国碳金融中心以及中部金融中心，进而以市场、金融和技术"三引擎"驱动绿色低碳产业发展，抓住 2030 碳达峰和 2060 碳中和两个绿色低碳产业发展的机遇期，为武汉市再造一个千亿元级的产业集群。随着"中碳登"落户武汉，搭建"湖北绿色低碳产业综合服务平台"，建设"长江国际低碳产业园"，设立"武汉碳达峰基金"和"武汉市绿色低碳产业引导基金"等工作加速推行，多层次绿色金融产业链日趋完善。

2.4.2 深交所湖北资本市场培育基地入驻武汉中央商务区

（1）深交所湖北资本市场培育基地建设背景

2018 年 5 月，深圳证券交易所与湖北省政府金融办、湖北高投集团签署合作协议，共建深交所湖北资本市场培育基地（以下简称深交所湖北基地）及配套园区。深交所湖北基地是华中地区首个深交所区域服务平台，也是继北京中关村、江苏南京之后全国第 3 家资本市场培育基地。深交所湖北基地定位于打造湖北资本市场服务基础设施平台、综合型上市服务平台、上市公司综合金融服务供应商和区域资本市场研究智库。

深交所湖北基地将成为深交所在中部地区的金融和产业资源转化服务主阵地；集聚全省乃至全国上市公司、创投机构、银行、证券、保险等资本市场资源，丰富金融供给；推动各类金融、产业资源汇聚、落地，打造市场化、专业化、本地化的综合投融资服务平台；构建"深交所+上市公司+地方政府+国资平台+优质企业+金融机构"的"六位一体"湖北创新金融生态圈，构建以企业上市多维培育体系为支撑，以资本市场与产融结合服务为抓手的多层次资本市场体系，着力推进华中地区金融要素市场建设。深交所湖北基地的建设，能充分发挥区域"产融直通车"的功能效应，丰富区域金融供给，加速推动各类资本、产业资源汇聚落地。

江汉区政府与湖北产融资本管理有限公司（湖北高投集团全资子公司）签订协议，负责基地的具体建设及运营工作。2019 年以来，深交所湖北基地已成功举办了春季圆桌会、湖北创投行业培训会等活动，通过搭建行业互动平台，聚拢人气，聚集资源，促进需求资源对接。已吸引五矿集团、鞍钢集团等央企资源进入武汉。同时，以湖北新旧动能转换交易型开放式指数基金（Exchange Traded Fund，ETF）为代表的众多优质项目正有条不紊地推进，基地服务于武汉地区经济发展的作用已逐渐显现。

（2）深交所湖北基地建设将助力武汉区域资本市场培育

武汉作为中部地区的国家中心城市，拥有良好的教育资源及科创环境，是国家企业孵化培养的高地城市，但是武汉市上市公司数量相对于其他国家中心城市较少，其中中小板、创业板板块上市公司占比低。

深交所湖北资本市场培育基地的落户将面向全省范围提供全方位金融投资服务，旨在整合和推动银行、证券公司、创投公司、评级公司等各方力量为企业提供多元化金融服务，促进湖北创新创业企业与资本市场的全面对接。

通过推进上市培育基地建设，将进一步完善湖北创新创业企业综合投融资服务体系，使之成为培育湖北优质创业企业的重要载体和交流平台，成为促进湖北金融与产业深度融合，助推湖北经济转型升级和培育经济发展新动能的重要抓手。全力建设好深交所湖北资本市场培育基地可以为武汉市建设区域金融中心带来积极作用。

第一，部署绿色融资通道。深交所湖北基地将引导各类资本向湖北流入，通过建立湖北企业IPO、再融资、重大资产重组、债券融资等方式的绿色通道，实现专门对接、快速受理，专门审核、快速审核，进而支持湖北基础设施项目优先纳入工作试点。

第二，完善政策安排，落实监管力度。深交所湖北基地将配合监管机构检查湖北上市公司和债券产品的年限并披露相关内容，对湖北上市公司的业绩波动采取弹性处理方式，着重帮助本土上市公司防范和化解风险，优化湖北企业发行债券的程序管理和服务，进而实现多方面支持湖北社会经济发展。

第三，深化市场培育，提升市场服务效果。深交所湖北基地将按期举办深交所服务湖北活动周，开展上市公司走进湖北活动，从宣传、投资等多方面发挥深交所的湖北基地的功能，加深湖北影响力，加强各类投融资服务平台同本土金融服务平台的协同，带动湖北产业与资本市场深度对接，拓宽人才交流渠道，培育更优质的湖北本土资本市场。

2.4.3 上交所中部基地落户华中小龟山金融文化公园

（1）武昌区上交所中部基地建设背景

上海证券交易所中部基地（以下简称上交所中部基地）是由上海证券交易所、武汉市人民政府、湖北省地方金融监督管理局、湖北证监局四方共建，由上海证券交易所在全国设立的五大区域中心服务基地（长三角基地、南方基地、北方基地、西部基地、中部基地）之一。是汇聚多方资源支持湖北省和中部地区广大企业借力资本市场赋能发展的重要平台。

2021年10月28日，上海证券交易所中部基地启用，同日，上交所中部基地所在地——为了完善相关配套、发挥规模效应、协同效应而同步建设的华中小龟山金融文化公园开园。

武昌区华中小龟山金融文化公园，地处小龟山坡地之上，位于洪山广场西侧和昙华林历史街区东侧的中心地带，属于武昌区华中金融城的金融产业核心片区和武昌古城中心区的交汇地带。该项目通过政府引导、企业开发模式，在保持园区工业风貌和建筑历史肌理基础上进行旧厂房改造，力争将小龟山打造成为产业改造升级的标杆、旧城改造利用的典范、高质量发展园区的样板、资本市场发展的高地。小龟山金融文化公园占地面积约6.7万平方米，总建筑面积3.2万平方米，在完好保留20世纪70—90年代记录着武汉工业时代荣光的湖北省电力建设第一工程公司生产基地旧址的基础上盘活存量土地，改造开发建筑22栋，建筑多为独栋、围合式建筑，百余棵超过40年树龄的法国梧桐掩映，商业氛围融合文化底蕴，成为武汉市华中金融城核心聚集区标杆项目和古城保护开发示范项目，是武汉市内环稀缺的低密度古城保护利用的产业园区。小龟山金融文化公园被列为武汉市级"新两园"项目，并先后获得了第十四届金盘奖年度最佳城市更新奖、第六届CREDAWAED地产设计奖以及CGDA2020视觉传达设计奖等奖项。小龟山金融文化公园现已（拟）引进上海证券交易所资本市场服务中部基地、省上市服务中心、北京清科集团、省融资担保集团、省注册会计师协会、省文化金融服务中心、宁证期货有限责任公司湖北分公司、湖北中经盛世创新投资基金管理公司、湖北省联合交易集团、长江大数据交易中心、中物联大数据中心、国浩律师（武汉）事务所等20余家意向落户或已落户的金融文化科技企业，初步形成了金融文化产业集聚效应。

（2）上交所中部基地助力区域优质企业利用资本市场

金融中心是衡量一座城市国际地位的重要指标。湖北在中部6省中金融业发展速度位居前列，要建成全国重要的科技创新中心、先进制造业中心、商贸物流中心、区域金融中心，加快构建新发展格局。2020年12月，武汉明确打造"五个中心"，建设现代化大武汉。计划到2025年，武汉市金融业增加值突破2500亿元，存贷款规模突破10万亿元，私募基金规模突破5000亿元，法人金融机构突破40家，上市企业数量突破150家等。

上交所中部基地作为上交所在全国设立的五大区域中心服务基地之一，落户于武汉华中小龟山金融文化公园，是上交所服务区域经济的重要平台，旨在推动区域优质企业利用资本市场做大做强，助力区域经济高质量发展。上交所中部基地将为中部企业对接资本市场提供全方位、个性化、高效率服务，充分利用联合走访调研、座谈交流、培训沙龙各类方式，在培育优质拟上市企业，服务上市公司并购重组以及规范运作等方面发挥积极作用。上证所信息网络有限公司还与湖北省上市工作指导中心签署《合作备忘录》，就服务上市公司高质量发展、服务拟上市公司上市融资开展深度合作。

上交所作为科创板主体交易所，于武汉落户其中部基地将对包括武汉在内的中部城市加大推进高新技术型企业通过上市获得融资，优化科技创新能力，加强地区企业素质起到推动作用。科创板推出以来，为科创企业与社会带来了审核透明高效、上市便捷可期、充分吸引留住人才等实实在在的改革红利。上交所通过中部基地可与湖北展开一系列的合作，以支持湖北打造科创新高地。除了持续扶持优秀科创企业于科创板上市的基本支持外，还将加大对湖北拥有核心技术、成长潜力企业进行早期培养的力度，不断充实金种子、银种子企业上市后备库，与湖北相关政府部门形成服务合力，采用如加强湖北企业的培训服务力度，与武汉等湖北城市建立干部互换工作机制等方式，共同推进上市公司质量提升。此外，上交所还将与地方政府共同不断丰富包括公募、发债等融资手段方式。

第 3 章
武汉区域金融中心建设的理论基础

3.1 传统金融与新兴金融融合发展的理论模型

3.1.1 最终产品部门、中间产品部门与金融机构的三部门分析

为简化研究，假设经济包括最终产品部门、中间产品部门与金融机构三部门，其中中间产品用于最终产品的生产、研发投资和消费；经济产出是最终产品之一。

（1）最终产品部门

最终产品部门通过投入技术和中间产品制造产成品。在完全竞争的环境中，其总的生产函数与其投入技术和中间产品的数量之间存在如下函数关系：

$$y_i(t) = A_i(t)^{1-\alpha} x_i(t)^{\alpha} \quad i = 1, 2, \cdots, n \quad (3-1)$$

式（3-1）中，$A_i(t)$ 表示 i 区域 t 时期的技术水平；$x_i(t)$ 表示 i 区域 t 时期中间产品的投入量；α 表示中间产品投入的弹性系数，需要满足 $0 \leqslant \alpha \leqslant 1$。

假设一单位中间产品的购买价格，即边际成本为 $p_i(t)$，最终产品部门选择中间产品的数量，以实现利润最大化：

$$\underset{x_i(t)}{Max}\pi_y(t) = y_i(t) - p_i(t)x_i(t)$$
$$= A_i(t)^{1-\alpha} x_i(t)^{\alpha} - p_i(t)x_i(t) \quad (3-2)$$

通过式（3-2）求解最优化问题，最终产品部门的需求函数定义为利润最大化的第一个条件。则需求函数为：

$$p_i(t) = \partial\pi_y(t)/\partial x_i(t) = \alpha[x_i(t)/A_i(t)]^{\alpha-1} \quad (3-3)$$

（2）中间产品部门

中间产品是为了再加工或用于生产其他产品需要使用的原材料和存货等。中间产品部门是拥有垄断权力的制造商。如果每生产一单位中间产品需要消耗一单位资本，应在资本市场租赁一单位资本，假设每单位资本利

息成本为 r 。可以选择租借资本数量的多少，来实现利润的最大化：

$$Max\pi_i(t) = p_i(t)x_i(t) - r_i(t)x_i(t) \quad i = 1, 2, \cdots, n \quad (3-4)$$

式（3-4）中，$p_i(t)x_i(t)$ 和 $r_i(t)x_i(t)$ 分别表示生产 $x_i(t)$ 单位中间产品的市场价格和生产成本。

将式（3-3）代入式（3-4），再解最优化过程的一阶问题可得：

$$r_i(t) = \alpha^2 [x_i(t)/A_i(t)]^{\alpha-1} \quad (3-5)$$

将式（3-3）和式（3-5）代入中间产品生产部门的利润最大化函数中，可以获得中间产品部门的最大利润：

$$\pi_i(t) = \alpha(1-\alpha) [x_i(t)/A_i(t)]^{\alpha-1} \quad (3-6)$$

（3）金融机构

金融机构是联系生产和企业部门之间的纽带，建设金融机构时，以商业银行为例，将商业银行分为批发、零售存款和零售信贷 3 个部门。

第一，银行批发部门。批发部门是零售存款和零售信贷部之间的纽带，银行将零售存款贷给零售信贷部，以此实现资金的互相流通，因此确定最优资本资产比率：

$$k_t^b = (1 - \delta_b)k_{t-1}^b + \pi_t^b \quad (3-7)$$

其中，k_t^b 为银行的自有资本，即留存收益，π_t^b 为银行的总利润，δ_b 管理和运营的成本。银行选择贷款 b_t 和存款 b_t^s 使利润最大化：

$$\max r_t^l b_t - r_t^s b_t^s - \frac{\varphi_{kb}}{2}\left(\frac{k_t^b}{b_t} - v_t\right)^2 k_t^b \quad (3-8)$$

资产负债表的约束为：$b_t = b_t^s + k_t^b$ 。

通过以上式子求得一阶条件可得：

$$r_t^l = r_t - \varphi_{kb}\left(\frac{k_t^b}{b_t} - v_t\right)\left(\frac{k_t^b}{b_t}\right) \quad (3-9)$$

其中，φ_{kb} 是通过是一个参数测量偏离 v 成本系数。

假设银行可以将多余的资金投入中央银行，或以利率 r_t^s 从央行借入资金，由无套利条件可知 $r_t^s = r_t$ ，因此式（3-9）可以变换成以下形式：

$$r_t^l = r_t - \varphi_{kb}\left(\frac{k_t^b}{b_t} - v_t\right)\left(\frac{k_t^b}{b_t}\right) \quad (3-10)$$

第二，银行零售存款部门。将企业的存款 $b_t^{s,j}$ 存入银行零售存款部门，且每期的存款利率为 $r_t^s(j)$。若利率调整后，最大化利润为：

$$\max E_0 \sum_{t=0}^{\infty} \lambda_t^p \left\{ r_t b_t^s(j) - r_t^s(j) b_t^{s,j} - \frac{\varphi_d}{2} \left[\frac{r_t^s(j)}{r_{t-1}^s(j)} - 1 \right]^2 r_t^s b_t^s \right\} \quad (3-11)$$

存款约束为：

$$b_t^{s,j} = \left[\frac{r_t^s(j)}{r_t^d} \right]^{-\varepsilon_t^d} b_t^s \quad (3-12)$$

$$b_t^{s,j} = b_t^s(j) \quad (3-13)$$

一阶最优条件为：

$$-1 + \varepsilon_t^d - \varepsilon_t^d \frac{r_t}{k_t^s} - \varphi_d \left(\frac{r_t^s}{r_{t-1}^s} - 1 \right) \frac{r_t^s}{r_{t-1}^s} + \beta_p \left[\frac{\lambda_{t+1}^p}{\lambda_t^p} \varphi_d \left(\frac{r_t^s}{r_{t-1}^s} - 1 \right) \left(\frac{r_t^s}{r_{t-1}^s} \right)^2 \frac{b_{t+1}^s}{b_t^s} \right] = 0$$

$$(3-14)$$

第三，银行零售信贷部。银行零售贷款部门的资金可以从零售存款部获得，再将这些资金贷给企业，以供其生产和消费。企业能够以贷款利率 r_t^l 获得贷款 b_t，从而银行零售部门的利润最大化为：

$$\max E_0 \sum_{t=0}^{\infty} \lambda_t^p \left\{ r_t^l b_t(j) - r_t^s(j) b_t - \frac{\varphi_d}{2} \left[\frac{r_t^l(j)}{r_{t-1}^l(j)} - 1 \right]^2 r_t^l b_t^l \right\} \quad (3-15)$$

约束为：

$$b_t(j) = \left[\frac{r_t^b(j)}{r_t^b} \right]^{-\varepsilon_t^d} b_t \quad (3-16)$$

$$b_t = b_t^s(j) \quad (3-17)$$

一阶最优条件为：

$$-1 + \varepsilon_t^d - \varepsilon_t^d \frac{r_t}{r_t^l} - \varphi_l \left(\frac{r_t^l}{r_{t-1}^l} - 1 \right) \frac{r_t^l}{r_{t-1}^l} + \beta_p \left[\frac{\lambda_{t+1}^p}{\lambda_t^p} \varphi_d \left(\frac{r_t^l}{r_{t-1}^l} - 1 \right) \left(\frac{r_{t+1}^l}{r_t^l} \right)^2 \frac{b_{t+1}}{b_t} \right] = 0$$

$$(3-18)$$

ε_t^b 代表银行零售信贷部对贷款利率的垄断程度。

银行三部门的总利润为：

$$\pi_t^b = r_t^l b_t - r_t^s b_s - \frac{\varphi_{kb}}{2} \left(\frac{k_t^b}{b_t} - v_t \right)^2 k_t^b - adj_t^b \quad (3-19)$$

$$adj_t^b = \frac{\varphi_b}{2}\left(\frac{r_t^b}{r_{t-1}^b} - 1\right)^2 r_t^b b_t + \frac{\varphi_d}{2}\left(\frac{r_t^s}{r_{t-1}^s} - 1\right)^2 r_t^s b_t^s \tag{3-20}$$

其中，abj_t^b 是改变存贷款利率的调整成本。

3.1.2 金融高质量发展的影响因素分析

Cobb-Douglas 的生产函数是由美国经济学家 Cobb 和 Douglas 提出的。生产能力函数是企业在生产活动中利用的所有生产要素的总量和在规定期限内不调整工艺水平所能获得的最高生产能力乘积的比率。Cobb-Douglas 生产函数的设计方式，由于引入新技术资源而获得了发展。这是一个数字经济模型，用以预测在某个城市或地方的产业体系或大规模公司的产出情况，并研究产业的发展模式。在 Cobb-Douglas 生产函数中，采用边际分析法分析了投入对生产的贡献率和规模经济效益率等一系列问题，函数模型为：

$$Y = AK^\alpha L^\beta \mu \tag{3-21}$$

其中，$A>0$ 是代表高质量金融发展的总体水平；α 是劳动力产出的弹性系数，$0< \alpha <1$；β 是资本产出的弹性系数；μ 表示随机程度的影响，$\mu \leqslant 1$；Y 是地区的产出总额、K 是投入资本、L 是投入的劳动力。根据 α 和 β 的组合情况，它有三种类型：

对成长性的地区，$\alpha + \beta >1$；

对成熟性的地区，$\alpha + \beta =1$；

对衰退性的地区，$\alpha + \beta <1$。

实体经济的健康发展是促进高质量经济发展的重要支点。习近平总书记强调要注重实体经济的全面建设，实实在在、心无旁骛地做好每一个主业。从中央到全国各地政府陆续出台政策，有力推动了中国实体经济的发展。通过出台有针对性的措施，突破核心技术，以企业和市场为导向，鼓励企业创新。政府的研发经费直接分配给企业，提供业务和维护支持，资金的使用由公司自行决定，并在市场中募集企业研究成果产业化资金。

金融科技的发展对金融的高质量发展有着深远的影响。由于改革开放和市场经济的推进，中国社会经济飞速成长，但由于国内经济与社会发展

武汉区域金融中心建设创新路径研究

因素的改变，传统的、不可持续的经济发展模式已经不能满足新的社会发展要求。经济转型是经济高质量发展的先决条件。新的经济发展模式必须确保创新的供给增长，从需求的角度挖掘市场的内在潜力。科技与金融生产两要素的有机融合在一定程度上促进了创新创业，为我国区域经济高质量发展注入了新动力。

提升经济社会发展质量，即通过提升劳动生产率和资本生产力、实现高收入水平、低资源消耗和污染来实现更有效的发展，同时强调有效和公平的平衡。高质量的经济运行必须具有抵御风险的能力，必须有足够的灵活性，以应对风险。为此，政府要做好金融技术的战略布局与合理利用，继续提升金融服务品质效能，提升风险预防能力，强化对金融技术活动监督。

3.2 武汉区域金融高质量发展的理论模型

3.2.1 区域金融发展指数测算方法介绍

目前，重要评价指标体系、构建指标体系的方式一般有客观综合评价方法和主观综合评价法。客观的综合评估方式，一般包含主成分分析法、因子分析法、RSR 值综合评估方法、TOPSIS 法、综合指数法、全概率评估法、人工神经网络综合评价法、蒙特卡罗模拟综合评估方法；主观综合评价法主要有模糊综合评价法。除以上的评价方式之外，综合评价中对指标赋权方法有客观赋权法与主观赋权法，客观赋权法一般分为变异系数法、熵值法、CRITIC 分析法、动态赋权法、灰色关联法、功效系数分析法；主观赋权分析方法一般涵盖了德尔菲分析法、层次分析法以及优序图法。

（1）客观综合评价法

采用系统化规范化方法同时评价多指标和模块的方法称为综合评价方

法，也称为多指标综合评价法。在综合评价中，关键技术包括指标的选择、权重的确定和方法的适用性。综合评价能够系统地描述研究对象；能够全面测量研究对象的整体状况；能够对研究对象的复杂性能进行层次分析；研究对象的聚类能力；它能有效地反映定量分析和定性分析相结合的分析方法。

第一，主成分分析法。主成分分析是一种基于降维的客观综合评价方法。将多个原始变量转换为多个新变量，变换过程主要利用原始变量间的相关性，从原始变量间的相关系数矩阵中提取多个新变量，保留原始变量的主信息。新变量由原始变量线性表示，它们之间相互独立，有助于分析问题。在主成分分析的应用中，如果变量是定性的，首先要量化；当原始变量较小时，可以适当增加新变量的个数，以提高分析精度。当原始变量较多时，对应的新变量应较少，因为原始变量越多，密切程度越高。

利用 n 个研究对象的 p 项观测变量构建原始的数据矩阵：

$$X = \begin{bmatrix} x_{11} & \cdots & x_{1p} \\ \vdots & \ddots & \vdots \\ x_{n1} & \cdots & x_{np} \end{bmatrix} \overset{\Delta}{=} (X_1, X_2, \cdots, X_p)$$

其中，$X_i = (x_{1i}, \cdots, x_{ni})$，$i = 1, 2, \cdots, p$。

用矩阵 X 中的 p 个向量，用线性组合的方式构成 p 个新的变量，也就是主成分 F_i，$i = 1, 2, \cdots, p$。

$$\begin{cases} F_1 = a_{11}X_1 + a_{21}X_2 + \cdots + a_{p1}X_p \\ F_2 = a_{12}X_1 + a_{22}X_2 + \cdots + a_{p2}X_p \\ \qquad\qquad\qquad\qquad\vdots \\ F_p = a_{1p}X_1 + a_{2p}X_2 + \cdots + a_{pp}X_p \end{cases}$$

可简写为：

$$F_i = a_{1i}X_1 + a_{2i}X_2 + \cdots + a_{pi}X_p \qquad (3-22)$$

$a'_i = (a_{1i}, a_{2i}, \cdots, a_{pi})$，$a_i$ 为单位向量。F_i 与 F_j 不相关（$i \neq j$，i、$j = 1, \cdots, p$），并且有 $Var(F_i) = a'_i \sum a_i$，其中 $\sum$ 表示 X 的协方差。F_1

是 X_1，…，X_p 所有线性组合中方差贡献率最高的，F_2 是与 F_1 不相关的 X_1，…，X_p 所有线性组合中方差贡献率最高的，直到 F_p 是与 F_1，F_2，…，F_{p-1} 都不相关 X_1，…，X_p 线性组合中方差贡献率最高。第一个主成分是这 p 个主成分中方差贡献率最高的，因此它包含的信息量最大，之后，每个主成分包含的信息越来越少。所以，将原始资料标准化管理是主成分分析法的一步。

利用 n 个研究对象的 p 项观测变量构建原始的数据矩阵：

$$X = \begin{bmatrix} x_{11} & \cdots & x_{1p} \\ \vdots & \ddots & \vdots \\ x_{n1} & \cdots & x_{np} \end{bmatrix} \overset{\Delta}{=} (X_1, X_2, \cdots, X_p)$$

为了实现对相关运算的比较化，就必须减少变量相互之间在量纲或者数量级上的差异，从而要对原有数据结果加以标准化管理：

$$X_{ij}^* = \frac{X_{ij} - \bar{X}_j}{S_j} \tag{3-23}$$

其中，$\bar{X}_j$ 和 S_j 分别是第 j 个变量的样本均值和样本的标准差，X_{ij}^* 是标准化后的数据。

然后，建立标准化数据的相关系数矩阵：$T = [r_{ij}]_{p \times p}$，$r_{ij}$ 是 X_i^* 和 X_j^* 的相关系数。求出相关系数矩阵所对应的特征值 λ_1，λ_2，…，λ_p，以及对应的特征向量 u_1，u_2，…，u_p。在 p 个主成分中确定 m 个主要的主成分，用这 m 个主成分进行后面分析，这主要选取通过特征值大于 1 的主成分或者选取累计方差贡献率大于 85% 前 m 个主成分。计算 n 个研究对象在 m 个主成分上的得分：

$$F_i = a_{1i}X_1 + a_{2i}X_2 + \cdots + a_{pi}X_p \quad i = 1, 2, \cdots, m \tag{3-24}$$

最后通过方差率决定各主成分的平均权重比例，然后再对各主成分的平均分数加以权重，确定综合指数 F。

第二，因子分析法。因子分析方法从组合变量中抽取共同因素的统计分析技术。通过对因素的分析，能够发现隐含于多个变量中的代表性因素。把相同的基本变量组成了一个因子系统，可减小基本变量的数量，并验证它们之间关系的假设。因子分析的主要目的在于研究某些无法进行计算而隐含于一个实际变量之中的最重要的隐变量。因子分析的模型构造为：

$$\begin{cases} X_1 = a_{11}F_1 + a_{12}F_2 + \cdots + a_{1m}F_m + \varepsilon_1 \\ X_2 = a_{21}F_1 + a_{22}F_2 + \cdots + a_{2m}F_m + \varepsilon_2 \\ \qquad\qquad\qquad\vdots \\ X_p = a_{p1}F_1 + a_{p2}F_2 + \cdots + a_{pm}F_m + \varepsilon_p \end{cases}$$

模型中有 p 个原始变量，分别用 X_1，X_2，$\cdots$，X_p 表示。其中，X_i（$i=1$，2，$\cdots$，p）是经过标准化的值，即 X_i 的均值是 0，标准差是 1。F_1，F_2，$\cdots$，F_m 分别代表 m 个不可观测的因子变量并且 $m < p$，ε_1，ε_2，$\cdots$，ε_p 是 p 个与 F 独立的特异性因子。

第三，RSR 值综合评价法。秩和比（Rank-sum Ratio，RSR）指的是表中行（或列）秩次合计的平均数或加权平均值，其所有比较组秩和比之和为（$n+1$）/2。其思路为在一组 n 行（n 评估目标）m 列（m 个评估指标或级别）矩阵中，经过秩转换，得到无量纲的计算量 RSR，以 RSR 值对评估目标的好坏予以排名，进而依据对比组数的多少，予以分档管理（对比组数较多）或采用 RSR 平方根反正弦变化值可信区间管理（对比组数较少）。该方法逐步完善，广泛应用于多指标综合评估、统计预测、统计质量控制等领域。RSR 的基本操作程序包括：第 1 步，写出原始数据表。第 2 步，编秩、统计秩与比（RSR）和加权。秩与比的运算常需按行（R）或按列（C）分别加以运算：公式 1 或公式 2，式中 m 为指标数，n 为分组数。几个 RSR 的组合方式：各组→R→组合 RSR。加权秩与比（RSRw）：公式 3，式中，w 为权重系数。

$$RSR_R = \sum_1^m R/m \cdot n \qquad \text{公式 1}$$

$$RSR_C = \sum_1^n R/m \cdot n \qquad \text{公式 2}$$

$$RSR_w = \sum RW/n \qquad \text{公式 3}$$

第 3 步，确定 RSR 的分布（统计概率单位）。第 4 步，计算直线回归方程。第 5 步，分档排序。

第四，TOPSIS 法。TOPSIS 根据对象接近于理想化目标的有限估计的排列方式，用以评价现有对象的优缺点，显然 TOPSIS 是一个理想的排序方式，每个函数都需要一个单调递增（或回归）性质。与此同时，TOP-SIS 分析也是一个广泛有效的多指标决策分析工具。基本原理是确定评价对象与最优解和最差解的距离。如果估价对象最接近最优解，距离最差解最远，则为最佳。最优解各指标值均达到各评价指标的最优值。

TOPSIS 法中"理想解"和"负理想解"是 TOPSIS 法的两个基本概念。所谓理想解是一设想的最优的解（方案），它的各个属性值都达到各备选方案中的最好的值；而负理想解是一设想的最劣的解（方案），它的各个属性值都达到各备选方案中的最坏的值。方案排序的规则是把各备选方案与理想解和负理想解做比较，若其中有一个方案最接近理想解，而同时又远离负理想解，则该方案是备选方案中最好的方案。

具体步骤如下：首先对所有数据进行归一化，采用矢量归一化方法对所有数据进行归一化，消除效益指标和成本指标的维度影响。规范化后得到决策矩阵 $Y = (y_{il})_{m \times n}$。

$$y_{il} = \frac{x_{il}}{\sqrt{\sum_{i=1}^{m}(x_{il})^2}} \quad (i = 1, 2, \cdots, m; \ l = 1, 2, \cdots, n) \tag{3-25}$$

然后，构造规范化加权决策矩阵：设各指标权重为 $w = (w_1, w_2, \cdots, w_n)$，满足 $\sum_{l=1}^{n} w_l = 1$，得到加权决策矩阵 $T = (t_{il})_{m \times n}$，其中，$t_{il} = w_1 y_{il}$。构造正、负理想解：正理想解设为 $V^+ = (t_1^+, t_2^+, \cdots, t_n^+)$，负理想解则设为 $V^- = (t_1^-, t_2^-, \cdots, t_n^-)$，效益型与成本型指标集的正负理想解分别为：

$$t_l^+ = \begin{cases} \max\limits_{i=1}^{m} t_{il} \\ \min\limits_{i=1}^{m} t_{il} \end{cases} \quad l = 1, 2, \cdots, n \qquad (3\text{-}26)$$

$$t_l^- = \begin{cases} \min\limits_{i=1}^{m} t_{il} \\ \max\limits_{i=1}^{m} t_{il} \end{cases} \quad l = 1, 2, \cdots, n \qquad (3\text{-}27)$$

计算各备选方案到正负理想解的距离：与正、负理想解的距离分别为 S_i^+ 、 S_i^- ：

$$S_i^+ = \sqrt{\sum_{l=1}^{n} (t_{il} - t_l^+)^2} \quad i = 1, 2, \cdots, m \qquad (3\text{-}28)$$

$$S_i^- = \sqrt{\sum_{l=1}^{n} (t_{il} - t_l^-)^2} \quad i = 1, 2, \cdots, m \qquad (3\text{-}29)$$

计算贴近度后再做出排序：贴近度 D_i 值越大，方案的排序则更靠前，反之亦然。

$$D_i = \frac{S_i^-}{S_i^+ + S_i^-} \quad i = 1, 2, \cdots, m \qquad (3\text{-}30)$$

第五，综合指数法。综合指数法首先进行综合，后综合平均。其主要的特征在于既能体现复杂经济社会现象变动的总趋势与范围，又能正确、客观地说明事物变动的具体影响作用。但是，需要完整的原始材料。尽管无法直接说明自然现象变化的绝对效应，但它比综合指数法更为灵活、更方便。这两种方法的本质是相同的。所以，平均指数法可以被认为是综合指数法的一个变形。

综合指数法将各经济效益指标转换为一个单一的指标，便于各经济效益指标的整合。该指标的权重是根据其重要性确定的，反映了其在经济效益综合评价中的作用。综合指标的基本思想是将层次分析法得到的权重与模糊估计法得到的权重进行比较，计算出综合经济效益指标。

综合指数的构建步骤用公式表示为合成各子系统的金融风险指数：

$$y_{it} = \sum x_{jt} \times w_j \qquad (3-31)$$

其中，$i = (1, 2, \cdots, 8)$，用来表示不同的子系统；$j = (1, 2, 3)$，用来表示不同的指标；w_j 为不同指标的权重。

合成系统性金融风险指数：$CISFR_t = y_{it} \times w_i$，$w_i$ 为不同维度的权重。

第六，全概率评分法。全概率公式通常用于计算复杂事件的概率。使用一般概率公式涉及两个先决条件：首先，计算事件 B 的概率需要额外的信息，而这些信息通常发生在另一组事件中；其次，这个并行的事件系列是一个完整的事件集。

第七，人工神经网络综合评价法。通过神经网络的自建性、适应性和容错性，建立了更贴近人类思维的综合评价模型。训练好的神经网络以连通值的形式传递网络的专家评价思想，使其既能模拟专家进度的定量评价，并且可以防止评估过程中的错误。通过对权重实例研究得出的模型回避了人为权重计算，以及对相关因素的主观影响和不确定性。

第八，蒙特卡罗模拟综合评价法。蒙特卡罗方法是一种数值模拟方法，旨在研究概率，并根据抽样调查方法获得统计数据，来推定未知特性量的计算方法。在计算仿真实验中，可以通过生成与系统特征相似的概率，并通过在数字计算机上进行随机测试来模拟系统的随机特性。

采用蒙特卡罗方法处理实际问题的大致方法包括：首先，创建一种简便易用的概率计算模型，通过概率分布的数学期望来解决，需要充分考虑到具体问题的特殊性；其次，提供了模型中各随机变量的抽样方式；最后，对模拟结果进行了统计学处理，提供了数据估算和准确估计值。

（2）客观赋权法

客观赋权法也是指标加权方法一种，可分为主观赋权法、客观赋权法和主客观赋权法 3 类。用数学方法赋权原始数据，不采用人的主观判断，能更准确地评价企业竞争力。

第一，变异系数法。又称"标准差率法"，是另一个统计学方法，用来计算数值中各种参数的变动情况。指标权重是根据直接从每个指标中获得的信息计算的。该方法的基本思想是评价指标体系中的指标差异越大，实现指标的难度越大。

在进行变异系数法计算时，首先把目标向量和各年份指标向量构造矩阵 A =（指标 1，指标 2，…，指标 m）=（A_1，A_2，…，A_m）。然后，计算第 i 项评价指标的标准差。

$$D = \sqrt{\frac{\sum (x_i - \bar{x})}{n - 1}} \tag{3-32}$$

计算第 i 项评价指标的变异系数。

$$CV_i = \frac{D}{\bar{x}_i} \tag{3-33}$$

对变异系数采用了归一化处理过程，从而获得了各个指标的平均权重。

$$W_i = \frac{CV_i}{\sum\limits_{i=1}^{m} CV_i} \tag{3-34}$$

则经过计算得到的最终指标权重 W_i =（W_1，W_2，W_3，…，W_m）。

第二，熵值法。熵被广泛地运用到各个学科领域，如控制论、概率论、数论、天体物理、生命科学等领域，是这些领域十分重要的参量，在不同的学科中往往代表着不同的含义。早在 19 世纪身为德国科学家的 Clausisus 首次将熵一概念与力学相结合。他利用熵来度量分子无序程度，以此提出了热力学中的熵增定律。而首次将熵从物理学引向信息学的人则是美国信息论之父 C. E. Shannon 于 1948 年提出了信息熵的概念，信息熵反映了系统的不确定性和信息量之间的关系，也体现了系统有序化程度。信息是一个抽象的概念，在信息熵理论中，信息量的大小与熵值成反比，信息量越大，熵值越小，不确定性也就越小。熵值法依据信息熵的理论基础以此来对各个项目决策进行赋权，并根据各个指标的信息载荷量以此来确定各个指标权重。

因此，熵值法的计算步骤为：

首先，构建矩阵：

$$R_x = \begin{bmatrix} x_{11} & \cdots & x_{1m} \\ \vdots & \ddots & \vdots \\ x_{n1} & \cdots & x_{nm} \end{bmatrix}$$

其中，x_{ij} 表示第 i 个对象的第 j 项指标数据，一般共有 n 个区域，m 个金融发展指标。

其次，需要对原始数据进行正向化和无量纲化的预处理，得到矩阵：

$$R_y = \begin{bmatrix} x_{11} & \cdots & x_{1m} \\ \vdots & \ddots & \vdots \\ x_{n1} & \cdots & x_{nm} \end{bmatrix}$$

其次，标准化指标值，第 j 个指标第 i 个区域所占的比重：

$$P_{ij} = \frac{y_{ij}}{\sum_{i=1}^{n} y_{ij}} \tag{3-35}$$

其中，第 j 项指标的熵值：

$$e_j = -\frac{1}{\ln n} \sum_{i=1}^{n} P_{ij} \ln P_{ij} \tag{3-36}$$

得出的指标熵值越小说明该指标对于目标影响所表现出的差异性较高，则可以更有效地用来判别目标。

最后，计算指标熵权 w_j

$$w_j = \frac{1 - e_j}{\sum_{j=1}^{m} 1 - e_j} \quad j = 1, 2, \cdots, m \tag{3-37}$$

w_j 是指标的熵权，即权重，代表每个指标对于最终结果时的影响力。熵权与熵值成反比，目标熵值越小，熵权越大，则该目标更容易影响综合评价的结果。

第三，CRITIC 权重法。CRITIC（Criteria Importance Through Inter-criteria Correlation）权重法是以各评价指标间的冲突性和对比强度为基础来确定各指标权重的客观评价方法。该法用指标间的相关性来表示冲突性，如果两个指标间的冲突性较低，说明它们间的正相关性较强；用指标的标准差来表示对比强度，某个指标值的波动性越大，标准差越大，对比强度就越强。当标准差一定时，指标的冲突性越小，权重越小；冲突性越大，权重也越大。

因此，CRITIC 权重法的计算步骤为：

首先，构建矩阵 R_x：

$$R_x = \begin{bmatrix} x_{11} & \cdots & x_{1m} \\ \vdots & \ddots & \vdots \\ x_{n1} & \cdots & x_{nm} \end{bmatrix}$$

其中，x_{ij} 表示第 i 个对象的第 j 项指标数据。

需要对原始数据进行正向化和无量纲化的预处理，得到矩阵：

$$R_y = \begin{bmatrix} x_{11} & \cdots & x_{1m} \\ \vdots & \ddots & \vdots \\ x_{n1} & \cdots & x_{nm} \end{bmatrix}$$

其次，计算冲突性量化指标，y_j 表示第 j 个指标与其他指标的冲突性，其中，r_{ij} 为第 i 个指标和第 j 个指标之间的相关系数。

$$y_j = \sum_{i=1}^{n} (1 - r_{ij}) \tag{3-38}$$

用 C_j 表示第 j 个指标所包含的信息量，C_j 越大，说明第 j 个评价指标所包含的信息量越大，该指标的相对重要性就越大。

$$C_j = \sigma_j y_j \quad j = 1, 2, \cdots, n \tag{3-39}$$

最后，计算第 j 个指标的权重 W_j：

$$W_j = \frac{C_j}{\sum_{j=1}^{n} C_j} \quad j = 1, 2, \cdots, n \tag{3-40}$$

第四，动态赋权法。依据专家评价信息的质量对其进行逆判、赋权，多采用计算专家个体评价向量之间的贴近程度或计算个体判断矩阵与群组矩阵的偏差及相似性等方法对专家进行客观赋权。设计整体评价过程时，会根据专家评价的质量、相关度的不同赋予其相应的权重并且根据实际情况进行动态的调整。这种动态赋权的优点在于科学、准确地保证专家的评价客观度。

第五，灰色关联分析法。灰色关联度是指两种因素在环境发生变化时自身发展变化的趋势性，用来衡量两者变化关联性大小。两个因素在发展过程中，如果变化比较一致，则表示它们之间的关联程度比较高，二者是一致的；反之，则表示两者之间的相关性不强。所以，通过每个不同因素之间一致性发展所达到的效果，也可以称其为"灰色关联度"，用它来判定系统因素之间所存在关联程度方法，被称为灰色关联分析法。

首先，要将反映系统行为特性的参考数列以及对其产生影响的数据序列进行明确，将前者称为参考数列，后者则是比较数列。

其次，为了避免各个因素本身的物理意义不同导致的量纲不同产生无法比较的情况，需要对两个数列按照无量纲化来处理。

再次，需要把参考数与比例数这两个的灰色相关系数 $\xi(x_i)$ 计算出来。通常关联度是由曲线之间的几何图形的差来进行表达的，因此，用曲线的差值来表达关联程度的详细情况。而每个参考数列 x_0 是包含了多个比较数列 x_1，x_2，$\cdots$，x_n 所组成的，可以用以下公式来计算各个比较数列和参考数列在不同时期的相关联系数 $\xi(x_i)$：当中分辨系数由 ρ 代表，它的取值范围是 0 到 1 之间，一般情况下都是取 0.5。

Δ 是第二级里面的最小差，用 $\Delta\min$ 来表示。这是两级之间的最大差，用 $\Delta\max$ 来表示。把比较数列 x_i 以及参考数列 x_0 曲线上各点的绝对差值用 $\Delta_{0i}(k)$ 来表示。因此，关联系数 $\xi(x_i)$ 简化公式如下：

$$\xi_{0i} = \frac{\Delta(\min) + \rho\Delta(\max)}{\Delta_{0i}(k) + \rho\Delta(\max)} \tag{3-41}$$

最后，计算相关程度 r_i。因为相关系数主要表示了曲线上的对比数列和基准数列之间的相关性，所以它的数有很多，并且因信息不集中无法进行一个完整性的比较。所以要把将曲线上各个点的相关系数合并为一个数值，即求其平均值，并把它看作是一个与基准数列的相关性，相关关系公式 r_i 如下：

$$r_i = \frac{1}{N}\sum_{k=1}^{N}\xi_i(k) \tag{3-42}$$

r_i 比较序列 x_i 与参考序列 x_0 的灰色关联度，又称序列关联度、线性关联度、平均关联度。r_i 值越与 1 相近，则说明其关联度越高。

按相关程度排序。各要素的关联度，以关联度的大小顺序来表示，而非单纯的关联度。将 m 该子序列与同一母序列的关联性相对应，并按其大小次序进行排序随后就形成了关联序，将其用 $\{x\}$ 来表示，它主要从母序列水平上显示各个子序列的优劣。若 $r_{0i} > r_{0j}$，那么 $\{x_i\}$ 针对相同一母序列 $\{x_0\}$ 优于 $\{x_j\}$，记录为 $\{x_i\} > \{x_j\}$；r_{0i} 代表第 i 个子序列对母数列特征值。

所谓的灰色关联度分析法就是将研究目标和影响其改变的因素看作是一条直线上的点，与待识别的目标之间的关系，主要是比较两个点的相似性。然后进行量化，再计算出二者相似程度中的关联度，然后，对两者之间的关联程度进行分析，从而得出研究目标和被识别的对象之间的关系相互之间的影响程度。

第六，功效系数法。功效系数法又叫功效函数法，它是根据行业最低值和行业均值以上或最高值来对于每一项评价指标来确定一个满意值和不允许值，以此来衡定指标的上下限。利用多目标规划原理，先将各个指标实现满意值的程度进行计算出来，以此来明确各指标分数。然后对分数进行加权平均综合来分析被研究对象的实际情况。功效系数法具体运用方法如下：

首先，将每个指标的上限与下限进行明确的定义，上限主要取行业平均值以上或者是最高值，而下限一般情况下都是取行业最低值。

其次，把单项指标功效系数进行计算出来，可以采用插值法来计算，也就是指标的实际数值和上限与下限之间的差额比：

$$g = \frac{x - x_1}{x_1 - x_2} \tag{3-43}$$

其中，g 代表单项指标功效系数，x 代表单项指标实际值，x_1 为单项指标不允许值，x_2 为单项指标满意值。

再次，每个单项指标的得分 = 60 + 调节分数（效果因子 ×40）。

最后，加权单项指标计算总得分 = $\sum$ 单项指标得分 × 指标对应权重。

（3）主观赋权法

所谓主观赋权法是一种基于决策人的主观信息进行赋权的一种方法。

第一，德尔菲法。由美国兰德公司在 1946 年首次提出，其本质上是一种反馈匿名函询法。将提出的问题询问各位专家后，总结归纳、分类统计专家意见，再将意见反馈给专家再次询问，得到结果后再次进行总结归纳、分类统计，直至专家就此问题达成共识。可以将其程序简单地表达为：统计—匿名反馈—归纳、匿名征求专家意见—归纳、统计持续循环直至得到专家统一意见。

由此可以看出，德尔菲法是一种以函询形式进行的集体、匿名的思想交换。不同于其他的专家预测方法的是，德尔菲法是匿名函询；它并不是一次函询即得出结果，而是通过多次反复反馈；它将不同的反馈结果归纳并分组，再通过小组的统计回答来得出最终结论。

第二，层次分析法。层次分析法简称 AHP 分析法，是指将和决策一直产生联系的元素拆分成目标、准则等多个不同的层次，并且进行定性与定量分析的一种决策方法。此方法是 1970 年美国运筹学家匹茨堡大学教授萨蒂所提出来的，在美国受到各领域广泛的应用。

层次分析法主要是指把一个复杂性的决策问题归纳成一个系统，然后将其中的目标拆分成多个子目标或者准则，再把多目标分解成多个层次，使用定性指标的方法计算出层次的单排列与总排列，以此来提升决策的可行性。层次分析法一般用于被研究对象的评价指标分层交错且不能够定量描述的情况。

层次分析法的主要原理是将评价系统中不同因素间的关系，把它们按照从高到低的模式排列成多个层次，并且在不同层次元素之间建立一种相互的关系，同时按照一定准则判断，确定每一层次的因素之间的重要性，通过排序得出结果，再对决策进行分析。首先，将复杂系统中要素之间的关系进行深入的分析，并且把其转换成有序的递阶层次结构模型，把系统中的所有要素及其相互关系归结不同的层次。其次，每一层次的准则都是和上一层相同的，再对该层要素按照两个的数量进行对比，形成一种判断矩阵，然后将矩阵进行计算，可以得出该层在该准则当中所起的重要性程度。一直循环这个方法，就能得到不同方案或者评价对象的权重，为决策提供依据。

第三，优序图法。美国学者穆蒂首先提出了优序图法，它是一种主观意识的判别，它要求有丰富的经验。优序图方法是将各个指标和目标按成对等的方法进行对比，从而确定其重要性和优先级。该方法具有较强的实用性，能够解决定性和定量两个方面的问题。优化序列图是一种基于不同目标的多位专家，通过不同的方法，对不同的项目进行比较，从而得出不同的结果。

优序图法根据要进行对比的因子数量 n，将 n 项因子编号。把 n 作为比较目标（如方案、目标、指标等），把 n 个比较因素分别列在横、纵上，形成一个有 $n×n$ 个空格的表格，在比较的时候，将它们的重要性和缺点结合起来，再用数字来表达。一般情况下，用 1、0.5、0 来表示，"1"代表这个因素更有意义，如果是比较有意义的话，就用"1"填充，如果不是，就用"0"填充；"0.5"代表了二者的重要性。在对角线上的方格表示同一因子，也就是同一因子之间的对比，不能作为因子之间的重要程度，因此在表示同一编号的方格中不需要填写。

综上分析可知，较为主观地分析评价方法往往分析结论会受到评价人的综合经验、专业知识等影响，导致被研究对象的指标体系评价变动幅度大、不够科学与客观。模糊综合评判法对于各个评价对象只能得到一个框架性的综合模糊的评价，并不能够将其中各个对象做到定量的排序。所谓的客观赋权法是利用数学方法来对初始数据联系进行权重分析，该方法在使用过程中不会受到人的主观意识影响，具有很强的完整性。所以为了能更好地判定金融发展指数，再结合其特点以及方法的适用性，更推荐使用主成分分析法、熵值法和 CRITIC 权重法。

主成分分析法相较于传统因子分析法来看，它使用了降维的方式将大量的指标分类归结缩减指标数量，既不会丢失过多的信息量，同时还能够根据不同成分的贡献率来对各项指标进行客观且准确的赋权。因子分析法中的因子得分为估计值，而利用估计值来估计变量则会导致数据不够准确，所以主成分分析法比因子分析法在综合评价上更加客观和准确。客观

武汉区域金融中心建设创新路径研究

赋权法中动态赋权法中的阈值范围难以客观确定。而全概率评分法顾名思义使用的多为全概率公式，适合可以通过试验获得数据的项目而非建立金融发展指数。TOPSIS 法需要有最优解与最劣解确定的问题。综合指数法过于强调权重的作用，它将不同的指标中的指数进行相加，再把相同指标中的指数进行相乘然后得出最终的指数。该方法的缺点在于，所得出的结果里对总体的影响大的都是权重大的因素，而权重小的因素都对总体影响甚小。灰色关联法必须要以一个参考序列作为前提条件，但是在分析金融发展指数的时候，很难去选择参考序列，因为序列之间存在着一定的关联，因此，在建立金融发展指数时不能使用灰色关联法。RSR 值综合评价法只是用了少量指标的原始资料，将指标排序之后根据其序值计算分析。由于不能充分利用原始数据，所以结果缺乏准确性。在初始建立城市金融圈时，不同的城市有各自的特点，这就导致若是选择功效系数法来分析，难以确定单项得分。在评估准则中，满意值和不允许值作为上下限，其结果受满意值和不允许值选取的影响。蒙特卡罗模拟与人工神经网络综合评价法要求有很多样品作为前提条件，但是在建立金融发展指数时，所能选择的样本数量有限，因此这两种方法都不适合。故建议用CRITIC 法、主成分分析法与熵值法来对金融的发展采用区域化的相关测算，之后将 3 种方法的结论进行检验，需要选择其中的两种方法的结果进行算数平均得出结果。若 3 种方法通过一致性检验，则将 3 种方法结果一同进行算数平均从而得出结果。

3.2.2　区域金融发展指标体系的建立

综合现有文献中指标体系的优点，选取网络公开指标数据，本章列出的区域金融发展指标体系如表 3-1 所示，一级指标选取了金融生态环境以及金融运行能力的两项指标，以一级指标为基础，划分出 6 项次级指标和24 项三级指标。相较于传统金融发展指标增加了金融生态环境指标，除了基础的 GDP、人均可支配收入等之外包括教育、交通在内的投资环境指标对于城市金融发展能力亦会产生巨大影响。

武汉区域金融中心建设创新路径研究

表 3-1　区域金融发展指标体系

一级指标	二级指标	三级指标
金融生态环境	经济基础	人均社会消费品总额（元）
		非国有企业工业总产值占工业总产值的比重
		人均 GDP（元）
		在岗职工平均工资（元）
		城镇居民人均可支配收入（元）
	投资环境	人均客运量（次）
		普通高校数/县级行政单位数
		贸易国际化：进出口总额/GDP
		人均货运量（吨/人）
		资本开放度：外国投资额/国内投资总额
金融运行能力	保险业发展水平	总部设在辖内的保险公司数/县级行政单位数
		保险深度（%）
	证券业发展水平	总部设在辖内的期货公司数/县级行政单位数
		当年国内股票（A、H 股）筹资/GDP
		总部设在辖内的证券公司数/县级行政单位数
		年末国内上市公司数（家）/县级行政单位数
		当年国内债券筹资/GDP
		总部设在辖内的基金公司数/县级行政单位数
	金融人才竞争力	金融业就业人员/本地区总人口数
	银行业发展水平	存贷比
		金融机构各项存贷款余额/GDP
		外资银行总资产/本地区银行业金融机构总资产
		银行类金融机构总资产/GDP
		银行类金融机构数/县级行政单位数

3.2.3　指标体系信度分析

信度又称可靠性，就是将相同或者相似的被测物体进行多次重复的测量，在此过程中要判断其一致性与稳定性，也就是说，在进行检测当中，能够稳定地检测到被测的变量。信度系数是一项指标，常被用作测量一致性，是指两个数据集在同一个样品中的相关性。而信度系数又称克朗巴赫 α 系数，可以评估信度的大小，信度系数越高则所测量的一致性也就越高并且测量存在误差的可能性就更低。如果结果为 $\alpha=1$ 时，表示测量结果的可信度比较高；如果结果为 $\alpha=0$ 时，所测量的结果不符合标准不可信。一般测量结果存在如表 3-2 所示 3 种情况。

表 3-2 信度系数与体系内部一致性关系

克朗巴赫 α 系数	体系内部一致性
$\alpha>0.8$	极好
$0.6\leqslant\alpha\leqslant0.8$	较好
$\alpha<0.6$	需要修改

尤其是在区域金融发展系统的框架之中，需要将信度理解为观察期间金融发展指数中关于测量结果的可靠性，以及结构是否达到科学合理性的要求。当区域金融发展指标体系的构成是通过多层多项指标建立时，具备以下特点可以使得体系更具有高信度：（1）指标体系的内部结构良好；（2）指标之间是单独存在的，互不干涉；（3）指标关系具有很强的一致性。内部一致性信度测量方法可以用来验证区域金融发展指标体系的信度，以评估指标计算克朗巴赫内部一致性系数 α，可以准确反映区域金融发展指标体系内部结构是否科学合理、评估是否一致。在目前的信度评价方法中，此方法使用率较高。克朗巴赫 α 系数代表用客观的方法来对指标信度进行评价，再分析不同区域中各个指标的数据，因此其计算公式为：

$$R_a = \frac{K}{K-1}\left|1-\frac{\sum S_i^2}{S^2}\right|$$

式中，K 表示为区域金融发展指标体系所包含的指标个数；S 是整个评估总得分的标准差，用 S_i 来代表第 i 个评估指标得到的标准差，用 S_i^2 来代表第 i 个评估指标得到的方差，S^2 则表示评价总得分的方差。通过进行信度分析，来确保区域金融发展指标体系内部结构基础达到良好状态，各指标之间的组合也更科学合理。

3.2.4 区域金融中心指数影响因素

区域金融中心需要将区域内的可利用资源集中并按照所需向其余地域分配的资源中转站。这种资源整合方式可以优化资源在层次、范围和领域上的配置，从而加速区域的经济发展。武汉作为国家城市圈"两型社会"（资源节约型和环境友好型社会）的试验区，能够借助国家政策，建设成为与周边城市群相对接的充满活力的区域性经济中心，以此带动周边区域经济发展水平的提升。

经济社会发展离不开市场经济的提升，依托于大数据、人工智能、互联网+等高新信息技术的发展，经济全球化趋势越发明显。我国想要推动经济一体化、全球化就必须依靠区域金融中心的建立，以金融发达城市来连接整个区域城市金融并带动其发展。目前国内已建成的金融中心城市如北京、上海、深圳等无一不是发达城市。通过分析这些城市情况不难看出，核心城市的共性在于都具有较大规模的金融市场、完善的基础设施、丰富的人才资源等。武汉华中地区的特大中心城市，构建一个华中地区的区域金融中心无疑已成为经济发展的需要。武汉区域金融中心的建立对于促进中部崛起，加快地区经济发展具有重要意义。通过分析区域金融发展体系，可得出对区域金融中心指数的影响因素主要有以下四点。

第一，一定规模的证券市场、银行业市场以及金融衍生品市场。就武汉金融市场现状而言，缺少金融创新，证券产品种类较少。武汉金融市场现在面临以下几个问题：投资工具、品种稀少；缺乏金融衍生品；未建立市场套利机制；通过价格信号给市场传递信息的速度较慢。因此，虽然武汉市科教人才存在一些优势，但未能将其转化为极具优势的金融创新能力，依旧存在金融机构业务单调，创新能力不足等问题。

第二，便利的条件和自由的交易市场都可以在金融交易方面为资本流通提供很大的帮助。金融业作为高端服务业，离不开一些制度以及人为意识的影响。但是武汉市就信用制度和意识，中介服务机构以及法律意识而言，并未走在前列，武汉地区金融秩序有待规范。与此同时，金融服务机构，像会计师事务所等数量少且质量一般。

第三，扩大金融机构规模。武汉作为工商业发展中心城市，但金融机构规模要远低于深圳、上海等城市。除了传统银行业，武汉还应发展证券业、金融保险业等，只有足够规模的金融机构才能做到将金融辐射和影响到周边地区的经济发展。

第四，城市本身具备良好的基础。金融机构集中和金融人才聚集，便于信息交流，信息间传递的速度更快更高效，才能进一步使市场发挥作用。但就市场体系而言，武汉市不具备全国性或区域性的有形资本市场。目前，全国性的证券交易所都位于我国东部沿海地区，武汉市缺少相应的资源，因此建立多元化资本市场结构于武汉而言是有必要的。目前，武汉市的多层次资本市场体系只能通过房地产交易市场、场外交易市场等较低层次的资本市场来实现。

第 4 章

武汉区域金融中心建设的实证分析

4.1 区域金融中心建设的实证基础

4.1.1 武汉区域金融中心的要素集聚能力

（1）要素集聚能力的指标体系构建和说明

经济活动的目的在于利润最大化，因而会推动空间集中化的形成，同时这一过程中所带来的正外部性会引导资源要素在区域中出现空间性动态变化。金融资源要素在动态的变化过程中，金融与实体经济相互交流、共同发展，进而产生金融集聚。当实体经济规模达到一定程度，其扩张过程中对于金融机构信贷资源的依赖性会进一步加强，从而使该地区金融业对人才和金融资源的需求增加。在相辅相成的作用下，金融环境得以改善，资本的流动随之加快，最终使其产生金融集聚效应。当金融产业规模达到一定程度时，信息效率将会有较大幅度的提升，与此同时不同类型的金融中介也会随之产生。在金融集聚效应愈加显著的基础上，金融辐射效应会随之出现。当金融资源日益集聚，其边际利润逐步下降，为了提高盈利水平，向四周转移就成为必然选择。金融资源在转移过程中，各地区此消彼长，中心区域和周边区域形成新的平衡，即为金融辐射。金融辐射效应中的并非研究区域中的所有个体都会产生金融辐射，并且辐射效应会随着距离的增大而减小，个体与个体之间的辐射力也会双向影响，比如金融集聚程度较高的个体可向集聚程度较低的个体提供金融产品和业务经验等，而金融集聚程度较低的个体可向集聚程度较高的个体提供低成本金融资源。

金融集聚与辐射相关理论多源于国外研究学者的中心聚集理论，结合国内学者如黄解宇、潘英丽的相关理论，发现他们的理论中关于金融中心形成过程中的金融集聚和辐射特性阶段都具有部分相同的描述，即任何的金融中心在集聚和辐射的过程中都存在 5 个主要特性：动态性、静态性、阶段性、层次性和复合性。其中，动态性是指金融资源受地理或经济等因素的影响，在发展中向某一区域集合，并在此区域进一步发生配置、协调和耦合的创新过程。在自由的经济体系中，金融资源越聚集，其产生的吸引力越大，便会逐渐吸引周边资源，进一步聚合，最后形成一个十分完整的密集型金融地域系统。静态性是指金融资源在动态转移的过程中，系统中的金融机构履行着自身职责，发挥功能，维持系统的相对平稳。这个平稳是相对而言的，因为即使在金融中心形成并稳定以后，各类金融工具都是在契约和法规的双重管制通道下快速流动的，并在这种流动过程中发挥着金融创新和信息传递的功能，所以说动态是绝对的，而静态是相对的。阶段性是指由金融集聚向金融中心、多中心金融辐射甚至金融扩散过程均为金融资源在不同行业、不同地域发生阶段性变动，以上变动均为阶梯形递变。这种递变是指由初始集聚产生阶段向迅速发展的集聚阶段过渡，然后由这种过渡向稳定型集聚中心演化，而判定是否到达第三阶段的关键就是要看金融集聚能否产生积极的辐射效应，当所汇聚的金融资源已持续向周边辐射并带动整个地区发展时，则可视为金融集聚到达成熟和稳定阶段。在金融扩散与转移辐射时期，集聚动力多以规模经济为主，但地区间相对规模经济存在时间滞后性与边际递减性，当规模经济边际递减时，金融资源因信息壁垒与时滞而不与规模经济变化曲线一致，必然出现金融机构过度饱和而逐渐向规模不经济转变。以规模不经济为牵引，金融资源向外单向转移不同于循环动态集聚和辐射，多数学者把向其他金融中心转移资源叫作金融扩散和转移，把向辐射域中其他城市转移行为叫作金融辐射。层次性意味着金融集聚与金融辐射过程可在宏观、中观和微观3个维度上划分；与金融风险指标分层相似，金融集聚与辐射同样在不同视角下有不同的观察侧重点，首先宏观视角下的进程表现为国家间金融中心的贸易和劳务技术上的进出口行为，是世界范围内国际金融中心的资源分布和转换的行为；中观视角指国内金融中心对中心周边城市的劳动力、资本的汲取和反向辐射，这类视角下的进程更容易受国内的政策影响，不同的金融中心的集聚辐射差异较大；微观的金融集聚和辐射侧重区域内部的金融业在产业的依托下进行金融创新和产业创新；是局部虚拟经济对实体经济的耦合作用的体现。将金融资源进行分类被称为复合性，物质上可以分为货币流动、金融机构数量、金融从业人员数及金融工具的种类；非物质可以分为金融监管制度、金融法律法规、金融文化和金融信息等，两者组合起来，共同推进金融集聚和辐射的发展，为产业的进步和增长提供了金融资源的保障。

（2）要素集聚能力相关研究现状

着眼要素集聚是地方金融发展的初级阶段，此阶段地方政府的重心往往在于努力集聚和引入各类金融机构，尤其是着力打造地方法人金融机构；建设有形的金融要素市场、地方产权市场、大宗商品市场，增加本地上市公司数量；推动区内金融机构推出特色金融创新产品等。在地方金融发展基础薄弱的情况下，这种"大干快上"可以带来金融业增加值、金融服务地方产业的规模快速增长，但在整体金融资源有限的情况下，或许会带来金融要素的"重复建设"与"低效竞争"，乃至一度出现众多城市都喊出积极打造"区域金融中心"的口号。城市资源要素的初始禀赋差异（如区域某种自然资源的开发利用、某个企业或重大项目的落户、政府部门所在地、政府的区域发展政策导向等）都可能是决定资源在某个区域或城市集聚而产生集聚经济的主要原因。在市场机制及合理的制度和组织模式作用下，集聚效应会进一步放大，使资源要素不断向城市聚集，城市的竞争力得到不断提升，发展成为区域中心城市。当中心城市资源要素超过集聚规模阈值时，由于生产要素成本的上涨以及面临的资源环境约束等问题，中心城市则要通过低层次资源要素和传统产业向外围低成本地区扩散或转移及产业升级来增强自身的要素集聚能力，进而提升城市的竞争力和整体区域经济的可持续发展。城市要素集聚能力作为衡量城市综合竞争力的重要标准，引起了国内外学者们的广泛关注。

国内外学者对于要素聚集能力进行了相关研究，前期一些学者的研究更多集中于要素集聚和要素集聚能力的分类、概念、定义等方面；随后出现了对金融、创新、人力等要素集聚能力的相关测度研究；同时要素集聚能力的影响因素以及各种要素之间的联系，如经济增长、科技创新、全要素生产率等要素集聚能力之间的联系得到了学者们的关注。与此同时，少量学者对城市的全要素聚集能力及个别要素间的耦合协调关系进行了探究。目前，要素集聚能力的主要思想主要来源于集聚经济理论、新经济地理学理论、要素禀赋理论等，经过大量实证经验积累学者对于要素集聚能力测度方法主要有熵值法、基尼系数、变差系数等，主要通过不同城市所占要素资源的比重区测量区域要素集聚差异。有关要素集聚能力影响因素的研究较多，这些因素主要可以归类为：制度因素，如政府干预程度市场完善程度等；经济因素，如基础设施水平、运输成本、资源配置能力、产业联系等；科技因素，如创新能力、技术溢出机会、人力资本水平、信息共享程度、教育水平等；自然因素，如区位优势、资源禀赋差异、市场规模等。近年来，大部分学者更关注对要素集聚的效应研究，将区域要素集聚程度和科技创新、经济发展、生态环境、空间化、城镇化等相结合，对之间的关系进行探究。

本部分主要关注影响城市要素集聚能力的主要因素以及要素集聚能力的评价研究。从上述要素集聚能力相关研究来看，城市要素集聚能力的演化是在空间系统中组织运行机制作用下的复杂变化过程，并非是单个因素所造成。同时，城市要素集聚能力是评价城市综合竞争力的重要标准，城市金融、经济的发展也并非单个产业或资源要素所推动的，因此，对于城市要素集聚能力的测度需要结合城市的空间位置和发展现状，有选择地从人口、金融、对外开放、经济、科技、创新等多个方面去综合评价要素集聚能力的强弱。利用全面科学的评价方法，不仅能够更好促进城市资源要素吸收，同时对于城市之间要素均衡协调发展以及提升中心城市综合竞争力而言至关重要。

（3）要素集聚能力指标体系构建及说明

以武汉区域金融中心建设为主要研究目标，对武汉区域金融中心竞争力进行综合评价，那么在对武汉市要素集聚能力进行测度的指标选取中，一方面，主要考虑金融要素的集聚能力，另一方面，也需要从长期考虑会对当地金融、经济发展造成影响的一系列因素，保证区域金融可持续发展。根据相关文献研究同时结合上述对武汉市区域要素集聚现状和武汉市金融中心建设发展规划的相关分析，将武汉市区域要素集聚能力划分为金融、创新、经济、人口、公共服务5种，按照研究的科学性、整体性以及数据的可获得性等原则，并结合江汉区、武昌区争相建设区域金融中心的发展现状和政策特点，最终构建得到了包含22个二级指标的要素聚集能力综合评价指标体系，具体可见表4-1。

表4-1 区域要素集聚能力指标体系

一级指标	二级指标
金融要素集聚能力	区域金融从业人员占全市从业人员比重
	区域年末金融机构各项存款余额占全市年末金融机构各项存款余额比重
	区域保险公司保费收入占全市保费收入比重
	区域金融机构网点数量占全市金融机构网点数量比重
金融创新要素集聚能力	区域科技企业贷款余额占全市科技企业贷款余额比重
	区域私募基金总规模占全市私募基金总规模的比重
	区域基金管理人数占全市基金管理人数比重
	区域投贷联动规模占全市投贷联动规模比重
经济要素集聚能力	区域生产总值与全市生产总值的比值
	区域生产总值增长率与全市生产总值增长率的比值
	区域第三产业增加值比重与全市第三产业增加值比重的比值
	区域规模以上工业企业数量占全市规模以上工业企业数量的比重
	区域一般预算收入占全市一般预算收入的比值
	区域社会消费品零售总额占全市社会消费品零售总额的比重
人口要素集聚能力	区域年末常住人口数量占全市年末常住人口数量的比重
	区域人口密度与全市人口密度的比值
	区域单位从业人员占常住人口比重与全市单位从业人员占常住人口比重的比值
公共服务要素集聚能力	区域互联网宽带用户数占全市互联网宽带用户数的比值
	区域公路密度与全市公路密度的比值
	区域邮电局（所）数量占全市邮电局（所）数量的比重
	区域人均供水量与全市人均供水量的比值
	区域人均供气（天然气）量与全市人均供气（天然气）量的比值

资料来源：《武汉市统计年鉴》。

结合构建的指标体系，运用熵值法进而可以确定各项指标的权重，按照指标权重从而计算出要素集聚能力的综合得分，能够初步反映各区域要素集聚能力。为更有效地反映区域各要素集聚能力之间的作用强弱，可根据姜磊等学者对 3 种耦合模型的研究结果，选取耦合模型进行耦合度测度。区域要素集聚能力的大小可以通过耦合度有效反映，但是无法体现各种要素之间的相互作用及综合要素整体的协调度，对于此需继续构建城市要素聚集能力的协调度测度模型，从而达到对要素集聚能力之间的耦合协调分析。

（4）要素集聚能力的指标的比较和评价

区域要素在空间上的自由流动逐渐成为经济发展的常态，大量的人流、信息流、技术流、资金流、物流等多种"流量"不断向核心区域汇集，使城市要素的丰裕程度及集聚能力成为其发展潜力和竞争力的核心决定因素。综观国内外文献，学者从不同角度对要素集聚测度进行研究，从研究范围、测度方法、评价标准角度丰富了各种要素集聚研究体系，对于经济发展水平的衡量一般采用指标体系法，但为准确反映金融聚集程度通常利用地理区位熵指数进行测度，通过多角度反映产业发展水平和聚集程度。目前相关学者对于城市要素集聚能力的研究已取得较大研究进展，针对不同城市要素集聚能力测度和要素集聚效应等均进行了有效探索，但是通过梳理相关研究发现，对于城市要素集聚的研究存在着以下的共同点：大多研究会在某单一维度对要素集聚能力进行分析，很少有学者以城市或区域的全要素资源体系为主体作为研究对象，系统的要素集聚能力评价指标体系至今还未建立；相关研究的定性分析较多，虽然一些学者会对全要素资源体系进行研究，但多为基于单一维度将资源进行分类进行简单分开计算，研究的方法缺乏综合性和标准性；当前的相关研究集中于静态研究，缺少空间动态化研究。通过要素集聚能力判断城市的竞争能力，不仅需要对该区域进行要素集聚能力的测度、研究该区域要素之间的耦合协调程度，而且还需要根据地区资源集聚能力差异性展开横向比较分析。此外，从整体上构建一个系统的全要素资源集聚能力综合评价指标体系，对于城市的发展潜能、竞争能力的测度都是至关重要的。

当区域中的各种要素的流动达到一种均衡状态时，要素之间会存在一种相互以来的关系，当区域的要素流动速度过快便会对地方的经济、社会环境等造成猛烈冲击，想要保障区域经济健康长远可持续的发展，必须选择一种均衡的要素集聚策略。因此，在指标构建当中考虑了指标的相关性综合选择了 5 种要素聚集能力评价指标。在少数学者综合性地对要素集聚能力进行研究中发现，相关文献选取的指标中大多包含科技创新指标，但由于区内科技创新类相关统计数据难以获得，在指标体系中只加入金融创新要素指标。但科技创新要素不断为金融行业带来创新发展，科技创新为金融业提供技术基础，一系列金融科技创新不仅能够有效推动金融机构的科技化转型，同时能够为区域金融科技企业提供良好的发展环境。为构建区域良好的金融科技生态可以从以下 4 个方面着手：积极发展金融科技，创新金融业态建立金融科技龙头企业，整合银行、证券、保险等金融机构的金融科技实力，积极收购和投资有市场前景的金融科技企业、鼓励金融科技创新创业；为吸引金融科技企业的入驻出台相关政策，对金融科技企业的研发投入和专利申请提供政策激励，与风险投资机构、大型国有企业合作，通过参股或合伙方式发起设立金融科技专项引导基金或控股公司，优质上市公司等社会资本，鼓励金融科技企业做大做强；引进金融科技企业，推动金融科技类企业创新创业，推动传统金融机构的技术改造，促进金融机构与金融科技企业的深度合作，为金融科技企业提供良好的发展环境，将武汉市建设成为华中地区金融科技集群示范区；扩大信贷覆盖面，吸引金融人才聚集。进一步做好"云服务"宣传，发挥"汉融通"平台功能，出台相关政策措施鼓励金融机构增加区域信贷投放力度，不断扩大信贷的覆盖面积、增大普惠金融支持力度，进一步推广保险在降低园区公共运营成本、吸引金融人才集聚方面的成功经验，积极发展民生金融。

4.1.2 武汉区域金融中心的空间辐射能力

（1）空间辐射能力相关研究现状

金融空间辐射即为区域金融的价值外溢，这是地方金融发展的"更高阶段"，当前我国正在走向构建新发展格局，经济增长方式也在从粗放式转向高质量发展。现有地方金改多数正处于从要素集聚，到追求功能完备、生态健全的过渡阶段。伴随着金融机构和金融服务向某一城市不断聚集，便涌现出金融中心。金融中心的涌现伴随着金融市场齐全、金融服务网点密集、金融辐射力等特点，对于不同城市而言，金融业的空间分布呈现高度的异质性和相关性的特征，因此对于区域金融中心的空间辐射能力进行研究时往往需要引入空间范式。当金融资源集聚达到一定程度时会产生空间溢出效应，区域金融资源的聚集和扩散的效应则为"金融集聚"和"金融辐射"现象，也正是这一现象促使金融中心带动周边区域发展。

相关研究方法常采用的空间计量分析方法包括威尔逊模型、城市流强度分析和空间杜宾模型等。张志元等（2009）和任英华等（2010）学者，通过空间计量模型对各省之间金融资源集聚的影响因素进行了分析，发现伴随金融资源的不断集聚会对周边产生资源溢出；李凯风（2018）将纯金融效率模型和威尔逊模型相结合，对我国金融中心进行研究，研究发现具有金融辐射力的金融中心多集中在我国三大经济圈中。从研究对象上而言，已有研究中对金融空间辐射能力相关研究主要针对某一区域金融中心进行展开，如北上广深等主要的金融中心，但同时资本"南下"和"北上"都在频繁发生，金融集聚和金融辐射之间也会产生相互作用力，对于该领域研究还不足，另外，学者们进行的相关研究多集中于省会城市或国家金融中心城市，少有学者从微观的视角进行相关研究。

（2）空间辐射能力指标构建

资金在区域内的流向主要依靠政府政策和经济发展的双重引导，因此在金融中心建设的前期，政府的引导作用是至关重要的。政府的引导过度会导致区域的资金投入远大于区域金融发展潜能，从而造成区域金融中心建设强度与区域经济发展不匹配、CBD 建设过度与区域居民收入不相匹配等问题，导致投入资源要素的浪费，因此有效发挥政府引导作用是建立区域金融中心的重点。政府可以先根据不同区域的地理位置和经济发展潜力识别金融中心，对该区域金融资源集聚加以政策引导；然后在区域金融市场建立试点，逐渐带动周边区域行业发展。但在以上过程中，需要对区域金融辐射的过程和演化进行充分的了解，建立合适的计量模型对区域金融资源的空间辐射力度和范围进行测度。在对金融空间辐射的相关研究中，学者们多采用引力模型和威尔逊模型进行探索，对金融空间的辐射范围和辐射强度进行测度，一般而言，区域金融聚集强度越高所得到的金融辐射域越广、金融辐射强度越高，在运用模型进行定量分析的过程中未将规模经济理论在金融辐射上进行应用。借鉴相关研究方法，结合新经济地理学相关理论，建立区位熵实证模型，利用剔除外部影响因素后得出纯金融效率测度金融辐射强度，再结合威尔逊模型测算出该区域的金融辐射范围。

金融辐射强度的测度。在金融辐射强度测度过程中借鉴了相关学者的实证方法，将金融效率纳入金融辐射力的实证研究内，更能从区域金融发展潜力的视角对金融辐射强度进行探索。由于金融辐射力为金融要素集聚达到规模效应后，对周边区域产生的空间溢出效应，因此对于金融辐射力的测度选择从金融要素角度来测算出地区的金融"质量"，同时，从这一角度出发更能有效评价出城市金融的扩散潜力。在选择金融效率测算指标时，对城市科技水平、基础设施建设等背景因素进行了剔除，从纯金融效率入手。结合空间区位以及相关理论模型，对所有金融要素进行筛选，确定指标体系，利用 DEA 三阶段模型计算出金融要素投入产出效率，从而有效发现城市金融"质量"。在引力模型运用过程中，将城市金融"质量"测算结果添加到分母的幂方中，能够更清晰地对城市金融辐射强度进行测算。三阶段的 DEA 模型能够在原有的效率基础之上将变量分解，因此利用 DEA 三阶段的模型能够有效地将区域金融中心的金融效率分解为纯效率和外部冗余。从这一视角对于金融中心进行探讨，可以发现技术和规模效率之间的比重。然后结合新经济地理学相关理论在金融空间辐射范围的应用，能够更有效清晰地对比出不同区域的金融发展潜能和趋势。

当使用 DEA 模型对宏观变量进行测度时会出现宏观变量的误差与实际不符的问题。为解决这一问题，本部分结合 Fried 在 Jondrow 分离法的成果上进一步开拓的 DEA 模型，模型中使用投入和产出指标见表 4-2。

表 4-2　投入和产出指标及标准

类别	指标	标准
投入	劳动投入	金融机构从业人数
	资本投入	银行业资本投入+保险业资本投入-银行业和保险业资本投入交叉
产出	金融产出	区域年末金融 GDP 产出

资料来源:《武汉市统计年鉴》《湖北省统计年鉴》。

构建 SFA 模型的随机前沿函数,借鉴 Jondrow 分离随机误差和管理无效的方法分离出金融效率,剩余的数值为金融活跃要素,相关表达式如式(4-1)、式 (4-2)、式 (4-3) 所示,其中 unk 和 vnk 的和代表管理无效项和随机误差。

$$S_m = f(x_k, \beta^n) + \nu_{nk} + u_{nk}, \quad n = 1, 2, \cdots, 27; \quad k = 1, 2, 3, 4 \tag{4-1}$$

$$E(\nu_{ni}/\nu_{ni} + u_{ni}) = s_{ni} - f(x_k, \beta^n) - E(u_{ni}/\nu_{ni} + u_{ni}) \tag{4-2}$$

$$E(u_{ni}/\nu_{ni} + u_{ni}) = \frac{\sigma\lambda}{1 + \lambda^2}\left\{\frac{\phi[(\nu_{ni} + u_{ni})\lambda/\sigma]}{1 - \psi(\nu_{ni} + u_{ni})\lambda/\sigma} - (\nu_{ni} + u_{ni})\lambda/\sigma\right\} \tag{4-3}$$

其中,$\sigma^2 = \sigma_v^2 + \sigma_u^2$,$\lambda = \sigma_u/\sigma_v$,$\psi$ 为标准正态分布函数,φ 为正态密度函数,通过 SFA 模型可以得出 σ_u、σ_v。

$$z_{ni}^A = z_{ni} + [\max(x_i\beta^n) - x_i\beta^n] + [\max(\nu_{ni}) - \nu_{ni}], \quad n = 1, 2, \cdots, 27 \tag{4-4}$$

z_{ni}^A 为改变后的投入变量,z_{ni} 为初始投入变量。

金融辐射域的测度。威尔逊模型是一个在新经济地理学中常用的模型,该模型由牛顿万有引力模型变化而成,和牛顿万有引力模型中测度两个不同质量物体之间的引力不同的是,威尔逊模型用于测度两个不同经济量区域间的相互作用力。这种辐射作用力的和区域资源流动、区域之间距离有关,但是一般在威尔逊模型中不考虑区域的地形等要素只考虑区域之间的距离,因此可以将主要研究对象(经济总量较大的区域金融中心)视为一圆心,通过模型计算出半径长度从而得出该"圆"的范围。威尔逊模型最初常用于城乡规划方面，之后被运用于金融辐射域的测量，威尔逊模型多与主成分分析或因子分析等模型联合使用。威尔逊模型表示为：

$$T_{ij} = KO_iP_j\exp(-\beta r_{ij}) \tag{4-5}$$

其中，K 表示归一化因子，取值往往为1；O_i 表示 i 区域经济量的强度，P_j 表示 j 区域经济量强度，$\exp(-\beta r_{ij})$ 为相互作用核。令 $\theta = T_{ij}/O_i$，设定阈值为 θ，由于区域 j 从区域 i 中所能获得最大资源量为 i 区域的经济总量，通过替代 F_i 和 P_j 得到公式：

$$r = \frac{1}{\beta}\ln\left(\frac{F_i}{\theta}\right) \tag{4-6}$$

其中，r 表示辐射半径、θ 为阈值、β 为衰减因子。θ 的数值借鉴唐吉平学者的研究，区域 θ 小于该值的不具有金融辐射能力；β 反映区域中心辐射能力的衰减程度，取值借鉴王铮和邓悦的研究成果。其中，D 表示相互作用区域范围、T 为该范围内经济体（园区）个数，$t_{\max}$ 为具有辐射功能的经济体（园区）数。

$$\beta = \sqrt{\frac{2T}{t_{\max}D}} \tag{4-7}$$

从金融辐射角度可以将金融效率的影响分为自身影响和环境影响，区域金融的影响包括区域金融机构网点密度、金融规模等；环境影响包括交通运输、通信强度、政府政策支持等。首先运用模型 Z-score 对 X_{ij} 数据进行标准法处理，目的在于将不具备辐射能力的区域给剔除（>0），然后因子分析化各变量指标。

$$Z_{ij} = \frac{X_{ij} - X_i}{S_i} \tag{4-8}$$

式（4-8）中，S_i 和 X_i 分别代表数据的标准差和平均期望。在模型中利用 SPSS 对各数据进行公共因子分离，得到最后的得分分子，最后求出金融辐射半径所需公式。

（3）空间辐射能力指标的比较和评价

近年来，经济地理学迅速发展，在经济地理学中有较高影响力的经济学家克鲁德曼等人，将空间计量考虑到区域经济等学科之中后，便衍生出许多以 D-S 模型为理论分析基础的空间计量理论模型。在区域金融和区域经济的相关研究中，采用的经济地理学空间计量模型主要为以经济关联为特征的模型，从经济要素流动等视角在原模型为理论分析基础之上进行改进而形成的。近年来，新经济地理学备受学者们的关注，在新经济地理学中认为影响某一产业集聚和扩散的因素不仅包括产业要素自身，产业所处的环境也会作为影响因素对产业空间联系演变造成很重要的影响。此外，在学者们利用空间计量模型对于金融中心的形成和空间辐射能力演化的过程中发现，对金融中心的空间辐射能力产生影响的环境因素中，除了金融中心自身的金融市场、金融环境等，区域的生产总值、地方财政以及当地民生也会对金融空间辐射能力产生影响。除此之外，一些学者也发现与金融中心城市相邻的城市经济发展状况也会对金融中心的空间辐射能力产生影响，有效证明金融空间辐射并不是单向进行的，会产生地区之间的互相作用力。由于在对金融产业区位进行分析所运用的区位熵中选取的指标是相对指标，根据新经济地理学中的威尔逊模型直接构建空间辐射力的关系式不能有效反映在纯金融效率下的金融中心空间辐射能力和金融中心发展潜力。同时，虽然现有的研究在理论和实证上已经具有系统的框架，但是相关研究还存在模型较为单一、变量之间关系相关性难以有效确定等问题。在进行实证研究模型构建中，需要对引力模型进行修正或重构，在改良基础上消除以上问题。因此，在测度区域金融辐射强度的时候利用 DEA 三阶段模型运用纯金融效率能够将冗余的变量排除在外，从而有效反映出区域金融辐射的潜力，更能体现出区域金融中心发展潜质突出区域未来发展上限。将纯金融效率计算结构代入威尔逊模型中在与区域金融相关度相乘，便可得到资源变量 F，因此也可以认为通过威尔逊模型计算得到的金融辐射半径也不受外界环境影响，而受到金融自身发展的影响。以往通过威尔逊模型测度的辐射半径更具有现时性，而通过纯金融效率得到的辐射半径更注重经济未来增长性，通过相关研究结果对比两种半径的差异可以为区域金融中心的进一步规划提出一些建议。

4.1.3 武汉区域金融服务实体经济转型能力

(1) 金融服务实体经济能力相关研究

金融是实体经济发展的基础，近年来众多学者结合城市发展对地区金融业和实体经济发展进行了分析，针对性提出了政策建议。徐东（2018）从金融人才的角度对金融院校在区域金融中心建设中的作用进行分析，发现金融院校为区域金融中心提供了必要的人才支撑，为实体经济发展提供了科技支撑和服务支撑。徐丽林（2021）从环境与区位优势、经济与金融业发展优势、服务两岸及"一带一路"作用突出三个方面结合厦门建设区域金融中心的现状和优势进行了分析，从金融资源、金融科技产业、营商环境3个方面对区域金融支持实体经济发展提出建议。汤川（2021）认为区域金融中心建设对金融技能型人才要求较高，并结合长沙市主体产业和中小企业实际情况，针对金融复合型人才培养提出建议。陈晔（2022）通过对金融业与实体经济之间的关系进行分析，实体经济的发展能够帮助金融中心的建设和功能的完善，实体经济对于区域金融中心的建设而言是无法或缺的。

目前，关于金融支持经济的实证研究中，较多的研究聚焦于金融支持宏观经济发展能力和发展效率问题，少部分的研究从金融支持实体经济增长问题为切入点进行研究，但无论是对金融服务经济增长还是金融服务实体经济，学者们主要会采用 DEA 效率进行分析。在金融支持经济发展的相关研究中，熊正德、詹斌等学者（2011）利用数据包络模型，将 DEA 和 Logit 模型相结合，通过实证对金融支持战略性新兴产业发展的效率及影响因素进行了研究；孙爱军等（2011）利用 DEA-Malmquist 方法，从三大产业对 1998—2010 年的我国各省市的金融支持经济发展效率进行研究，发现金融在不同地区所发挥的作用存在异质性。在金融支持实体经济能力测度相关研究中，谢家智和王文涛（2013）采用非参数 Malmquist 指数测算省域金融发展的经济增长效率及其分布特征、影响因素和传递机理，其中选择了银行贷款、非国有企业贷款、保费收入作为金融投入指标，选择了金融业产值、实际 GDP、产业结构调整作为经济产出指标。

蒋智陶（2014）运用 DEA-Malmquist 方法对中国 31 个省份 2003—2012 年金融支持实体经济发展的效率及其省际差异进行测度。贾高清（2019）从宏观视角对我国金融服务实体经济的效率进行研究，发现科技创新、技术更新、服务创新等能够促进效率提升，不同地区的技术水平不同是造成金融服务效率的重要因素。魏海丽和武瑞婷（2020）也通过构建相关指标发现不同区域的金融服务实体经济效率有所差异。陈丰华（2021）为了进一步分析金融支持效率对实体经济发展地区差异的主要影响因素，区域虚拟变量与金融发展规模、金融产业结构、股权融资比例在 DEA 模型中的交互作用，分别考虑金融发展规模、金融产业结构、股权融资比重、金融支持互动对实体经济发展的效率效应等。

（2）金融服务实体经济指标体系构建

实体经济与金融业协同发展能更好发挥规模经济，能构建更加完善稳定的产业链，发挥产业间的互利效应，发挥产业内的集聚效应，在区域金融中心建设过程中，以实体经济与金融业协同发展为本，需要以制造业与金融业协同为先，肩负起产业和区域经济稳定器功能。在武汉区域金融中心金融服务实体经济的相关政策中，政策重点是拓宽中小企业融资渠道，为企业提供精准金融服务，加强基于产业发展的产融结合。通过梳理相关调研和政策规划，从金融服务实体经济发展的过程中，可以发现一些问题，如融资结构不均衡，中小微企业融资难、融资贵，金融无效供给过剩，有效供给不足，资金虚化等。这些都是造成服务实体经济效率低下的原因，此外，政府监管不力，金融机构经营管理粗放，金融市场体系不够完善等也会导致金融服务实体经济效率低下。这一系列问题的存在，不仅会极大地降低金融服务实体经济效率，还会降低资源配置效率，影响产业结构升级和实体经济健康发展，增加区域经济发展面临的风险。随着经济的发展，金融业从"去杠杆"转向"稳杠杆"，研究金融服务实体经济效率的效率显得十分迫切。

当前，国内学者常用的金融服务实体经济的指标体系有 3 种。最早的权威性测度金融服务实体经济效率的指标体系于 20 世纪 90 年代由一位世界银行经济学家提出，他主要从宏观的角度对金融效率和实体经济增长之间的关系进行研究，共建立了六大指标体系。但由于指标较少，在实际应用中无法全面评价金融服务实体经济的情况，之后国内学者周国富和胡慧敏（2007）在此基础之上对指标进行进一步扩展，分别从宏观和微观两个视角探究金融效率，该方法中剔除了难以获得的指标和数据，适用区域更广泛提高实证可实现性。因此，可以选取后两种指标体系作为参考，结合武汉市金融服务实体经济发展政策背景，从资金供给效率、资金使用效率、金融机构服务效率3个角度出发，选取9个指标建立金融服务实体经济效率的评价体系（见表4-3）。

表4-3 区域金融服务实体经济指标选择

类别	名称
资金供给效率指标	储蓄率：储蓄总额/GDP
	储蓄投资转化率：资本总额/储蓄总额
	居民储蓄存款/居民可支配收入
资金使用效率指标	GDP 增量/资本形成总额（资本边际生产率）
	利润率
	投资储蓄比：全社会固定资产投资额/储蓄总额
金融机构服务能力指标	GDP 增量/贷款额
	GDP 增量/证券市场交易额
	GDP 增量/保险市场保费收入

资料来源：《湖北省金融统计年鉴》《武汉市统计年鉴》。

其中，在资金供给效率指标中，储蓄率衡量金融体系吸引储蓄的能力，储蓄转化为投资的比率衡量储蓄转化为投资的效率，居民储蓄存款/可支配收入反映金融机构吸引资金的能力；资本边际生产率反映投资效率，利润率反映资金利用效率，投资储蓄比（全社会固定资产投资额/储蓄总额）衡量金融机构配置资金的能力；GDP 增量/贷款额反映银行体系推动经济的能力；GDP 增长/证券市场交易额反映证券市场推动经济的能力；GDP 增量/保费收入反映出保险市场拉动经济的能力保险市场。在资金产出效率指标中，劳动生产率用货币增长率表示。指标体系建立后，建立因子模型，利用反映各指标在整个模型中位置的因素分析模型计算指标因素得分，即综合评价。

　　（3）金融服务实体经济能力指标的比较和评价

　　金融服务实体经济能力指标测算分为两个阶段：第一阶段的金融效率测度主要基于宏观和微观的金融效率评价指标体系，由于其全面性和系统性，许多学者使用了该指标体系；第二阶段的金融效率指标主要基于多个模型（DEA-Malmquist 指数方法）。从国内外研究也可以发现，现有的关于金融与实体经济关系理论研究的文献比较陈旧，具有一定的深度。但现有研究方法在分析金融服务实体经济发展效率的有效衡量问题上，显得较为浅显。此外，虽然近年来研究关于金融是如何提高实体经济发展效率的影响因素在增多，但是也大都是理论性的分析，缺乏实证分析，很少对影响因素的内生性问题进行讨论。通过对以往相关文献的梳理发现，大多数学者不会从区域层面单独对实体经济发展与金融发展之间的关系进行研究，而由于区域经济发展具有一定差异，无法将国家层面的研究结论运用到区域金融与实体经济发展关系之间，在相关研究中对两者关系的研究缺乏一定针对性。

　　近年来，在金融服务实体经济效率研究中，在金融效率的定义上大部分学者会采用宏观视角对金融效率进行定义与分析；在效率测度方法上，大多学者采用 DEA 模型和 Malmquist 指数法进行动、静结合的效率分析。所以，使用 DEA-Malmquist 指数方法来对中国金融提升实体经济发展的程度及其变化情况进行测度，以期在政策背景下，能更好地评估各个地区金融服务实体经济发展的效率。我们一般认为将投入量和产出量之间进行对比能有效观测效率高低，投入指标和产出指标的确定是影响效率测算的重要影响因素。在研究金融服务实体经济时，就是通过比较金融资源投入与实体经济产出确定服务效率。金融服务实体经济从宏观上来看是资金在实体经济中的配置效率，从微观上来看是金融系统内部的资金配置效率，由于研究中更侧重实体产业和实体经济的产出成果，在测算的过程中会选择宏观视角进行展开。因此，提高金融服务实体经济效率具备两个层面的意思：一是增加其金融服务实体经济的边际效率，即在既定的金融资源投入下，通过提高实体经济企业自身管理、技术水平而提高经济成果产出；二是提高资金投放力度，即通过加大金融资源向实体经济的直接输入力度，通过提高企业融资可得性从而增加实体经济的经济产出。因此，在金融服务实体经济效率中指标选取不仅需要考虑金融服务效率，还需要考虑资金的投放以及资金的使用。

4.2　武汉区域金融中心竞争力统计分析

4.2.1　武汉金融市场国内比较分析

（1）国内生产总值

武汉是中国长江经济带核心城市，经济发展质量高。2016—2019年，武汉 GDP 逐年增长，2019 年武汉 GDP 达到 16223.21 亿元。2020年，武汉受疫情影响严重，GDP 为 15616.06 亿元，比上年下降 4.7%。2021 年，武汉 GDP 位居全国第 9，达到 17716.76 亿元，增长 12.2%。

表 4-4　武汉经济发展总体概况

指标	发展情况
生产总值	2021 年武汉 GDP 全国第 9，增速高于全国 GDP 增速及新一线城市 GDP 增速均值。
固定资产投资额	2021 年武汉固定资产投资额大幅回升，增速高于全国及新一线城市均值。
社会消费品零售总额	2021 年武汉社会消费品零售总额大幅上升，增速低于全国及新一线城市均值，但总额高于新一线城市均值。
货物出口额	2021 年武汉货物出口额远低于新一线城市均值，但增速较快。
税收收入	2020 年武汉税收收入略低于新一线城市均值。

此外，2017—2019 年，武汉 GDP 同比增速远高于全国 GDP 同比增速和新一线城市 GDP 同比增速均值。其中，武汉 2019 年 GDP 同比增速高达7.4%，而全国 GDP 同比增速仅为 6.0%，新一线城市 GDP 同比增速均值为6.8%。2020 年在疫情影响下，武汉 GDP 同比增速低于全国 GDP 同比增速及新一线城市 GDP 同比增速均值。2021 年，武汉 GDP 同比增速高于全国

GDP 同比增速及新一线城市 GDP 同比增速均值。如图 4-1、图 4-2 所示。

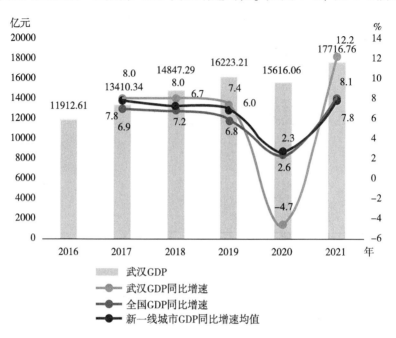

注：以上数据均来自全国及各地统计公报及经济运行发布会中披露的 GDP 数据及增速，新一线城市 GDP 同比增速均值为算术平均数。

图 4-1　2016—2021 年武汉地区生产总值及增长情况

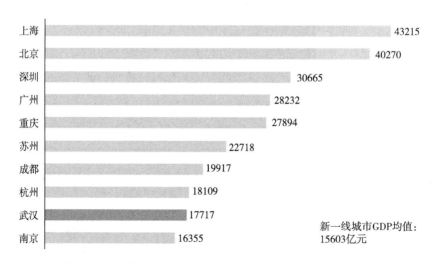

新一线城市GDP均值：
15603亿元

图 4-2　2021 年全国地区生产总值 TOP10 城市（单位：亿元）

（2）固定资产投资额

2020 年受疫情影响，武汉固定资产投资额下降至 8372.93 亿元，同比下降 11.8%。2021 年，武汉固定资产投资额达到 9453.04 亿元，同比增长 12.9%。武汉固定资产投资额规模在全国排名靠前，且武汉固定资产投资额 2017—2019 年的同比增速高于同一时期的全国固定资产投资额同比增速和新一线城市固定资产投资额同比增速均值。如图 4-3 所示。

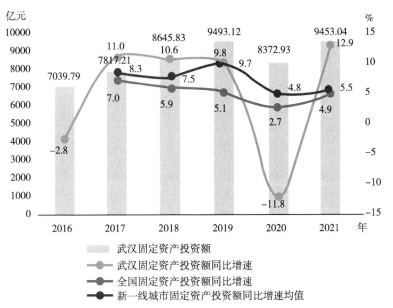

注：①2018—2021 年武汉固定资产投资额根据 2017 年武汉固定资产投资额以及 2018—2021 年每年固定资产投资额的同比增速测算所得；②2017—2020 年全国固定资产投资额增速为全社会固定资产投资增速，2021 年全国固定资产投资额增速为全国固定资产投资（不含农户）；③新一线城市固定资产投资额同比增速均值为算术平均数。

图 4-3　2016—2021 年武汉固定资产投资额及增长情况

（3）社会消费品零售总额

2016—2019 年，武汉社会消费品零售总额逐年增长；2020 年新冠肺炎疫情暴发，武汉居民消费遭受严重打击，武汉社会消费品零售总额也较 2019 年下降 20.9%，为 6149.84 亿元，降幅较全国社会消费品零售总额以及新一线城市社会消费品零售总额大。2021 年，武汉社会消费品零售总额大幅回升，达到 6795.04 亿元，虽然增速仍低于全国及新一线城市增速均值，但社会消费品零售总额高于新一线城市均值。如图4-4、图4-5所示。

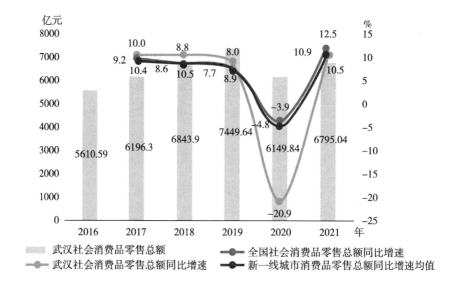

注：以上数据均来自全国及各地统计公报及经济运行发布会中披露数据，新一线城市社会消费品零售总额同比增速均值为算术平均数。

图4-4　2016—2021年武汉社会消费品零售总额及增长情况

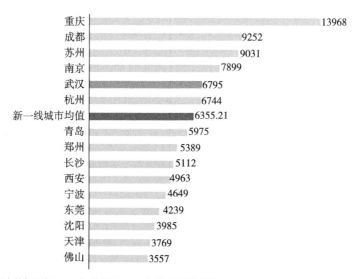

注：天津数据根据2020年数据及2021年增速测算所得。

图4-5　2021年武汉及其他新一线城市的社会消费品零售总额（单位：亿元）

（4）货物出口额

2016—2020 年，武汉货物出口额不断增长，2020 年武汉货物出口额达到 1421.7 亿元，同比增长 4.3%。不过从增速来看，2018—2020 年，武汉货物出口额同比增速不断下滑，低于新一线城市货物出口额同比增速，仅高于全国货物出口额同比增速。2021 年，武汉货物出口额增至 1929.0 亿元，同比增长 35.7%，远高于全国及新一线城市货物出口额增速均值。在新一线城市中，武汉货物出口额较低，远低于新一线城市均值，仅高于沈阳。如图 4-6、图 4-7 所示。

注：以上数据均来自全国及各地统计公报、经济运行发布会及海关披露数据，新一线城市货物出口额同比增速均值为算术平均数。

图 4-6　2016—2021 年武汉货物出口额及增长情况

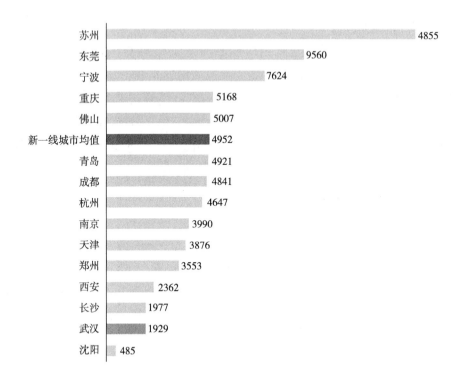

注：①苏州数据根据其经济运行情况中披露的 2302.7 亿美元，以 2021 年 6.4512 的平均汇率计算；②天津和宁波数据来自海关披露，其余数据来自各地经济运行发布会及统计局披露。

图 4-7 2021 年武汉及其他新一线城市的货物出口额（单位：亿元）

（5）税收收入

武汉税收收入处于全国城市前列。2020 年，武汉税收收入在新一线城市中处于中间位置，略低于新一线城市税收收入均值。2020 年，武汉税收收入为 2174.8 亿元。如图 4-8 所示。

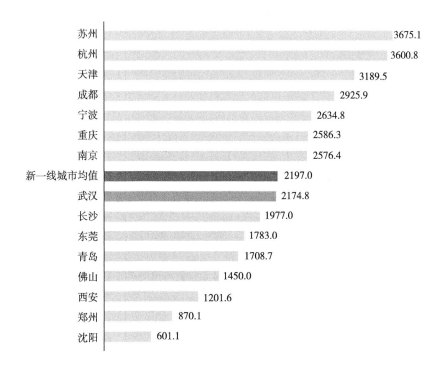

注：成都数据来源于统计公报，郑州和沈阳数据来源于财政局一般公共预算收入决算表。

图 4-8　2020 年武汉及其他新一线城市税收收入（单位：亿元）

4.2.2　武汉金融市场省内比较分析

（1）武汉银行业竞争力省内比较分析

湖北省 12 市银行业的发展体现了地区不平衡的特点。如图 4-9 所示，金融机构存款余额除了武汉市遥遥领先达到 31005.89 亿元，鄂州市未达到 1000 亿元大关以外，其余城市均在 2000 亿元至 4000 亿元区间内。除了武汉以外，最高的是宜昌市和襄阳市，分别为 3690.73 亿元和 3507.60 亿元，也仅约为武汉市金融机构存款余额的 1/8，而鄂州市又为这两个城市的 1/5 左右，相当于武汉市的 1/30 左右。这一存款余额结构呈现"两头尖、中间平"的特征。

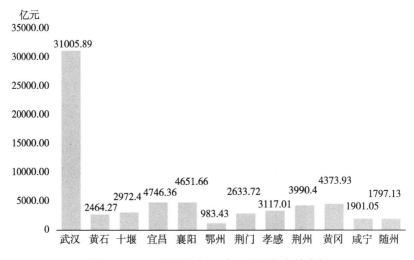

图 4-9 2021 年湖北省 12 市金融机构存款余额

如图 4-10 所示，金融机构存款余额增速差异不大，其中黄石市增速最快，达到 22.82%，而十堰市增速最慢，为 5.78%，各地区平均增速为8.7%，说明金融机构存款增长较稳定。

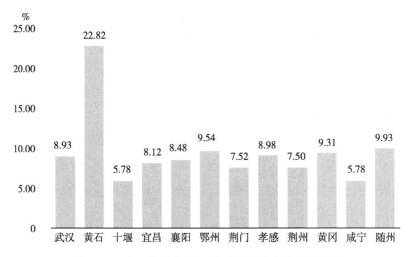

图 4-10 2021 年湖北省 12 市金融机构存款余额增速

如图 4-11 所示，金融机构贷款余额武汉市遥遥领先达到 36885.97 亿元，而鄂州市与随州市未达到 1000 亿元大关。其余各城市在 1000 亿元至2500 亿元区间内，另外宜昌市超过了 4000 亿元大关，为 4294.12 亿元。

然而即使是宜昌，也仅达到武汉市金融机构贷款余额的 1/9 左右，区域发展呈现极度不平衡。

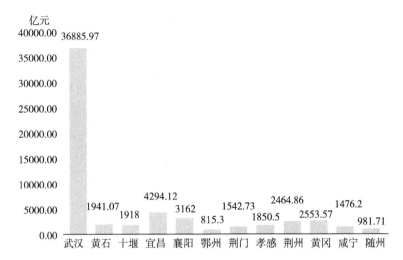

图 4-11　2021 年湖北省 12 市金融机构贷款余额

如图 4-12 所示，金融机构贷款余额增速差异不大，其中黄石市增速最快，达到 23.73%，而宜昌市增速最慢，但也有 7.28%。各地区平均增速为 13.3%，说明金融机构贷款增长较为高速。

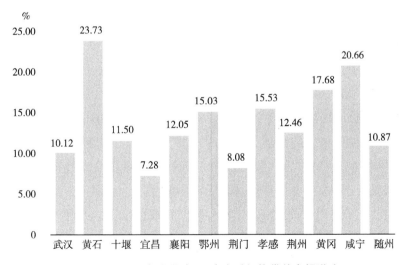

图 4-12　2021 年湖北省 12 市金融机构贷款余额增速

（2）武汉市保险业竞争力省内比较分析

保险费收入反映各地区保险业的发展规模，是总量的标准指标。而保费收入增速则体现了各地区保险业发展的速度，是增量指标。如图 4-13 所示，湖北省各地区保险业发展呈现区域不平衡特征，武汉市保费收入达到 835.66 亿元，荆州、宜昌、襄阳和黄冈均突破 100 亿元，孝感则接近 100 亿元，而其余 6 市保费收入在 50 亿~80 亿元，而随州依旧最低，仅为 10.93 亿元。

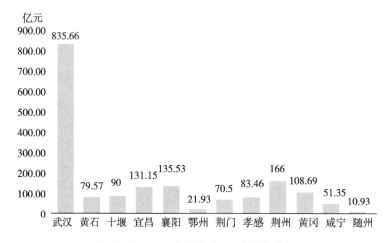

图 4-13　2021 年湖北省 12 市保费收入

图 4-14 反映了各地区保费收入的增速情况。黄石增速最快，为 32.19%；襄阳增速最慢，为 0.28%，其他地区基本处于 2%~15%。从保费收入增速来看，12 市平均增速达 6.4%，说明各地区保费收入处于较快增长期，保险市场发展较为迅速。

保险深度是指保险费收入占国民生产总值（GDP）的比例，反映保险业在国民经济中的地位。如图 4-15 所示，保险业在当地发展最好的地区为荆州市，为 6.11%，其次是黄冈市、武汉市、十堰市，保险深度均超过了 4%。其余 7 个城市处于相当水平，而咸宁市则表现不佳，为 0，这方面说明鄂州市目前保险业发展现状不容乐观，另一方面也说明有广阔的发展空间。

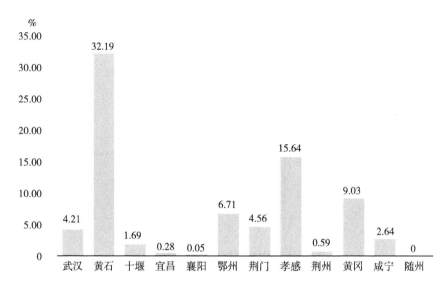

图 4-14　2021 年湖北省 12 市保费收入增速

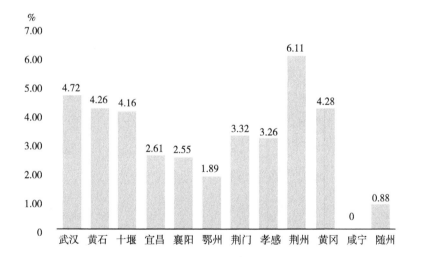

图 4-15　2021 年湖北省 12 市保险深度

　　保险密度是指人均保险费收入，反映保险参与程度和保险业的发展水平。如图 4-16 所示，武汉市的保险密度为 6122.54 元/人，宜昌、黄石和荆州超过了 3200 元/人，而其余则都在 1500~3000 元/人，差异不是很大。可看出各地区国民参与保险的程度呈现"梯形"结构。

图 4-16 2021 年湖北省 12 市保险密度

（3）武汉市证券业竞争力省内比较分析

湖北省各地区证券业发展呈现极度的区域发展不平衡。通过观察图 4-17 可发现，证券业发展最好的为武汉市和荆州市，武汉更是高达 6852 亿元。然而证券业发展落后的地区如咸宁、黄冈只有 12.1 亿元和 21.1 亿元的流通市值，与武汉相差几百倍。其余 8 个城市则规模达到亿元级，但也是呈现较大差异，如十堰市只有 21.8 亿元，而黄石则高达 1617.4 亿元，其差距也非常明显。

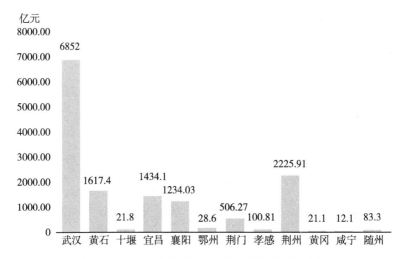

图 4-17 2021 年湖北省 12 市上市公司流通市值

再观察图4-18湖北省各地区上市公司数量便可更直观地发现各地区证券业的发展情况。除了武汉有77家上市公司以外，襄阳、宜昌、黄石、荆州分别有12家、9家、8家、7家，其余城市均不超过5家。值得一提的是，虽然2021年荆州市只有7家上市公司，不到武汉市上市公司数的1/9，而2021年上市公司总流通市值却达到了2225.91亿元，约为武汉市的1/3。这反映出荆州市的上市公司的治理能力非常突出，业绩显著，资本市场的直接融资能力较强。

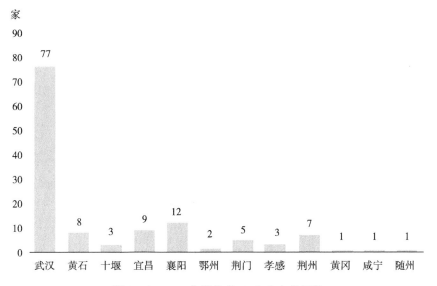

图4-18　2021年湖北省12市上市公司数

结合前文对武汉市2016—2021年国内与省内金融市场的分析，国内金融市场具体从国内生产总值、固定资产投资额、社会消费品零售总额、货物出口额和税收收入方面进行比较阐述，省内金融市场从银行业竞争力、保险业竞争力与证券业竞争力等方面进行比较分析，由此得出以下结论：

第一，武汉市GDP增速超过同时期新一线城市GDP增速均值，其经济发展迅速且质量高。武汉市投资额增速高于同时期全国固定资产投资额同比增速和新一线城市投资额增速均值，其固定资产投资规模持续扩大。武汉市消费品零售总额超过同时期新一线城市均值，但其增速低于新一线城市均值，消费品零售总额稳定增长。武汉市货物出口额远低于同时期新一线城市均值，但其增速较快。武汉市税收收入处在中等水平，略低于同时期新一线城市均值。

第二，武汉市金融机构存款与贷款额在湖北省 12 个地级市中排名第一，其存款与贷款余额增长额与增速遥遥领先，区域发展极度不平衡。武汉市保险参与程度深、保险业发展水平高，其他地区的保险市场处于较快增长期，拥有巨大的发展潜力。武汉市证券业发展规模持续扩大，多个地级市流通市值突破亿元级，公司治理能力与融资能力不断提升。

4.3　武汉区域金融中心竞争力计量分析

4.3.1　区域金融中心竞争力评价指标体系构建

根据上述研究综述，本书将区域金融中心竞争力指标体系分解为 6 部分，分别为综合经济实力、对外开放程度、金融资产规模、金融配置效率、金融监管环境及城市基础支持。

（1）综合经济实力

描述区域金融中心总体经济实力组成部分的指标采用了最传统的宏观经济指标，即 GDP、人均 GDP、财政收入、固定资产投资额、社会消费品零售额和第三产业增加值。这些宏观经济指标使我们能够全面了解区域金融中心的经济发展情况。

（2）对外开放程度

对外开放程度共选取了进出口总额、实际利用外资额、外贸依存度及外资依存度 4 项指标。其中外贸依存度为进出口总额与地区 GDP 的比值，外资依存度为实际利用外资额与地区 GDP 的比值。这些指标都反映了一个地区的经济对外开放程度。

（3）金融资产规模

金融资产规模是反映金融机构聚集度的指标之一。通常而言，区域内的金融资产基数越大，金融集成程度就越高。银行、证券和保险业的规模取决于金融机构存、贷款余额、股票流通市值及保费收入。

（4）金融配置效率

金融相关率是指地区的金融机构存贷款总额与 GDP 的比值，反映一个城市金融发展的实际水平；保险密度是人均保费收入，反映了该地区居民参加保险的程度和保险业的发展水平。保险深度是该地区保费收入与地区 GDP 的比值，反映了该地区保险业在经济中的地位。股票流通市值与贷款余额比反映了该地区证券业的发展情况。保费收入则反映了该地区保险业的发展情况。

（5）金融监管支持

在本文构建的指标体系中，监管环境通过是否为中国人民银行分行或营业管理部所在地、是否为银保监局所在地、是否为证监局所在地这 3 项指标来进行衡量。其中，武汉是中国人民银行湖北省分行、各金融监管省局所在地，故每一项赋值为 1。而中国人民银行中心支行所在地及各金融监管分局所在地相应的分别赋值为 0.5。此外，政府的推动作用由 3 项指标来衡量，有则赋值为 1，没有则赋值为 0。

（6）城市基础支持

一个地区的各行业发展都离不开当地的城市基础支持，针对金融行业的特点，本书选取了邮电业务总量、移动电话用户数及宽带互联网数来作为城市基础支持方面区域金融中心竞争力的衡量指标。

表 4-5　区域金融中心竞争力评价指标体系

一级指标	二级指标	变量	单位
综合经济实力	地区 GDP	X1	亿元
	人均 GDP	X2	元/人
	GDP 实际增速	X3	%
	财政收入	X4	亿元
	固定资产投资额	X5	亿元
	社会消费品零售总额	X6	亿元
	第三产业增加值	X7	亿元
	第三产业增加值占 GDP 比重	X8	%

一级指标	二级指标	变量	单位
对外开放程度	进出口总额	X9	亿元
	外贸依存度	X10	%
	实际利用外资额	X11	亿元
	外资依存度	X12	%
金融资产规模	金融机构存款余额	X13	亿元
	金融机构贷款余额	X14	亿元
	股票流通市值	X15	亿元
	保费收入	X16	亿元
金融配置效率	金融相关率	X17	%
	保险密度	X18	元/人
	保险深度	X19	%
	股票流通市值与贷款余额比	X20	—
金融监管环境	是否为央行分行或营业管理部所在地	X21	—
	是否为银保监局所在地	X22	—
	是否为证监局所在地	X23	—
	是否为地方金融工作局所在地	X24	—
	是否出台促进金融发展的立法条例	X25	—
	对金融机构和金融人才的集聚提供优惠和便利条件	X26	—
	对金融创新、企业上市给予资助和奖励	X27	—
城市基础支持	邮电业务费用	X28	亿元
	移动电话用户数	X29	万户
	宽带互联网数	X30	万户

4.3.2 因子分析法评价武汉区域金融中心竞争力

(1) 因子分析法模型理论

目前，评估金融中心竞争力的方法主要包括层次分析法、主成分分析和因子分析。本文采取因子分析法对区域金融中心的竞争力进行分析。因子分析是指寻找包含在多个影响因素中的代表性因素，找出正确的，将相同的基本变量放在一个元素中，减少变量数量，验证变量关系的假设。

因子分析模型表示如下：

$$X_1 = a_{11}f_1 + a_{12}f_2 + \cdots + a_{1m}f_m + \varepsilon$$
$$X_2 = a_{21}f_1 + a_{22}f_2 + \cdots + a_{2m}f_m + \varepsilon$$
$$\vdots$$
$$X_n = a_{n1}f_1 + a_{n2}f_2 + \cdots + a_{nm}f_m + \varepsilon \qquad (4-9)$$

简记为 $X = AF + \varepsilon$，满足

① $n \leqslant m$；

② $f_1, \cdots, f_n$ 不相关且方差为 1；

③ $\varepsilon_1, \cdots, \varepsilon_m$ 不相关且方差按不同。

其中，A 代表因子载荷矩阵，F 代表变量 X 的公共因子，ε 为特殊因子。

（2）样本选择和数据来源

本文运用 SPSS22.0 统计分析软件，选择湖北省中 12 个具有代表性的市作为研究样本，分别是武汉、黄石、十堰、宜昌、襄阳、鄂州、荆门、孝感、荆州、黄冈、咸宁和随州。以 2021 年各市的截面数据作为分析对象。

（3）因子分析结果及分析

第一，综合经济实力因子分析。分别将收集到的 12 个市的综合经济实力指标数据通过 SPSS22.0 进行因子分析，得到公因子方差表。由表 4-6 可知，所有的具体指标的公因子的方差几乎都在 70% 以上，说明该公因子的解释能力比较强。

表 4-6　综合经济实力公因子方差

	Initial	Extraction
地区 GDP	1.000	0.987
人均 GDP	1.000	0.596
GDP 实际增速	1.000	0.523
财政收入	1.000	0.980
固定资产投资额	1.000	0.804
社会消费品零售总额	1.000	0.995
第三产业增加值	1.000	0.991
第三产业增加值占 GDP 比重	1.000	0.647

　　使用 KMO 和巴特利特对因子分析法适用性进行检验（见表4-7）。样本 KMO 检验值为 0.504，基大于阈值 0.5，代表可用因子分析。Bartlett 球形度检验中 sig 值为 0.000，小于 0.05 且接近于 0，通过了 5% 水平上的显著性检验，说明所选指标之间存在较强的相关性，并可能存在协同效应，适合进行因子分析。

表 4-7　综合经济实力 KMO 和巴特利特检验

KMO 取样适切性量数		0.504
巴特利特球形度检验	近似卡方	162.996
	自由度	28
	显著性	0.000

　　表4-8 反映了特征值和相对应因子的贡献率，表明提取的公因子可以解释全部样本信息的 80% 以上。因此，本文将用这 2 个公因子替代原来的 8 个变量，对各城市的综合经济实力进行评价。

表 4-8　综合经济实力解释总方差

Component	Initial Eigenvalues			Extraction Sums of Squared Loadings	
	Total	% of Variance	Cumulative %	Total	% of Variance
1	5.291	66.131	66.131	5.291	66.131
2	1.241	15.516	81.647	1.241	15.516
3	0.877	10.966	92.613		
4	0.522	6.527	99.140		
5	0.058	0.721	99.861		
6	0.008	0.100	99.960		
7	0.003	0.039	99.999		
8	8.556E-5	0.001	100.000		

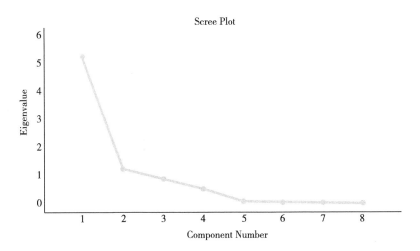

图 4-19　综合经济实力公因子碎石图

图 4-19 是综合经济实力的公因子碎石图，我们可以明显看到特征值大于 1 的公因子图形趋势变化强烈，从第 3 个公因子的特征值开始数值都变得很小，几乎趋近 0，并且图形缓慢下落到平稳。这表示选取特征值大于 1 的公因子来解释变量是合理的。

表 4-9　综合经济实力旋转成分矩阵

	Component	
	1	2
地区 GDP	0.989	0.095
人均 GDP	0.688	0.352
GDP 实际增速	−0.061	0.727
财政收入	0.987	−0.078
固定资产投资额	0.896	0.034
社会消费品零售总额	0.995	0.065
第三产业增加值	0.995	0.039
第三产业增加值占 GDP 比重	−0.154	−0.789

表 4-9 是对成分矩阵进行最大正交旋转后在最大方差法下得到的，该方法具有更明确的解释能力。从表 4-9 中可以看出，综合经济实力中第 1 个公共因子主要反映的是地区 GDP、社会消费品零售总额、财政收入、

固定资产投资额、第三产业增加值及人均GDP。第2个公共因子主要反映的是 GDP 实际增速。所以，我们可以在综合经济实力的指标评价下，将影响各区域金融中心竞争力的因素大致分为两类：实际经济实力和经济发展潜力。

表 4-10　综合经济实力成分得分系数矩阵

	Component	
	1	2
地区 GDP	0.188	0.005
人均 GDP	0.111	0.231
GDP 实际增速	−0.064	0.584
财政收入	0.200	−0.133
固定资产投资额	0.174	−0.037
社会消费品零售总额	0.192	−0.019
第三产业增加值	0.194	−0.040
第三产业增加值占 GDP 比重	0.026	−0.618

根据表 4-10 我们可以得到各区域金融中心在综合经济实力指标下的因子得分函数：

$$F_1 = 0.188 \times X_1 + 0.111 \times X_2 - 0.064 \times X_3 + 0.200 \times X_4 + 0.174 \times X_5 + 0.192 \times X_6 + 0.194 \times X_7 + 0.026 \times X_8 \tag{4-10}$$

$$F_2 = 0.005 \times X_1 + 0.231 \times X_2 + 0.584 \times X_3 - 0.133 \times X_4 - 0.037 \times X_5 - 0.019 \times X_6 - 0.040 \times X_7 - 0.618 \times X_8 \tag{4-11}$$

根据两个因子的因子方差贡献率 66.131%、15.516%，得出评价各区域金融中心的得分模型如下：

$$F = 0.66131F_1 + 0.15516F_2 \tag{4-12}$$

其中，F 为综合得分，$F_i (i = 1, 2, 3)$ 为各因子得分。

第二，对外开放程度因子分析。分别将收集到的 12 个市的对外开放程度指标数据通过 SPSS22.0 进行因子分析，我们得到了公因子方差表。由表 4-11 可知，所有的具体指标的公因子的方差几乎都在 90% 以上，说明该公因子的解释能力比较强。

表 4-11 对外开放程度公因子方差

	Initial	Extraction
进出口总额	1.000	0.953
外贸依存度	1.000	0.759
实际利用外资额	1.000	0.928
外资依存度	1.000	0.996

使用 KMO 和巴特利特对因子分析法适用性进行检验（见表 4-12）。样本 KMO 检验值为 0.58，基本大于阈值 0.5 且向 1 靠近，代表可用因子分析。Bartlett 球形度检验中 sig 值为 0.000，小于 0.05 且接近于 0，通过了 5% 水平上的显著性检验，说明所选指标之间存在较强的相关性，并可能存在协同效应，适合进行因子分析。

表 4-12 对外开放程度 KMO 和巴特利特检验

KMO 取样切性量数		0.580
巴特利特球形度检验	近似卡方	38.183
	自由度	6
	显著性	0.000

表 4-13 反映了特征值和相对应因子的贡献率，表明提取的公因子可以解释全部样本信息的 90% 以上。因此，本文将用这两个公因子替代原来的 4 个变量，对各城市的对外开放程度进行评价。

表 4-13 对外开放程度解释总方差

Component	Initial Eigenvalues			Extraction Sums of Squared Loadings	
	Total	% of Variance	Cumulative %	Total	% of Variance
1	2.575	64.385	64.385	2.575	64.385
2	1.061	26.519	90.904	1.061	26.519
3	3.50	8.749	99.653		
4	0.14	0.347	100.000		

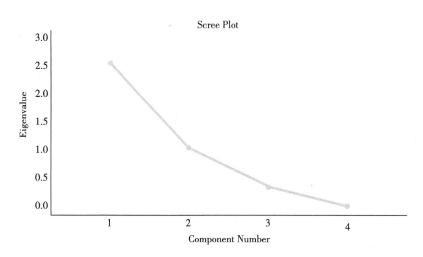

图 4-20 对外开放程度公因子碎石图

图 4-20 是对外开放程度的公因子碎石图，我们可以明显看到特征值大于 1 的公因子图形趋势斜线下降，从第 3 个公因子的特征值开始数值都变得很小，几乎趋近 0，并且图形缓慢下落到平稳。这表示选取特征值大于 1 的公因子来解释变量是合理的。

表 4-14　对外开放程度旋转成分矩阵

	Component	
	1	2
进出口总额	0.971	−0.102
外贸依存度	0.871	0.018
实际利用外资额	0.913	0.308
外资依存度	0.043	0.997

表 4-14 是对成分矩阵进行最大正交旋转后在最大方差法下得到的，该方法具有更明确的解释能力。从表 4-14 中可以看出，对外开放程度中第 1 个公共因子主要反映的是进出口总额、外贸依存度及实际利用外资额。第 2 个公共因子主要反映的是外资依存度。所以，我们可以在对外开放程度的指标评价下，将影响各区域金融中心竞争力的因素大致分为两类：利用外资能力和外贸能力。

表 4-15　对外开放程度成分得分系数矩阵

	Component	
	1	2
进出口总额	0.400	-0.181
外贸依存度	0.349	-0.060
实际利用外资额	0.340	0.205
外资依存度	-0.071	0.922

根据表 4-15 我们可以得到各区域金融中心在综合经济实力指标下的因子得分函数:

$$F_1 = 0.400 \times X_9 + 0.349 \times X_{10} + 0.340 \times X_{11} - 0.071 \times X_{12} \quad (4-13)$$

$$F_2 = -0.181 \times X_9 - 0.060 \times X_{10} + 0.205 \times X_{11} + 0.922 \times X_{12} \quad (4-14)$$

根据两个因子的因子方差贡献率 64.385%、26.519% 得出评价各区域金融中心的得分模型如下:

$$F = 0.64395F_1 + 0.26519F_2 \quad (4-15)$$

其中, F 为综合得分, $F_i(i = 1, 2, 3)$ 为各因子得分。

第三,金融资产规模因子分析。分别将收集到的 12 个市的金融资产规模指标数据通过 SPSS22.0 进行因子分析,我们得到了公因子方差表。由表 4-16 可知,所有的具体指标的公因子的方差都在 90% 以上,说明该公因子的解释能力比较强。

表 4-16　金融资产规模公因子方差

	Initial	Extraction
金融机构存款余额	1.000	1.000
金融机构贷款余额	1.000	0.997
股票流通市值	1.000	1.000
保费收入	1.000	0.996

使用 KMO 和巴特利特对因子分析法适用性进行检验(见表 4-17)。样本 KMO 检验值为 0.622,大于阈值 0.5 且接近于 1,代表可用因子分

析。Bartlett 球形度检验中 sig 值为 0.000, 小于 0.05 且接近于 0, 通过了 5%水平上的显著性检验, 说明所选指标之间存在较强的相关性, 并可能存在协同效应, 适合进行因子分析。

表 4-17　金融资产规模 KMO 和巴特利特检验

KMO 取样适切性量数		0.622
巴特利特球形度检验	近似卡方	119.290
	自由度	6
	显著性	0.000

表 4-18 反映了特征值和相对应因子的贡献率, 表明提取的公因子可以解释全部样本信息的90%以上。因此, 本文将用这两个公因子替代原来的 4 个变量, 对各城市的金融资产规模进行评价。

表 4-18　金融资产规模解释总方差

Component	Initial Eigenvalues			Extraction Sums of Squared Loadings	
	Total	% of Variance	Cumulative %	Total	% of Variance
1	3.904	97.609	97.609	3.904	97.609
2	0.088	2.191	99.800	0.088	2.191
3	0.007	0.187	99.987		
4	0.001	0.013	100.000		

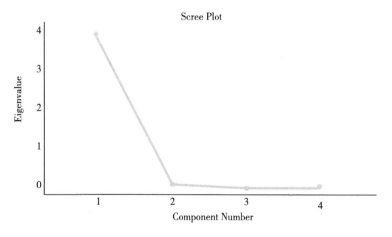

图 4-21　金融资产规模公因子碎石图

图 4-21 是金融资产规模的公因子碎石图，我们可以明显看到，特征值大于 1 的公因子图形趋势几乎垂直下落，从第 3 个公因子的特征值开始数值都变得很小，几乎趋近 0，并且图形缓慢下落到平稳。这表示选取特征值大于 1 的公因子来解释变量是合理的。

表 4-19　金融资产规模旋转成分矩阵

	Component	
	1	2
金融机构存款余额	0.824	0.567
金融机构贷款余额	0.826	0.562
股票流通市值	0.572	0.820
保费收入	0.783	0.618

表 4-19 是对成分矩阵进行最大正交旋转后在最大方差法下得到的，该方法具有更明确的解释能力。从表 4-19 中可以看出，金融资产规模中第 1 个公共因子主要反映的是金融机构贷存款余额和保费收入。第 2 个公共因子主要反映的是股票流通市值和保费收入。所以，我们可以在金融资产规模的指标评价下，影响各区域金融中心竞争力的因素为资金流通能力。

表 4-20　金融资产规模成分得分系数矩阵

	Component	
	1	2
金融机构存款余额	0.950	-0.722
金融机构贷款余额	0.989	-0.770
股票流通市值	-1.686	2.363
保费收入	0.467	-0.155

根据表 4-20 我们可以得到各区域金融中心在综合经济实力指标下的因子得分函数：

$$F_1 = 0.950 \times X_{13} + 0.989 \times X_{14} - 1.686 \times X_{15} + 0.467 \times X_{16} \quad (4\text{-}16)$$

$$F_2 = -0.722 \times X_{13} - 0.770 \times X_{14} + 2.363 \times X_{15} - 0.155 \times X_{16}$$

$$(4\text{-}17)$$

根据两个因子的因子方差贡献率97.609%、2.191%得出评价各区域金融中心的得分模型如下：

$$F = 0.97609F_1 + 0.02191F_2 \qquad (4\text{-}18)$$

其中，F 为综合得分，$F_i(i = 1, 2, 3)$ 为各因子得分。

第四，金融配置效率因子分析。分别将收集到的 12 个市的金融配置效率指标数据通过 SPSS22.0 进行因子分析，我们得到了公因子方差。由表 4-21 可知所有的具体指标的公因子的方差几乎都在 80%以上，说明该公因子的解释能力比较强。

表 4-21　金融配置效率公因子方差

	Initial	Extraction
金融相关率	1.000	0.875
保险密度	1.000	0.760
保险深度	1.000	0.812
股票流通市值与贷款余额比	1.000	0.930

使用 KMO 和巴特利特对因子分析法适用性进行检验（见表 4-22）。样本 KMO 检验值为 0.604，大于阈值 0.5 且接近于 1，代表可用因子分析。Bartlett 球形度检验中 sig 值为 0.040，小于 0.05 且接近于 0，通过了 5%水平上的显著性检验，说明所选指标之间存在较强的相关性，并可能存在协同效应，适合进行因子分析。

表 4-22　金融配置效率 KMO 和巴特利特检验

KMO 取样适切性量数		0.604
巴特利特球形度检验	近似卡方	13.203
	自由度	6
	显著性	0.040

表 4-23 反映了特征值和相对应因子的贡献率，表明提取的公因子可以解释全部样本信息的 80%以上。因此，本文将用这两个公因子替代原来的两个变量，对各城市的金融配置效率进行评价。

表 4-23　金融配置效率解释总方差

Component	Initial Eigenvalues			Extraction Sums of Squared Loadings	
	Total	% of Variance	Cumulative %	Total	% of Variance
1	2.362	59.054	59.054	2.362	59.054
2	1.016	25.403	84.457	1.016	25.403
3	0.367	9.180	93.637		
4	0.255	6.363	100.000		

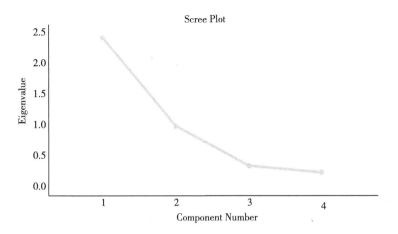

图 4-22　金融配置效率公因子碎石图

　　图 4-22 是金融配置效率的公因子碎石图，我们可以明显看到特征值大于 1 的公因子图形趋势变化强烈，从第 3 个公因子的特征值开始数值都变得很小，几乎趋近 0，并且图形缓慢下落到平稳。这表示选取特征值大于 1 的公因子来解释变量是合理的。

表 4-24　金融配置效率旋转成分矩阵

	Component	
	1	2
金融相关率	0.933	-0.071
保险密度	0.803	0.339
保险深度	0.626	0.648
股票流通市值与贷款余额比	0.025	0.964

表4-24是对成分矩阵进行最大正交旋转后在最大方差法下得到的，该方法具有更明确的解释能力。从表4-24中可以看出，金融配置效率中第1个公共因子主要反映的是金融相关率、保险密度与保险深度。第2个公共因子主要反映的是保险深度及股票流通市值与贷款余额比。所以，我们可以在金融配置效率的指标评价下，将影响各区域金融中心竞争力的因素大致分为两类：保险拓展能力和金融市场流通能力。

表4-25　金融配置效率成分得分系数矩阵

	Component	
	1	2
金融相关率	0.590	-0.304
保险密度	0.402	0.057
保险深度	0.212	0.349
股票流通市值与贷款余额比	-0.240	0.760

根据表4-25我们可以得到各区域金融中心在综合经济实力指标下的因子得分函数：

$$F_1 = 0.590 \times X_{17} + 0.402 \times X_{18} + 0.212 \times X_{19} - 0.240 \times X_{20}$$

$$(4-19)$$

$$F_2 = -0.304 \times X_{17} + 0.057 \times X_{18} + 0.349 \times X_{19} + 0.760 \times X_{20}$$

$$(4-20)$$

根据两个因子的因子方差贡献率59.054%、25.403%得出评价各区域金融中心的得分模型如下：

$$F = 0.59054F_1 + 0.25403F_2 \qquad (4-21)$$

其中，F为综合得分，$F_i (i = 1, 2, 3)$为各因子得分。

第五，城市基础支持因子分析。分别将收集到的12个市的城市基础支持指标数据通过SPSS22.0进行因子分析，我们得到了公因子方差表。由表4-26可知，所有的具体指标的公因子的方差都在90%以上，说明该公因子的解释能力比较强。

表 4-26　城市基础支持公因子方差

	Initial	Extraction
邮电业务总量	1.000	0.988
移动电话用户数	1.000	0.991
计算机互联网数	1.000	1.000

使用 KMO 和巴特利特对因子分析法适用性进行检验（见表 4-27）。样本 KMO 检验值为 0.790，基本大于阈值 0.5 且接近于 1，代表可用因子分析。Bartlett 球形度检验中 sig 值为 0.000，小于 0.05 且接近于 0，通过了 5% 水平上的显著性检验，说明所选指标之间存在较强的相关性，并可能存在协同效应，适合进行因子分析。

表 4-27　城市基础支持 KMO 和巴特利特检验

KMO 取样适切性量数		0.790
巴特利特球形度检验	近似卡方	56.152
	自由度	3
	显著性	0.000

表 4-28 反映了特征值和相对应因子的贡献率，表明提取的公因子可以解释全部样本信息的 90% 以上。因此，本文将用这两个公因子替代原来的 3 个变量，对各城市的城市基础支持进行评价。

表 4-28　城市基础支持解释总方差

Component	Initial Eigenvalues			Extraction Sums of Squared Loadings	
	Total	% of Variance	Cumulative %	Total	% of Variance
1	2.944	98.137	98.137	2.944	98.137
2	0.034	1.138	99.275	0.034	1.138
3	0.022	0.725	100.000		

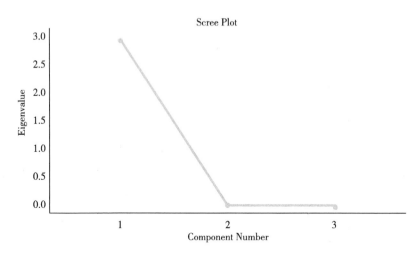

图4-23　城市基础支持公因子碎石图

图4-23是城市基础支持的公因子碎石图，我们可以明显看到，特征值大于1的公因子图形趋势变化强烈，从第2个公因子的特征值开始数值缓慢变小，最后几乎趋近0，并且图形极速下落到平缓。这表示选取特征值大于1的公因子来解释变量是合理的。

表4-29　城市基础支持旋转成分矩阵

	Component	
	1	2
邮电业务总量	0.767	0.632
移动电话用户数	0.787	0.610
计算机互联网数	0.621	0.783

表4-29是对成分矩阵进行最大正交旋转后在最大方差法下得到的，该方法具有更明确的解释能力。从表4-29中可以看出，城市基础支持中的两个公共因子都反映了邮电业务总量、移动电话用户数与计算机互联网数。所以，我们可以在城市基础支持的指标评价下，影响各区域金融中心竞争力的因素为网络资源利用能力。

表4-30 城市基础支持成分得分系数矩阵

	Component	
	1	2
邮电业务总量	1.441	−1.053
移动电话用户数	2.037	−1.694
计算机互联网数	−2.749	3.445

根据表4-30我们可以得到各区域金融中心在综合经济实力指标下的因子得分函数：

$$F_1 = 1.441 \times X_{28} + 2.037 \times X_{29} - 2.749 \times X_{30} \quad (4-22)$$

$$F_2 = -1.053 \times X_{28} - 1.694 \times X_{29} + 3.445 \times X_{30} \quad (4-23)$$

根据两个因子的因子方差贡献率98.137%、1.138%得出评价各区域金融中心的得分模型如下：

$$F = 0.98137F_1 + 0.1138F_2 \quad (4-24)$$

其中，F为综合得分，F_i（$i=1, 2, 3$）为各因子得分。

第六，一级指标综合得分。将6个一级指标的得分结果数据进行因子分析。首先得到了公因子方差表。由表4-31可知所有的具体指标的公因子的方差几乎都在90%以上，说明该公因子的解释能力比较强。

表4-31 金融中心竞争力公因子方差

	Initial	Extraction
综合经济实力	1.000	0.824
对外开放程度	1.000	0.721
金融资产规模	1.000	0.977
金融配置比效率	1.000	0.897
金融监管环境	1.000	0.975
城市基础支持	1.000	0.945

使用KMO和巴特利特对因子分析法适用性进行检验（见表4-32）。样本KMO检验值为0.725，基本大于阈值0.5且接近于1，代表可用因子分析。Bartlett球形度检验中sig值为0.000，小于0.05且接近于0，通过

了 5%水平上的显著性检验，说明所选指标之间存在较强的相关性，并可能存在协同效应，适合进行因子分析。

表 4-32　金融中心竞争力 KMO 和巴特利特检验

KMO 取样适切性量数		0.725
巴特利特球形度检验	近似卡方	80.007
	自由度	15.00
	显著性	0.000

表 4-33 反映了特征值和相对应因子的贡献率，表明提取的公因子可以解释全部样本信息的90%以上。因此，本文将用这两个公因子替代原来的 3 个变量，对各城市的城市基础支持进行评价。

表 4-33　金融中心竞争力解释总方差

Component	Initial Eigenvalues			Extraction Sums of Squared Loadings	
	Total	% of Variance	Cumulative %	Total	% of Variance
1	4.403	73.382	73.382	4.403	73.382
2	0.937	15.622	89.004	0.937	15.622
3	0.478	7.969	96.973		
4	0.134	2.228	99.201		
5	0.043	0.717	99.918		
6	0.005	0.082	100.00		

图 4-24 是金融中心竞争力的公因子碎石图，我们可以明显看到，特征值大于 1 的公因子图形趋势变化强烈，从第 2 个公因子的特征值开始数值缓慢变小，最后几乎趋近 0，并且图形迅速下落到平缓。这表示选取特征值大于 1 的公因子来解释变量是合理的。

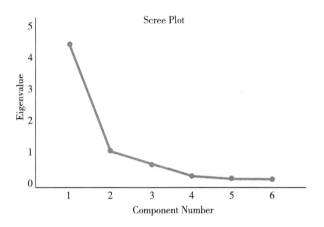

图 4-24　金融中心竞争力公因子碎石图

表 4-34　金融中心竞争力旋转成分矩阵

	Component	
	1	2
综合经济实力	0.906	−0.063
对外开放程度	0.658	0.537
金融资产规模	0.909	0.387
金融配置效率	0.106	0.941
金融监管环境	0.962	0.222
城市基础支持	0.911	0.341

　　表 4-34 是对成分矩阵进行最大正交旋转后在最大方差法下得到的，该方法具有更明确的解释能力。从表 4-34 中可以看出，一级指标中第 1 个公共因子主要反映的是综合经济实力、对外开放程度、金融资产规模、金融监管环境和城市基础支持。第 2 个公共因子主要反映的是金融配置效率。所以，我们可以在全部一级指标的评价下，将影响各区域金融中心竞争力的因素大致分为两类：资源配置竞争能力和提供金融资源能力。

第 4 章　武汉区域金融中心建设的实证分析

表 4-35　金融中心竞争力成分得分系数矩阵

	Component	
	1	2
综合经济实力	0.347	-0.338
对外开放程度	0.073	0.298
金融资产规模	0.210	0.081
金融配置效率	-0.252	0.844
金融监管环境	0.280	-0.090
城市基础支持	0.224	0.037

根据表 4-35 我们可以得到各区域金融中心在综合经济实力指标下的因子得分函数：

$$F_1 = 0.347 \times X_1 + 0.073 \times X_2 + 0.210 \times X_3 - 0.252 \times X_4 +$$
$$0.280 \times X_5 + 0.224 \times X_6 \tag{4-25}$$

$$F_2 = -0.338 \times X_1 + 2.298 \times X_2 + 0.081 \times X_3 + 0.844 \times X_4 - 0.090 \times$$
$$X_5 + 0.037 \times X_6 \tag{4-26}$$

根据两个因子的因子方差贡献率 73.382%、15.622% 得出评价各区域金融中心的得分模型如下：

$$F = 0.73382 + 0.15622 F_2 \tag{4-27}$$

其中，F 为综合得分，F_i（$i=1$，2，3）为各因子得分。

根据各一级指标数据及因子分析的结果即综合得分模型，可以得到各区域金融中心各一级指标的得分情况并进行排名。由于金融监管环境的数据为 0、0.5 或 1，不能用上述同样的方法对各区域金融中心的金融监管环境进行因子分析，因此，直接对金融监管环境各项指标得分取平均值并进行排名。最后，将各单项得分数据进行平均化，得出综合分数和排名，如表 4-36、表 4-37 所示。

表4-36 区域金融中心一级指标竞争力得分情况

	综合经济实力	对外开放程度	金融资产规模	金融配置效率	金融监管环境	城市基础支持	综合得分
武 汉	2.50	1.58	3.04	1.22	1	2.98	2.35
黄 石	-0.39	0.44	-0.15	0.86	0.64	-0.48	-0.29
十 堰	-0.30	-0.24	-0.38	-0.12	0.64	-0.28	-0.28
宜 昌	0.05	-0.04	-0.02	0.01	0.64	-0.23	-0.17
襄 阳	0.56	1.15	-0.07	0.02	0.64	0.04	0.05
鄂 州	-0.40	-0.47	-0.52	-0.55	0.64	-0.63	-0.38
荆 门	-0.31	-0.51	-0.34	0.09	0.64	-0.33	-0.26
孝 感	-0.08	-0.21	-0.37	-0.31	0.64	-0.29	-0.25
荆 州	0.01	-0.37	0.08	0.65	0.64	-0.10	-0.18
黄 冈	-0.26	0.32	-0.30	-0.16	0.64	0.01	-0.21
咸 宁	-0.47	-0.37	-0.46	-0.88	0.64	-0.35	-0.32
随 州	-0.58	-0.53	-0.49	-0.81	0.64	-0.79	-0.35

表4-37 区域金融中心一级指标竞争力得分排名

	综合经济实力	对外开放程度	金融资产规模	金融配置效率	金融监管环境	城市基础支持	综合排名
武 汉	1	1	1	1	1	1	1
荆 州	4	4	2	3	2	4	4
襄 阳	2	2	4	5	2	2	2
宜 昌	3	5	3	6	2	5	3
荆 门	8	11	7	4	2	8	7
十 堰	7	7	9	7	2	6	8
黄 石	9	3	5	2	2	10	9
孝 感	5	6	8	9	2	7	6
黄 冈	6	9	6	8	2	3	5
咸 宁	11	8	10	12	2	9	10
鄂 州	10	10	12	10	2	11	12
随 州	12	12	11	11	2	12	11

从各区域金融中心得分情况上来看，武汉市在各方面的得分都是遥遥领先的，这也说明了武汉市在湖北省金融发展中所处的重要地位。

在综合经济实力方面，武汉（2.50）、襄阳（0.56）、宜昌（0.05）、荆州（0.10）的得分均为正值，为第一梯队；孝感（-0.08）的得分虽为负值但分值较大，列为第二梯队；黄冈（-0.26）、十堰（-0.30）、荆门（-0.31）、黄石（-0.39）、鄂州（-0.40）、咸宁（-0.47）、随州（-0.58）则处于相对劣势。襄阳、宜昌、荆州在人均GDP、GDP实际增速、财政收入、第三产业增加值、固定资产投资额中所占领的优势使它们跻身综合经济实力竞争力处于第一梯队。

在对外开放程度方面，武汉（1.58）、襄阳（1.15）、黄石（0.44）的得分均为正值，为第一梯队；宜昌（-0.04）的得分虽为负值但分值较大，属于第二梯队；孝感（-0.21）、十堰（-0.24）、荆州（-0.37）、黄冈（-0.32）、咸宁（-0.37）、随州（-0.43）、鄂州（-0.47）、荆门（-0.51）处于第三梯队。湖北省的各城市除武汉为湖北省省会城市且地理位置优越，九省通衢，对外开放程度高，其他城市的对外开放程度有待提高。

在金融资产规模方面，仅有武汉（3.04）和荆州（0.08）得分为正，排在第一梯队；宜昌（-0.02）、襄阳（-0.07）、黄石（-0.15）列为第二梯队；黄冈（-0.30）、荆门（-0.34）、孝感（-0.37）、十堰（-0.38）、鄂州（-0.55）、随州（-0.81）、咸宁（-0.88）排在第三梯队。虽然荆州的综合经济实力及对外开放程度不在第一梯队，但在金融资产规模方面的竞争力一马当先（除武汉外），这说明荆州的金融业基础非常稳固，有助于金融业的进一步发展。

在金融配置效率方面，武汉（1.22）、黄石（0.86）、荆州（0.65）属于前三位列第一梯队，荆门（0.09）、襄阳（0.02）、宜昌（0.01）位列第二梯队，十堰（-0.18）、黄冈（-0.33）、孝感（-0.47）、鄂州（-0.53）、随州（-0.54）、咸宁（-0.89）排第三梯队。荆州不仅在金融资产规模方面（除武汉外）遥遥领先，在金融配置效率方面竞争力的绝对优势也是不可忽视的。而经济实力较为发达（GDP总量高）的黄冈和孝感在金融业的配置效率方面则处于劣势，实在是可惜。

在金融监管环境方面，武汉（1.00）排名第一，具有优秀的金融监管能力；襄阳、宜昌、荆州、孝感、黄冈、十堰、随州、黄石、荆门、咸宁及鄂州得分均为0.64，具有良好的金融监管能力，其金融监管能力相较武汉金融中心而言较弱。

在城市基础支持方面，武汉（2.98）、襄阳（0.04）、黄冈（0.01）为前三名位列第一梯队；荆州（-0.10）位列第二梯队；宜昌（-0.23）、十堰（-0.28）、孝感（-0.29）、荆门（-0.33）、咸宁（-0.35）为第三梯队，黄石（-0.48）、鄂州（-0.63）、随州（-0.79）排名最后。

综合排名情况为武汉（2.35）、襄阳（0.05）、宜昌（-0.17）、荆州（-0.18）、黄冈（-0.21）、孝感（-0.25）、荆门（-0.26）、十堰（-0.28）、黄石（-0.29）、咸宁（-0.32）、随州（-0.35）、鄂州（-0.38）。从综合排名我们可以看出，武汉的区域金融中心竞争力处于绝对领先的地位，位于第一梯队。与此同时，襄阳、宜昌、荆州不论是综合得分，还是在其他多个方面均具有强有力的竞争力，位于第二梯队。其中，襄阳的区域金融中心竞争力不可忽视，其金融资产规模和城市基础支持的支撑作用和金融配置效率的强化作用使襄阳的区域金融中心的竞争力远远超出其他除武汉外的区域金融中心，未来可期。宜昌、荆州的区域金融中心竞争力得分仅相差0.01分，且各一级指标得分也多排在第一梯队，虽然目前综合得分为负，但未来的发展也有很大的上升空间。此外，咸宁、随州和鄂州的区域金融中心竞争力与其他区域金融中心相比而言较弱，需要进一步提升自身的竞争力。

4.3.3 层次聚类法对区域金融中心进行分类

在上述因子分析的基础上，可以将各区域金融中心的各项竞争力得分及综合得分作为变量进行聚类来划分区域金融中心的竞争力等级。本文采用系统聚类（CLUSTER），运用类平均法（Average-linkage），选择平方Euclidean距离，最终得到聚类谱系图，从而将12个区域金融中心分类，见图4-25和表4-38。

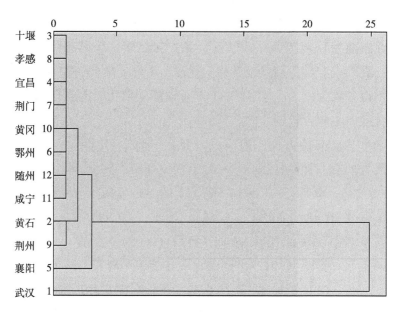

图4-25 湖北省区域金融中心聚类谱系

由图4-25可知，若分为两类，则武汉为单独的一类，其他所有的区域金融中心为一类；如果分为三类，武汉为第一类，襄阳为第二类，其余为第三类。如果分为四类，武汉为第一类，襄阳为第二类，荆州和黄石为第三类，其他区域金融中心为第四类。

通过考虑到前文所得到的区域金融中心竞争力的结果以及各区域金融中心的实际情况，可以发现，从各区域金融中心得分情况上来看，武汉市在湖北省内各方面的得分都是遥遥领先的，这说明了武汉市在湖北省内金融发展所处的重要地位。同时，武汉市对湖北省内其他地区也起到了辐射带动作用。我们最后可以得到湖北省内区域金融中心的层级分类表。

表4-38 区域金融中心层级分类

第一层级	第二层级	第三层级
武汉	襄阳、荆州、宜昌	黄冈、孝感、黄石、荆门、随州、鄂州、咸宁、十堰

从表4-38中我们可以看出，这12各区域金融中心可分为三个不同的层级，武汉为第一层级，襄阳、荆州、宜昌为第二层级，黄冈、孝感、黄

石、荆门、随州、鄂州、咸宁、十堰为第三层级。不论是从区域金融中心的竞争力结果还是层次聚类分析的结果来看，武汉都是遥遥领先的，襄阳、荆州、宜昌在竞争力的竞争中排名也印证了其在层级中的重要地位。通过对区域金融中心不同层级的分类，相关部门可以根据该结果制定不同的政策，从而促进各个区域金融中心的协调发展。

4.3.4 武汉区域金融中心空间辐射力分析

（1）断裂点理论模型

康弗斯在"零售引力规律"的基础上提出断裂点概念，并给出计算方法。该理论将相邻两个城市间的吸引力达到平衡的点定义为断裂点，计算公式为：

$$\begin{cases} d_i = \dfrac{D_{ij}}{1 + \sqrt{p_j/p_i}} \\[3mm] d_j = \dfrac{D_{ij}}{1 + \sqrt{p_i/p_j}} \end{cases} \tag{4-28}$$

其中，d_i、d_j 分别为断裂点到两城市的距离；D_{ij} 为两城市距离；p_j 与 p_i 代表城市人口。在本文中，将 5 项一级指标的得分与城市人口这一指标进行替换，以观察武汉这一中心城市在上述方面与其他城市之间断裂点位置，进而将这些断裂点连接以观察武汉这一中心城市辐射范围大小。中心城市距断裂点距离越大，辐射强度就越强；反之辐射强度就越小。

但有一点需要考虑到，综合评价中因子得分可能为负数，本文采用的方法是将"因子得分"进行变换，以此来进行相应计算，采用如下的正则规范化变换公式，即：

$$Rf_{ki} = 1 + \frac{f_{ki} - \min(f_{ki})}{\max(f_{ki}) - \min(f_{ki})} \tag{4-29}$$

其中，f_{ki} 为第 i 个城市在 k 个因子上的得分，$\min(f_{ki})$ 和 $\max(f_{ki})$ 分别表示在第 k 个因子上城市得分最小值和最大值。因此改进的公式为：

$$\begin{cases} d_i = \dfrac{D_{ij}}{1 + \sqrt{Rf_{kj}/Rf_{ki}}} \\[4mm] d_j = \dfrac{D_{ij}}{1 + \sqrt{Rf_{ki}/Rf_{kj}}} \end{cases} \qquad (4\text{-}30)$$

其中，d_i、d_j 分别为断裂点到两城市的旺离；D_{ij} 为两城市距离；Rf_{ki} 和 Rf_{kj} 分别代表城市 i 和城市 j 第 k 个因子得分正则规范化值。

（2）城市辐射强度测算

本节分析湖北省城市的区域金融中心辐射效用，主要是集中在综合经济实力、对外开放程度、金融资产规模、金融配置效率、金融监管环境与城市基础支持方面的辐射效应。

第一，综合经济实力强度测算，如表4-39所示。

表4-39　各个城市的"综合经济实力"强度

城　市	综合经济实力强度	排名
武　汉	2.000	1
黄　石	1.062	9
十　堰	1.091	7
宜　昌	1.205	3
襄　阳	1.370	2
鄂　州	1.058	10
荆　门	1.087	8
孝　感	1.162	5
荆　州	1.192	4
黄　冈	1.103	6
咸　宁	1.036	11
随　州	1.000	12

从综合经济实力强度表中可以看出，基于地区 GDP、人均 GDP、实际增速与财政收入等指标的基础上，湖北省 12 个地市中武汉排在第 1 并且从强度得分看，武汉市远远超过省内其他城市，拥有较强的金融辐射实

力。处于前 5 位的其余城市分别是宜昌、襄阳、荆州、孝感和黄冈。鄂州和黄石地理位置上看离武汉相对较近，襄阳和宜昌处于第 2 和第 3，湖北省现以宜昌和襄阳为中心打造的"鄂西生态文化旅游圈"正健康发展。综合经济实力强度处于后 5 位的城市分别是随州市、咸宁市、鄂州市、黄石市和荆门市，其辐射能力不足，无法以此为中心促进区域金融发展。

第二，对外开放程度强度测算，如表 4-40 所示。

表 4-40　各个城市的"对外开放程度"强度

城　市	对外开放程度强度	排名
武　汉	2.000	1
黄　石	1.460	3
十　堰	1.137	7
宜　昌	1.232	5
襄　阳	1.796	2
鄂　州	1.028	9
荆　门	1.009	11
孝　感	1.152	6
荆　州	1.076	9
黄　冈	1.403	4
咸　宁	1.076	8
随　州	1.000	10

从对外开放程度强度表中可以看出，基于进出口总额、外贸依存度、实际利用外资额与外资依存度等指标的基础上，湖北省 12 个地市中武汉排在第 1 并且从强度得分看，武汉市远远超过省内其他城市，外界交流与贸易情况良好。除此之外，处于前 5 位的其余城市分别是宜昌、襄阳、黄石、孝感。处于后 5 位的城市分别是随州市、咸宁市、鄂州市、荆州市和荆门市，综合经济实力强度落后的黄石市在此指标下排名第 3，表明其国际贸易能力逐渐加强，金融指标逐渐乐观。

第三，金融资产规模强度测算，如表 4-41 所示。

表4-41 各个城市的"金融资产规模"强度

城　市	金融资产规模强度	排名
武　汉	2.000	1
黄　石	1.096	5
十　堰	1.031	9
宜　昌	1.139	3
襄　阳	1.119	4
鄂　州	-0.992	12
荆　门	1.042	7
孝　感	1.034	8
荆　州	1.161	2
黄　冈	1.054	6
咸　宁	1.008	10
随　州	1.000	11

从金融资产规模强度表中可以看出，基于金融机构贷存款余额、股流通市值与保费收入等指标的基础上，湖北省12个地市中武汉排在第1位并且从强度得分看，武汉市远远超过省内其他城市，证券业、银行业与保险业突出，拓宽了金融辐射范围与深度。除此之外，处于前5位的其余城市分别是荆州、宜昌、襄阳、黄石、黄冈。黄石市金融资产规模强度排名第5，对武汉金融辐射圈起到了重要作用。处于后5位的城市分别是孝感、十堰、鄂州、随州和咸宁。武汉市金融市场流通快速，为金融集聚联合区，按照其金融资源利用能力，形成金融辐射圈的良性发展。

第四，金融配置效率强度测算，如表4-42所示。

表4-42 各个城市的"金融配置效率"强度

城　市	金融配置效率强度	排名
武　汉	2.000	1
黄　石	1.829	2
十　堰	1.362	7

城　市	金融配置效率强度	排名
宜　昌	1.424	6
襄　阳	1.428	5
鄂　州	1.157	10
荆　门	1.462	4
孝　感	1.271	9
荆　州	1.729	3
黄　冈	1.343	8
咸　宁	1.000	12
随　州	1.033	11

从金融配置效率强度表中可以看出，基于金融机构贷存款余额、股流通市值与保费收入等指标的基础上，湖北省12个地市中武汉排在第1并且从强度得分看，武汉市远远超过省内其他城市，证券业、银行业与保险业突出，拓宽了金融辐射范围与深度。除此之外处于前5位的其余城市分别是荆州、宜昌、襄阳、黄石、黄冈。黄石市金融资产规模强度排名第5，对武汉金融辐射圈起到了重要作用。处于后5位的城市分别是孝感、十堰、鄂州、随州和咸宁。武汉市金融市场流通快速，为金融集聚联合区，按照其金融资源利用能力，形成金融辐射圈的良性发展。

第五，金融监管环境强度测算，如表4-43所示。

表4-43　各个城市的"金融监管环境"强度

城　市	金融监管环境强度	排名
武　汉	2.000	1
黄　石	1.000	2
十　堰	1.000	2
宜　昌	1.000	2
襄　阳	1.000	2
鄂　州	1.000	2
荆　门	1.000	2

续表

城　市	金融监管环境强度	排名
孝　感	1.000	2
荆　州	1.000	2
黄　冈	1.000	2
咸　宁	1.000	2
随　州	1.000	2

从金融监管环境强度表中可以看出，基于是否是银保监局、证监局、地方金融工作局与各项金融政策等指标的基础上，湖北省 12 个地市中武汉排在第 1，省内其他城市得分一致。金融监管以武汉市为主，其余市为辅，大小城市进行协作发展。通过武汉市向其他地区提供金融资源，以自身较强的辐射能力与潜力带动区域金融圈发展。

第六，城市基础支持强度测算，如表 4-44 所示。

表 4-44　各个城市的"城市基础支持"强度

城　市	城市基础支持强度	排名
武　汉	2.000	1
黄　石	1.133	7
十　堰	1.082	10
宜　昌	1.149	5
襄　阳	1.220	2
鄂　州	1.042	11
荆　门	1.122	8
孝　感	1.133	6
荆　州	1.183	4
黄　冈	1.212	3
咸　宁	1.117	9
随　州	1.000	12

从城市支持基础强度表中可以看出，基于邮电业务总量、移动电话用

户与计算机互联网数等指标的基础上，湖北省12个地市中武汉排在第1并且从强度得分看，武汉市远远超过省内其他城市。除此之外，处于前5位的其余城市分别是荆州、宜昌、襄阳、黄石、孝感。处于后5位的城市分别是荆门、十堰、鄂州、随州和咸宁。武汉市基础设置完备，作为区域金融圈的中心城市，其规模也最大。其他地区的金融基础设施应尽快健全，为武汉市金融辐射奠定基础，促进协同发展。

第七，综合强度测算，如表4-45所示。

表4-45　各个城市的综合强度

城　市	综合强度	排名
武　汉	2.000	1
黄　石	1.033	9
十　堰	1.037	8
宜　昌	1.077	3
襄　阳	1.157	2
鄂　州	1.000	12
荆　门	1.044	7
孝　感	1.047	6
荆　州	1.073	4
黄　冈	1.062	5
咸　宁	1.022	10
随　州	1.011	11

从综合强度表中可以看出，基于综合经济实力、对外开放程度、金融资产规模、金融配置效率、金融监管环境与城市基础支持指标的基础上，从综合强度得分来看，武汉市在湖北省所有地级市中排名第一且遥遥领先，可见金融发展速度与潜力巨大。综合排名顺序依次为武汉、襄阳、宜昌、荆州、黄冈、孝感、荆门、十堰、黄石、咸宁、随州与鄂州。从得分来看，襄阳略微大于宜昌并在地级市中排名第2。由于宜昌和襄阳地区之间距离较短，皆与武汉市不相邻且距离较远，处在湖北省的西部，所以省区域金融中心将两市融合发展。黄冈市面积在湖北省地级市中处于第

5，而武汉市面积在湖北省地级市中排名第1，是中部地区6个省份中的特大城市。武汉市占据省内发展重心地带经济增长迅速，与周边发展缓慢的地级市产生了较大的经济差距。十堰、黄石、咸宁、随州与鄂州位于12个地级市综合强度排名中后5位，金融弱势明显，其金融方面亟待发展。武汉、襄阳、荆州和宜昌的经济发展状况与金融发展水平，决定了湖北省地级市金融聚集程度高低，特别要体现以武汉市为主、其他城市为次的层级金融辐射关系。

（3）武汉对各地级市金融辐射强度分析

根据前文的相关公式计算出以武汉为中心对各地级市在6个一级指标上的断裂点位置，如表4-46至表4-52所示。以各个一级指标的辐射强度表示中心城市武汉到城市圈内各地级市断裂点之间的距离，该距离越大说明中心城市对相应地级市的辐射效应程度越高。

表4-46　综合经济实力下各个断裂点到武汉的距离

中心城市	城市圈	综合经济实力强度
	黄　石	46.83
	十　堰	171.91
	宜　昌	261.3
	襄　阳	182.12
	鄂　州	39.59
武　汉	荆　门	105.37
	孝　感	34.46
	荆　州	117.46
	黄　冈	42.78
	咸　宁	72.22
	随　州	86.00

表 4-47　对外开放程度下各个断裂点到武汉的距离

中心城市	城市圈	对外开放程度强度
武　汉	黄　石	64.16
	十　堰	210.4
	宜　昌	262.96
	襄　阳	220.27
	鄂　州	39.39
	荆　门	103.25
	孝　感	34.37
	荆　州	233.68
	黄　冈	46.89
	咸　宁	141.05
	随　州	71.66

表 4-48　金融资产规模下各个断裂点到武汉的距离

中心城市	城市圈	金融资产规模强度
武　汉	黄　石	56.9
	十　堰	108.24
	宜　昌	257.29
	襄　阳	168.91
	鄂　州	32.5
	荆　门	86.55
	孝　感	47.82
	荆　州	169.46
	黄　冈	60.58
	咸　宁	102.14
	随　州	71.66

表 4-49　金融配置效率下各个断裂点到武汉的距离

中心城市	城市圈	金融配置效率强度
武　汉	黄　石	53. 03
	十　堰	164. 22
	宜　昌	226. 6
	襄　阳	149. 51
	鄂　州	33. 91
	荆　门	95. 37
	孝　感	29. 33
	荆　州	107. 24
	黄　冈	37. 55
	咸　宁	59. 58
	随　州	72. 26

表 4-50　金融监管环境下各个断裂点到武汉的距离

中心城市	城市圈	金融监管环境强度
武　汉	黄　石	46. 25
	十　堰	168. 33
	宜　昌	205. 83
	襄　阳	135. 83
	鄂　州	32. 5
	荆　门	85. 83
	孝　感	27. 5
	荆　州	92. 5
	黄　冈	34. 5
	咸　宁	59. 58
	随　州	71. 66

表 4-51　城市基础支持强度下各个断裂点到武汉的距离

中心城市	城市圈	城市基础支持强度
武　汉	黄　石	47.84
	十　堰	171.91
	宜　昌	213.85
	襄　阳	143.61
	鄂　州	32.77
	荆　门	88.41
	孝　感	28.44
	荆　州	96.52
	黄　冈	36.40
	咸　宁	71.28
	随　州	71.66

表 4-52　综合强度下各个断裂点到武汉的距离

中心城市	城市圈	综合强度
武　汉	黄　石	46.63
	十　堰	169.74
	宜　昌	207.53
	襄　阳	139.27
	鄂　州	32.50
	荆　门	86.26
	孝　感	27.73
	荆　州	95.37
	黄　冈	34.25
	咸　宁	64.80
	随　州	86.86

由 $d_i = \dfrac{D_{ij}}{1 + \sqrt{Rf_{kj}/Rf_{ki}}}$ 可得各断裂点位置，用武汉市到各地级市断裂点的距离与武汉市和其他地区地理距离之比，来体现以武汉市为核心对城市

圈的辐射效应程度。该比率公式为 $\dfrac{1}{1+\sqrt{Rf_{kj}/Rf_{ki}}}$，表示湖北省各地级市

的 6 个一级指标强度之间存在关联。由这一比率公式可以看出，城市各个系统强度越小，比率越大。

从各个指标断裂点到武汉市的距腐（各个指标强度下数据）来看，武汉对各个地市在各个指标上辐射效应最大的是对外开放辐射，这主要是由于武汉市对外开放强度处于全省第 1 位，且城市圈的其他城市与其差距非常大。其他地区的对外贸易总额占武汉市的 22.78%，外商投资总额占武汉市的 23.64%。辐射效应最小的为金融监管环境，省内还需优化金融监督管理。

（4）武汉市辐射强度范围特征分析

上述讨论了武汉市在 6 个指标及综合得分下的辐射强度，但是并没有给出系统辐射范围，这里用雷达图表示武汉市辐射效应范围，如图 4-26 至图 4-32 所示。

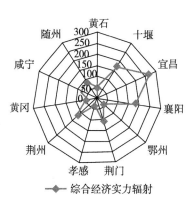

图 4-26 "综合经济实力"
下武汉市辐射效应范围

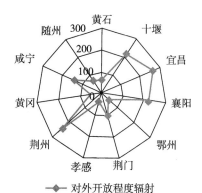

图 4-27 "对外开放程度"
下武汉市辐射效应范围

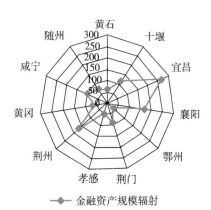

图 4-28 "金融资产规模"
下武汉市辐射效应范围

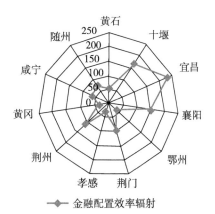

图 4-29 "金融配置效率"
下武汉市辐射效应范围

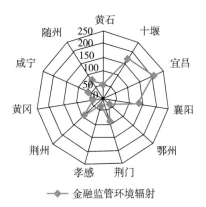

图 4-30 "金融监管环境"
下武汉市辐射效应范围

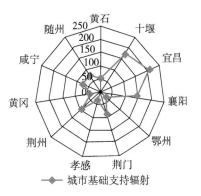

图 4-31 "城市基础支持"
下武汉市辐射效应范围

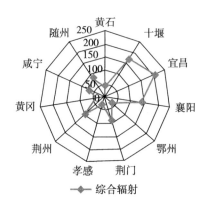

图4-32　综合指标下武汉市辐射效应范围

　　由综合辐射效应图可知，武汉对孝感的金融辐射强度最大，其次是鄂州、黄冈和黄石，而对其余地区的辐射效应不太明显，由此可知，地理距离与范围对城市之间的辐射力发挥着巨大作用。武汉市对黄冈地区的辐射强度不如预测中的高，是因为黄冈的经济发展与金融发展水平与武汉相比还有一定差距。武汉市对鄂州与黄石的辐射程度则较高且仅次于孝感，对于湖北省城市圈来说，武汉作为城市中心的辐射效应会与经济发展和金融规模形成线性关系。宜昌、襄阳与十堰跟武汉市之间的地理距离相对较大，所以辐射效应较武汉市对鄂州、黄冈与黄石而言相对不足。总而言之，武汉市作为区域金融中心的辐射强度大、范围广，对其他地区的金融影响具有正向促进作用。

　　从全国范围来看，各大城市的经济发展不平衡，整体而言，武汉的经济竞争力与上海、北京等金融中心的差距较大。受疫情影响，武汉市经济受挫，2020年各项经济数据呈现负增长。2021年武汉经济不断复苏，经济增速高但是经济发展规模基本与2017—2019年持平，没有显著性突破。外贸出口方面，虽然武汉的出口额在本省位居第1，但是远低于一线城市均值，对外开放程度不足。同时，武汉的外商投资项目看似较多，但是外商投资项目签约的金额在每年项目签约总额中的比重较低，其主要原因是基本设立的外资投资项目均为小项目，大项目少。由此可以看出，武汉市的开放竞争力不足，对外贸易水平和外资利用水平较低，为此武汉需要多方面加快打造国际化、便利化的营商环境，加大招商引资，解决外资项目生产经营中出现的各种问题。武汉市经济发展需要在增加内需的同时扩大外需，增加中小民营企业和外资企业，将税收和消费都留在武汉，从而成为促进经济发展的动力。不仅改善了当地的服务水平和营商条件还有硬件设施，进而吸引更多的企业来投资，而且能将更多财富留在本地，形成良性循环，城市才能最大限度地发挥技术进步对区域经济增长的内在驱动效应。

武汉的货币市场资源规模水平较高。金融机构贷款余额和金融机构存款余额有效反映商业银行的运作及货币市场资源规模。湖北省 12 市中武汉 2021 年金融机构贷款余额和金融机构存款余额数据均位居第 1，存贷款额高反映城市资源规模水平高，贷款余额高则证明武汉的资金实力总量大，对于当地企业和地方经济的扶持力度较高。同时，2021 年武汉地区生产总值达到 11716.76 亿元，将金融机构存款余额、贷款余额与区域生产总值进项比较，发现武汉资金融入各方面渠道的深度和宽度较高。

武汉的保险市场规模较大。保险是现代金融体系的基石，保险市场的规模水平主要可以通过保险密度和保险深度两个方面进行衡量。2021 年湖北省 12 市中，保险深度最高的是荆州 6.11%，武汉排第 2，保险深度为 4.72%，黄石、黄冈、十堰的保险深度均超过 4%。保险深度能够有效反映当地保险行业发展质量，可以看出武汉的保险质量发展较好。武汉保险密度排名第 1，比排名第 2 的黄石高出近两倍，反映出武汉保险业的综合发展水平较高。

金融机构区域贷款余额与金融机构区域存款余额的比值一定程度上反映货币市场的资金效率，而证券市场以最低交易成本为融资者提高资金的能力在一定程度上能反映资本市场效率，但是金融市场效率最终要看社会中分散、无序的资金对实体企业和实体产业的投入效率。2021 年，武汉的金融机构贷款余额与存款余额比值为 1.19，表明当地金融机构资产流动性较低，货币市场资金效率不佳。对比湖北省其他 11 市，武汉上市公司数量和上市公司流通市值均领先，但在全国 GDP 前 30 的城市中，武汉的上市公司数量排名第 13，但在中部 6 省的城市中排名第 1，资本市场经济发展质量较高，可以起到区域带动作用。

金融是现代经济的重要核心，如果城市的金融资源能够流向具有发展潜力的实体产业，不仅能够推动当地产业升级和经济结构调整，而且能够带动区域经济发展、实现国家和地区的重大战略。金融机构对于金融资源能否有效配置起到至关重要的作用，一方面需要政府的引导，另一方面需要金融机构不断在产品、服务等方面创新。综合来看，武汉在中部地区的金融竞争力较强，但是在全国范围内金融产业发展相对落后。湖北省作为制造业大省，需要充分利用金融资源服务实体经济，做好信贷投放工作，建立中部经济增长极。

第 5 章
武汉区域金融中心的创新发展

5.1 武汉区域金融中心创新发展的机遇

5.1.1 数字化发展的机遇

近几年来，随着信息技术的快速发展，世界金融体系也发生了较大的转变，逐渐转向智能投顾、大数据风控、区块链协作为代表的更数字化、更智能化的发展路径。传统金融机构的业务模式由于数字技术的出现有所改变，数字金融在一定程度上引领数字经济背景下金融领域的一系列变革。数字金融是指利用互联网和信息通信技术，围绕支付、借贷、基金直销、众筹、保险等一系列金融活动进行的新型商业模式。提供移动支付、线上贷款和互联网理财都是数字金融的特点和功能，其为中小企业和低收入群体的发展作出了一定贡献也提供了一系列的帮助。根据"2018 全球金融科技 100 强"，中国金融科技公司占据了"领先 50"榜单的 3/5，其中，蚂蚁金服排名第 1，京东金融排名第 2，度小满金融排名第 4。数字金融当然也具有传统金融所拥有的属性和特征，在一定程度上也影响着地区经济金融的发展。武汉在建设区域金融中心过程中需要把握好数字金融发展带来的机遇。

过去数年，中国数字金融取得了长足发展，在全球都产生了很大影响力（黄益平和黄卓，2018），但却一直缺乏一个衡量其总体发展水平的指标体系。为此，北京大学数字金融研究中心和蚂蚁集团研究院的研究团队从 2016 年开始利用数字普惠金融的海量数据，编制了一套"北京大学数字普惠金融指数"①，并对指数进行了 3 次更新（郭峰等，2016，2019，2020）。

---

① 在现有文献和国际组织提出的传统普惠金融指标基础上，结合数字金融服务新形势、新特征与数据的可得性和可靠性，本书从数字金融覆盖广度、数字金融使用深度和普惠金融数字化程度 3 个维度来构建数字普惠金融指标体系。目前数字普惠金融指数一共包含上述 3 个维度，33 个具体指标。基于上述指标体系和类似文献中常用的指数编制方法"层次分析法"，本书最终编制了中国内地 31 个省（直辖市、自治区）、337 个地级以上城市（地区、自治州、盟等），以及约 2800 个县（县级市、旗、市辖区等）3 个层级的"北京大学数字普惠金融指数"。本次更新后，本指数包括了 2011—2020 年的省级和城市级指数，2014—2020 年的县域指数。指数同时具有纵向和横向上的可比性。在总指数基础上，本书还提供了数字金融覆盖广度指数、数字金融使用深度指数和普惠金融数字化程度指数，以及数字金融使用深度指数下属的支付、保险、货币基金、信用服务、投资、信贷等分类指数。

　　从数字金融的区域发展情况来看（见表5-1），基于2020年各省份的数字普惠金融的排行榜而言，可以发现其与2018年相比，大多数地区排名变化不大，如31个省（直辖市、自治区）中，有17个省排名不变或者仅上升（下降）1位，说明了本指数的稳定性。不过也有个别地区在2020年排名变化稍大，内蒙古排名较2018年上升4位，而贵州和黑龙江排名则分别下降5位和4位，是排名上升（下降）较多的几个省份。如果把时间窗口拉长，可以发现不同地区数字普惠金融指数排名还是有较大的变化。黑龙江、吉林和辽宁这3个东北省份的2020年指数较2015年和2011年下降幅度较大。地处中部地区的安徽、江西、河南、湖北等省份，排名则上升较多。

　　从湖北自身的表现来看，2020年湖北的数字金融指数为358.64，排名第8，近5年基本稳定在前10，仅次于沿海等发达省份，在中部区域范围内具有较为明显的优势。武汉作为湖北的省会，如果能抓住数字金融发展的机遇，预期将在区域金融中心的竞争中形成更为明显的战略优势。

表 5-1　2020 年各省份总指数排名及变化情况

省份	2020年指数	排名	较2018年变化	较2015年变化	较2011年变化
上海	431.93	1	0	0	0
北京	417.88	2	0	0	0
浙江	406.88	3	0	0	0
江苏	381.61	4	1	1	1
福建	380.13	5	−1	−1	1
广东	379.53	6	0	0	−2
天津	361.46	7	1	0	0
湖北	358.64	8	−1	1	5
安徽	350.16	9	1	8	9
山东	347.81	10	2	2	4
重庆	344.76	11	0	0	−1
海南	344.05	12	−3	−4	−4
陕西	342.04	13	1	0	−2
河南	340.81	14	1	11	10

续表

省份	2020 年指数	排名	较 2018 年变化	较 2015 年变化	较 2011 年变化
江西	340.61	15	−2	4	7
四川	334.82	16	0	−2	−4
湖南	332.03	17	2	5	2
辽宁	326.29	18	−1	−8	−9
山西	325.73	19	2	4	−2
广西	325.17	20	−2	1	−5
河北	322.70	21	1	7	−1
云南	318.48	22	−2	4	3
西藏	310.53	23	3	8	8
宁夏	310.02	24	3	−9	−3
内蒙古	309.39	25	4	−9	−2
新疆	308.35	26	2	−2	1
吉林	308.26	27	−3	−7	−1
贵州	307.94	28	−5	2	1
黑龙江	306.08	29	−4	−11	−13
甘肃	305.50	30	0	−3	−2
青海	298.23	31	0	−2	−1

资料来源：北京大学数字普惠金融指数。

金融科技从来不是新的现象，科技进步一直在助力经济金融的发展，如何抓住当前科技创新下的数字化机遇，需要先认识到数字化可能带来的影响和机遇。总体而言，科技的创新可能会对降低成本、提高效率有重要帮助，但是对金融行业的商业模式有怎样的影响，却不是那么明确，充满了未知，但也充满了机遇。美联储前主席保罗沃尔克曾说，过去几十年对普通民众来讲最有用的金融创新就是自动提款机，这个评论被人们广泛认可。可随着信息技术、金融科技的发展，现在自动取款机的使用快速下降。若干年后是否会有人说，央行数字货币或者支付宝/微信支付是对老百姓最有用的金融创新，还是说金融科技的发展会给老百姓带来更大的福利，将是数字化带来的新课题。

数字经济中数据成为新的生产要素，并具有独特的属性。在农业社会，土地和劳动力是两类重要的生产要素，工业社会则是劳动力和资本，而数字经济时代，又多了数据这一生产要素。与劳动力和资本相比，数据最独特的属性便是非竞用性。这同传统生产要素区别鲜明，一个人对某个APP的下载和使用，并不影响其他人下载和使用。有观点认为数据是数字经济时代的石油，可石油有开采成本，但数据的边际成本几乎为零，某种程度上数字化将带来更大的规模效应，数字化企业可以很庞大，如美国的Facebook、谷歌，中国的阿里、腾讯等。

但值得注意的是，数据的非竞用性是从生产力、科技角度来讲的，可人类社会有生产力必定有生产关系，生产关系决定了谁能拥有数据，而有了数据产权，数据的使用可能就具有排他性。比如一家企业收集的数据，其他企业就无权使用。这种生产关系的排他性和科技的非竞用性似乎是矛盾的。现实中如何处理好生产力的非竞争性和生产关系的排他性，这是数字经济时代面临的重大挑战，而在金融行业，该特点可能更为突出。

以金融行业最关键的支付手段为例，结合近期央行测试的数字人民币，我们可以发现数字金融领域具有诸多提升金融竞争力的机遇。

在传统的货币金字塔体系里，支付和商业银行深度绑定，即支付和金融绑定，有贷款、存款，其中存款是我们持有的安全资产、流动性资产。所以传统的金融体系，支付手段和安全资产、信贷都联系在一起。安全资产的属性来自政府的信用担保，银行为了享受政府担保，就要接受政府监管。

现在随着支付宝和微信支付等电子支付的发展（包括Facebook拟推出的Libra），传统金融体系中又增加了数字平台，这等于在现有商业银行体系外建立了一个零售的支付体系。这意味着支付和金融开始分离，支付和安全资产也未必绑定在一起，这是过去几百年来传统金融模式的重要改变。当然，第三方支付机构不会仅满足于支付，它会进一步衍生金融服务，其实，传统金融体系也是从支付衍生而来。起初黄金作为支付手段时，金匠发现不一定要足额保存黄金，可以是部分准备金，并将另一部分用于借贷，由此衍生其他金融服务。现如今第三方支付体系也衍生金融服务，这是金融模式和生态的重要改变。货币和平台均具有网络效应，用户越多、效率越高，就有更多的人愿意参与，两者结合，可以相辅相成、相互促进。其中，平台覆盖广、信息传输效率高，而所有的交易都需要支付，最大的网络就是支付体系。谁掌握了支付，谁的网络效应最强，谁的规模效应就最强，这也是美国的监管机构对 Facebook Libra 如此谨慎的原因。

现在央行正在测试的数字人民币（DCEP），等于在传统银行和数字平台外增加了一个类似支付宝和微信支付的支付工具，但央行数字人民币是纯粹的支付手段，不衍生金融服务，不支付利息，只是起到替代现金作用。如果未来央行要对数字货币付息，这意味着储蓄未必要放在银行，将会对整个金融格局产生重大影响。那时我们持有央行数字货币，可能不是仅仅为了支付，而是类似于银行存款的安全资产，而且是最安全的。总之，数字化领域这些机遇值得我们长期重点关注，是未来区域金融中心竞争中的热门领域。

5.1.2 产业结构升级转型的机遇

服务实体经济是金融永恒不变的本源，随着产业结构转型升级，产业金融等方面面临新的机遇。根据中国（深圳）综合开发研究院编制和发布的 2020 中国产业金融发展指数（2020 China's Industrial Finance Development Index，以下简称 2020CIFDI）①。我国产业金融呈现如下一些特征。

（1）金融服务实体经济水平显著增强，逐步稳定发展

2020 年，我国产业金融发展综合评价得分为 137.84 分，比上一期增长 3.2 个百分点。从近年来指数变化情况来看，经历了连续 3 年缓慢增长、优化调整后，本期得分实现较大的提升，如图 5-1 所示。从分项指标得分来看，资金支持度和服务有效度出现大幅增长，结构优化度维持略有增长，金融安全度呈持续下降态势，如图 5-2 所示。

---

① 中国产业金融发展指数从资金支持度、结构优化度、服务有效度和金融安全度 4 个维度，运用 38 项指标综合评价我国及 31 个省级行政区域金融服务实体经济绩效，以期引导和推动中国产业金融高质量发展。首期指数于 2017 年发布，其后每年发布一期，受数据滞后性的影响，2020CIFDI 使用的是 2019 年的数据。

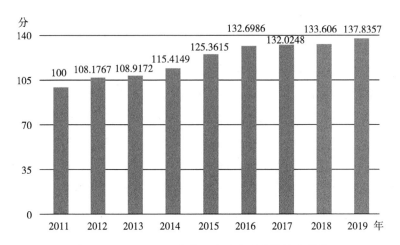

图5-1 2011—2019年中国产业金融发展综合得分

（资料来源：中国（深圳）综合开发研究院编制和发布的《2020中国产业金融发展指数》）

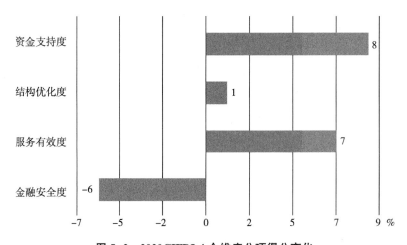

图5-2 2020CIFDI 4个维度分项得分变化

（资料来源：中国（深圳）综合开发研究院编制和发布的《2020中国产业金融发展指数》）

（2）资金支持度增长加快，货币政策灵活适度

央行多次降准和灵活使用公开市场操作释放流动性，广义货币供给增速回升，2019年末国内广义货币（M2）余额为198.65万亿元，同比增长8.7%，M2与GDP比值较上一年小幅下滑，维持在200%左右，M2增速与名义GDP增速的比值较上一年小幅回升但仍小于1，表明货币供给相对经济增长仍处于偏紧状态；由图5-3可知，2019年，我国金融总资产为

467 万亿元，与经济总量比值达到了 481%，该比值迎来自 2015 年以来的首次增长，其中，金融机构总资产与 GDP 的比值多年来持续下降，金融机构持续瘦身健体、脱虚向实，债券市场未清偿余额与 GDP 的比值稳步提升，股票市场总市值与 GDP 的比值显著提升，如图 5-3 所示。

图 5-3　2011—2019 年我国各类金融资产相对 GDP 规模情况

（资料来源：中国（深圳）综合开发研究院编制和发布的《2020 中国产业金融发展指数》）

（3）金融加快支持经济结构优化，但创投投资规模初现下滑态势

金融业继续加强对小微企业、创新创业、绿色产业、消费市场等重点领域及薄弱环节的金融支持，其中，小微企业银行信贷支持持续提升，贸易信贷规模有所下滑，跨境人民币结算逆势增长，绿色信贷规模占比下降，绿色债券市场快速扩张，私募股权投资基金管理规模增速回升。值得注意的是，创投基金投资规模初现下滑态势，说明创新创业活跃度下降，创新企业得到的金融支持遇到了一定瓶颈，需要在创新投资相关投融资体制等方面进行重要突破。

（4）金融服务有效度提升缓慢，金融业仍需增强内功

从银行业服务效率来看，银行业息差持续收窄，靠息差生存越来越难，信贷结构进一步优化，其中房地产对其他领域实体企业信贷融资的"挤占效应"明显减缓，房地产开发企业信贷类融资占信贷融资规模增量

的比值达到近 5 年最低水平。从证券业来看，整体服务效率得分在 2016 年达到最高值后，又经历了 2017 年与 2018 年不断下滑，2019 年出现明显恢复，其中债券市场和商品期货市场的大幅增长是主要原因。从保险业来看，保险对实体经济的支持大幅提升，财产保险综合赔付率达 55.8%，扭转了下降态势，保险资金运用率达 86.4%，达到历史最高点。

（5）产业金融发展京粤沪稳居第一梯队，区域竞争异常激烈

我国 31 个省级行政区（不含港澳台）产业金融发展综合评价结果如图 5-4 所示，北京、广东、上海位居前 3，浙江、江苏、福建、山东、四

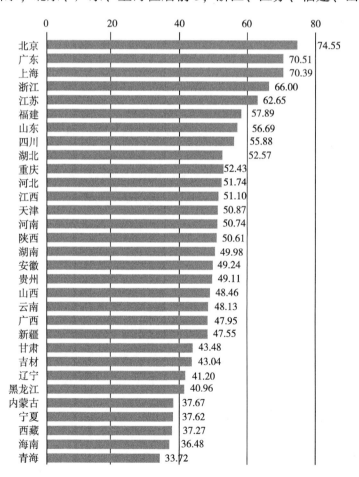

图 5-4 我国 31 个省级行政区产业金融发展综合评价得分

（资料来源：中国（深圳）综合开发研究院编制和发布的《2020 中国产业金融发展指数》）

川、湖北、重庆跻身十强。从得分的具体情况来看，得分之间差距较小，特别是中间梯队没有明显区分度，表明区域竞争非常激烈。湖北正好处于中间梯队，目前综合得分排名第9，与区域发展水平较为匹配。

分维度来看，首先就资金支持度来看，京浙粤沪苏位居前5，浙江表现突出，如图5-5所示；从金融支持经济结构优化看，区域得分差距较大，北京和上海并驾齐驱，如图5-6所示；从金融服务有效度看，整体向好，差距不大，天津和吉林排名大幅上涨，如图5-7所示；从金融安全度看，整体得分小幅下降，内蒙古、辽宁、宁夏、青海风险压力较大，如图5-8所示。

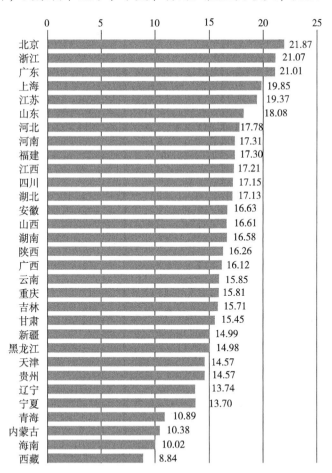

图5-5 我国31个省级行政区资金支持度评价得分

（资料来源：中国（深圳）综合开发研究院编制和发布的《2020中国产业金融发展指数》）

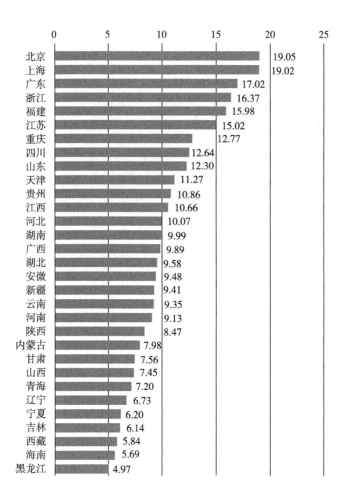

图 5-6　我国 31 个省级行政区金融结构优化度得分排名

（资料来源：中国（深圳）综合开发研究院编制和发布的《2020 中国产业金融发展指数》）

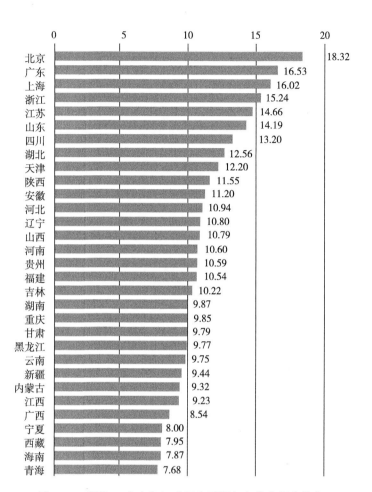

图 5-7 我国 31 个省级行政区金融服务有效度得分排名

（资料来源：中国（深圳）综合开发研究院编制和发布的《2020 中国产业金融发展指数》）

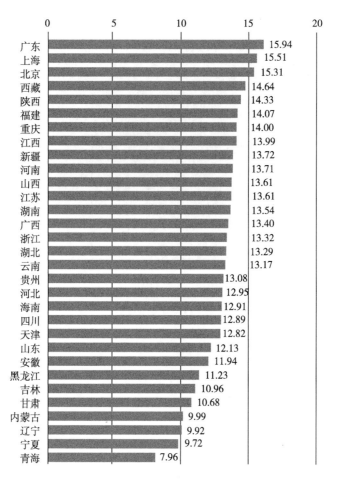

图 5-8 我国 31 个省级行政区金融安全度得分排名

(资料来源：中国（深圳）综合开发研究院编制和发布的《2020 中国产业金融发展指数》)

5.1.3 金融科技赶超的机遇

过去 20 年，全球经历了大众消费互联网的飞速发展，互联网科技浪潮下我国诞生了诸多全球领先的互联网企业。根据当前技术发展的规律，我们即将进入网络科技发展的下一个阶段。如果说 4G 技术孕育的是诸如电商、社交、文娱为代表的消费互联网时代，那么随着 5G 技术的成熟和推广，我们可能即将进入万物互联的工业互联网时代。以高速率、广链接、高可靠、低延时为特点的 5G 技术，协同大数据、云计算、物联网、人工智能等新技术的快速发展，也在一定程度上为金融科技发展带来前所未有的机遇和挑战。借助武汉在工业互联网等金融科技领域的积累，武汉区域金融中心建设有望把握住在全国实现赶超的历史性机遇。

（1）工业互联网的发展现状及发展趋势

"工业互联网"（Industrial Internet）是互联网和新一代信息技术与工业系统全方位深度融合所形成的产业和应用生态，是工业智能化发展的关键综合信息基础设施。其本质是以机器、原材料、控制系统、信息系统、产品以及人之间的网络互联为基础，通过工业数据的全面深度感知、实时传输交换、快速计算处理和高级建模分析，实现智能控制、运营优化和生产组织方式变革。以数字化、网络化、智能化为核心特征的第四次工业革命加速到来，工业互联网作为新一代信息技术与制造业深度融合的关键基础设施、新型应用模式和全新产业生态正成为第四次工业革命的重要基石。发展工业互联网，代表着制造业转型升级的方向，是推动工业经济高质量发展的重要举措。为贯彻中央、省、市关于深化"互联网+先进制造业"发展工业互联网的决策部署，推动工业互联网新型基础设施在更广范围、更深程度、更高水平上融合创新，培育壮大经济发展新动能，促进工业经济高质量发展。

第一，国外发展现状。2014年美国GE、IBM等龙头企业主导的工业互联网联盟（IIC）成立以来，美国政府及联盟组织成员的动向为全球工业互联网发展指明了道路。美国政府积极组织并实施了"先进制造业伙伴计划"，构建了"国家制造业创新网络"，为互联网的进一步发展提供了借鉴。德国又提出工业4.0战略，战略核心就是使用工业互联网重塑新型的生产制造以进一步提高资源配置的效率。英国出台制造2050，法国制定"新工业法国"战略，在本国互联网技术发行昌盛的阶段，其技术进一步突破，相关联的产业布局以及金融服务的支撑力度也有了一定程度的提升。日本还提出了"互联工业"战略，将人、设备、系统等有效结合，用来创造更多价值，也为以后的发展解决了一系列问题，提供了支持作用。韩国则重点发展智能制造专业，将机器人、人工智能、自动驾驶和3D打印有机结合，立志实现质的飞跃。

第二，国内发展现状。在我国，工业互联网的发展也受到了党中央和国务院的高度重视。习近平总书记指出，"要深入实施工业互联网创新发展战略""持续提升工业互联网创新能力，推动工业化与信息化在更广范围、更深程度、更高水平上实现融合发展"。2017 年 11 月，国务院发布《关于深化"互联网+先进制造业"发展工业互联网的指导意见》，这是规范和指导我国工业互联网发展的纲领性文件。该文件确定了工业互联网"323 行动"，即打造网络、平台、安全三大体系，推进大型企业集成创新和中小企业应用，构筑产业、生态、国际化三大支撑等 7 项任务。2018 年 5 月，工信部又发布《工业互联网发展行动计划（2018—2020 年）》，该行动明确了其以供给侧结构性改革的主线任务，全面支撑制造强国和网络强国建设的目标，从网络、标识解析等方面突破其核心技术，形成一个健全的、发展的工业互联网体系。2021 年 3 月 12 日，国家"十四五"规划发布，提出积极发展工业互联网，并将其作为数字经济的重点产业，主张打造自主可控的标识解析体系、标准体系、安全管理体系，加强工业软件研发应用，使工业互联网在国际舞台上有综合竞争力，从而推进"工业互联网+智能制造"产业生态建设。

目前我国工业互联网发展发展迅速。一是 323 体系全方位推进，网络支撑的能力大幅度提升。华为等一批信息通信企业与制造企业积极探索，利用 5G 等新一代信息技术改造企业内网，标识解析体系建设取得积极进展。建成了北京、上海、广州、重庆、武汉五大国家顶级节点，截至 2020 年 6 月，55 个行业二级节点初步建立，标识注册量超过 40 亿。平台供给能力不断强化，截至 2020 年 6 月，具备行业、区域影响力的工业互联网平台超过 70 个，连接工业设备数量达 4000 万台套，工业 APP 突破 25 万个，工业互联网平台服务工业企业数近 40 万家。安全保障体系稳步发展，信息技术公司持续推动工业互联网安全技术创新，保障数据安全和实时监管预警，对百余个重点平台、900 余万台联网设备进行实时监控。二是工业互联网在各行业的融合应用向纵深推进。目前工业互联网已经在航空、石化、钢铁、交通、家电、服装、机械等多个行业得到了应用，网络协同制造、管理决策优化、大规模个性化定制、远程运维服务等新模式、新业态不断涌现，行业价值空间也在不断拓展，提质、增效、降本、减存效果非常显著。

（2）工业互联网发展趋势

第一，工业互联网在全球新一轮产业竞争中占首要地位。工业互联网是新一代信息技术与工业系统深度融合形成的产业和应用生态，其核心是通过自动化、信息化、联网化、智能化等技术手段，激发生产力，优化资源配置，最终重构工业产业格局。随着互联网技术尤其是云计算、物联网、大数据等新一代信息技术的发展和成熟，全球工业正在从机械化、电气化、自动化进入以数字化、网络化和智能化为特征的 4.0 新阶段，新一轮工业互联网革命正在寻找机会以发挥最大潜力。

第二，工业互联网跨界合作和生态建设全球发展的格局正在形成，为工业互联网企业深化跨界产业合作，持续拓展生态范围。将信息技术和文明生态发展作为第一原则合力发展，一是技术合作，实现能力互补。围绕基础技术开展合作，如 GE、西门子分别与微软、阿里云在平台部署方面开展合作。围绕前沿技术开展合作，如微软与高通共同创建 AI 解决方案。二是行业合作，纵深应用领域。各个平台企业和客户之间围绕实际应用的问题，联合打造专业解决问题的方案。如 GE 与 BP（英国石油公司）合作提高油气生产环节的效率、可靠性和安全性。平台企业通过先进的经验和先见的技术打造全新且专业的解决方案，如施耐德借助 EcoStruxure 平台汇聚超过 4000 家工业系统集成商的行业知识。三是资本合作，扩大发展实力。大型企业之间进行投资，深化合作关系，方便经验交流。如罗克韦尔向 PTC 注入 10 亿美元股权投资。大型企业对创新企业的战略投资，如 GE、博世、西门子等行业巨头分别对 FogHorn、Claroty、Maana 等工业互联网初创公司提供资金支持，实现多元化业务布局。

第三，工业互联网在阶段上进行了一些转变，由试点示范阶段向规模化应用阶段全面推进。总体来看，在政府、行业和各企业的努力下，我国工业互联网发展较为良好。相关政策的推出促进了国家工业互联网的规范性，使其发展环境得到进一步优化。工业和信息化部发布了《工业互联网发展行动计划》《工业互联网 APP 培育工程方案（2018—2020）》等系列文件，上海、天津等省份纷纷出台了相应的落实方案。另外，工业和信息化部与财政部联合组织实施了工业互联网平台创新发展工程，总投资49.24亿元，中央财政资金总补助12.81亿元，推动建设43个工业互联网平台创新发展项目；组织开展工业互联网平台试点示范，遴选了40个平台集成创新应用试点示范项目。全国各地培育了200多个工业互联网平台，500多家平台解决方案服务商。由此可见，在接下来的几年里，我国工业互联网的发展向规模化持续跟进和转变。在单个试点项目和应用示范的基础上，有效探索区域性发展，带动相关产业转型升级。同时工业互联网应用向所有工业行业领域推广，提升工业行业整体竞争力，加之产业链上下游协作也更加密切，促进了整体产业链的跃升。

（3）工业互联网对经济发展的促进作用

第一，工业互联网成为拉动经济发展的新动能。以目前的局势分析，全球经济增长缓慢，其发展动力不足，以传统方式很难拉动经济增长，甚至有削弱的作用，而新的经济增长点尚未形成。在经济低迷的情况下，发达国家较为敏感的重视实体经济与虚拟经济协调发展的策略，在传统的增长模式中稍做转变，以最大限度发挥其优势，提高该策略的成功率。我们所提到的工业互联网则通过技术的创新带来发展的新动力。通过改革的模式创新重塑其生产关系，逐渐成为各国为打造经济新发展首选的战略模式。近几年来，随着互联网技术的快速发展，以互联网为核心的竞争尤为激烈，数字化转型在各国之间竞争中占很大比重，也逐渐成为世界上主要新兴国家的新竞争焦点。

第二，工业互联网赋能中小微企业数字化转型。近几年来，新技术正在被广泛应用，尤其在制造业中得以展现。工厂企业希望提高其效率和灵活运转能力，所以充分运用自动化、机器人、物联网技术、云计算等来实现自我升级。预测到2030年，数字化技术将在中国转变并创造10%~45%的行业收入。近年来，工业互联网平台得到了快速发展，企业上云进程加快，信息系统向云平台迁移。统计数据显示，2019年中国工业互联网市场规模超过6000亿元，2020年中国工业互联网市场规模将同比增长14%，接近7000亿元。中小微企业是国民经济重要组成部分，创造了中国60%以上的GDP，为中国制造业提供了较大比重的贡献，占制造业企业总数90%以上。且大多数中小微企业为大型企业、主机厂提供零部件配套，其发展直接关系到我国制造业的竞争力。在未来几年中，劳动力要素成本逐步上升，资源短缺环境恶化的问题不能得到妥善解决，以及制造业质量要求的不断提高，中小微企业应将数字化转型放在首要位置，借助工业互联网的优良发展，以达到自己的目标，中小微企业将加速数字化转型，实现自身良性发展的进程。

第三，工业互联网逐步建立起产业、科技、金融生态。随着工业互联网的不断发展，其技术体系和生态体系也不断完善。从技术体系看，标准化是发展智能制造的重要技术基础。未来，工业互联网会继续深入发展，我国也将逐步完善相关体系建设。生态体系方面，工业互联网平台的投资融资活动较为活跃。未来发展中，资本市场会逐步加大对工业互联网平台为代表的先进制造业企业的投资力度，产业发展和科技创新的生态链也将跟随时代发展逐步完善，争取早日形成产融结合，良性进步的高效发展格局。

（4）武汉发展工业互联网的机遇

从应用场景来看，武汉在近几年已经构建了较完整的工业产业体系，在家具、电子信息等领域有占有一定优势，其完善的工业基础为工业互联网的发展提供了潜在支持，也为其提供了更大规模的应用场景。更重要的是，武汉在主导产业上存在一大批优质制造能力可以共享，其中包括产品的设计、加工制造等。而对于这些资源来讲，可以被各行各业的中小企业和创新创业者更好地利用，从而满足巨大市场的需求。

从技术人才的积累来看，武汉网络技术基础设施处于全国前列，并正在积极推动传输网IPv6改造、NB-IoT等部署，一定程度上也推动了工业互联网的发展，在新一代物联网、电子商务、人工智能方面，武汉这座城市都有较高水平的创新企业和精英人才。武汉大学、华中科技大学、武汉理工大学等国内知名高校科研机构，每年也培育了一大批优秀人才，包括计算机、电子通信、大数据、人工智能等领域。

从平台发展来看，武汉也已经拥有国内一流水平的工业互联网平台企业和产品。湖北格创东智科技有限公司的"东智工业应用智能平台",这是唯一源自半导体制造业的国家级"双跨"平台,也是湖北省首个国家级"双跨"工业互联网平台。这一平台目前已经入选国家工信部遴选的14家"2022年新增跨行业跨领域工业互联网平台"(以下简称"双跨"平台)。目前"双跨"平台代表国内工业互联网平台最高水平,共计29家企业入选,入选的29家该国家级平台中,超6成位于北、广、深及长三角地区。其中,不少依托于制造业龙头企业,如美的的美云智数平台、徐工集团的徐工汉云、海尔的海尔卡奥斯等。

此次入选"双跨"平台的湖北格创东智科技有限公司,为格创东智的运营总部。格创东智由TCL孵化,服务于22个行业,公司在深圳创立的第2年,就被武汉市引入,连续3年入选武汉市级工业智能化改造咨询诊断平台,目前已对500家武汉市企业进行智能化改造咨询诊断工作,帮助TCL华星光电武汉工厂、高德红外、中信科移动通信、武钢维尔卡等多家行业头部企业打造标杆工业互联网案例。在半导体制造、新能源等视优异品质和高良率为"生命线"的高端制造领域,良率提升1%或将带来近千万元的效益。运用大数据、AI深度学习、机器视觉等技术,产业互联网企业可以将产品图像与已知缺陷图像库进行比对,通过先进的算法模型,智能检测缺陷种类,自动分析缺陷并提供预警,为企业提高品质检测的效率和准确率。

与国内其他副省级城市相比,武汉发展工业互联网具有比较优势。武汉作为国家在中部地区的重要工业基地,其在新一代信息技术,轨道交通,航空航天装备等产业方面具有较大的优势。并在集成电路和航空领域已经形成了较为完整的产业链。武汉针对工业互联网也出台了一系列相关政策,具体包括企业上云,标识解析体系建设,5G基础网络的建设等。

5.1.4 碳金融领域突破的机遇

把碳达峰、碳中和(以下简称"双碳")目标纳入生态文明建设整体布局,是关乎中华民族永续发展和人类命运共同体构建的重大战略决策。为了推动实现"双碳"目标,需要政策工具和制度创新的全力配合，全国碳排放权交易市场（以下简称全国碳市场）正是制度创新的基础。当前碳市场建设坚持发挥市场的资源配置功能，是控制和减少温室气体排放的有力手段，为推进绿色低碳发展提供了有力的制度支持。2021年7月16日全国碳市场正式启动上线交易，目前在平稳有序地运行。总体来看，作为全球覆盖温室气体排放量规模最大的碳市场，全国碳市场目前仍处于起步阶段，在逐步深化其建设的过程中，更需通过更多政策实践，更大范围的市场探索和主体参与，进一步服务"双碳"目标，为中国更早更快实现该目标贡献自己的力量。

（1）碳市场在双碳目标中的重要作用和意义

2021年9月，中共中央、国务院发布的《关于完整准确全面贯彻新发展理念做好碳达峰碳中和工作的意见》指出，推进市场化机制建设，加快建设完善全国碳排放权交易市场。2021年10月，国务院印发的《2030年前碳达峰行动方案》进一步提出，建立健全市场化机制，发挥全国碳排放权交易市场作用。全国碳市场对中国"双碳"目标的重要作用和意义主要体现在以下5个方面。

一是形成明确的减排目标及总量控制分解机制。碳市场的核心是"总量控制与交易"机制。政府部门根据国家温室气体排放控制要求，综合考虑经济增长、产业结构调整、能源结构优化、大气污染物排放协同控制等因素，制订了碳排放总量确定和如何分配的方案。通过将整体减排目标分解到对碳市场覆盖行业和相关受到管控的重点排放单位，以企业为微观单元，目标是实现产业结构和能源消费等方面的绿色低碳化，具体实施路径上可以先引导高排放行业和部分地区率先实现碳达峰。

二是为碳减排进行合理市场定价。低碳转型从长远看有利于提高行业企业竞争力，短期受行业和技术水平的影响，减排成本存在差异。全国碳市场在初始分配的配额和企业实际排放量之间建立供求关系，交易系统汇集大量的市场主体交易信息，形成公开透明的市场化碳价，并提供经济激励机制，将资金引导至减排潜力大的行业企业，在促进减排的同时，也能刺激前沿技术创新和市场创新，降低行业总体减排成本，给经济增长注入新的低碳动力。

三是压实碳减排责任，强化激励约束机制。气候变化问题具有外部性，碳市场通过建立"国家—地方—行业—企业"等多层级的碳排放管理机制，将碳达峰、碳中和相关工作层层落实。达到一定排放规模的行业和企业将被纳入碳排放管理，通过碳交易机制控制和减少碳排放的社会责任与企业自身的绿色可持续发展相结合，将碳排放管理的约束与要求，转化成企业实现自身绿色发展的激励，引导经济主体积极主动追求低排放的绿色发展，形成全社会有效的碳排放激励和约束机制。

四是构建碳减排抵销机制推动全社会绿色低碳发展。通过构建全国碳市场温室气体自愿减排交易机制、碳普惠机制等，促进可再生能源的发展，助力区域间协调发展及生态保护补偿，更鼓励倡导绿色低碳的生产生活消费方式。形成碳配额市场和碳减排市场互为补充、协同发展、集聚效应凸显的全国碳市场格局，加快形成有效的减污降碳的激励机制，调动全社会自觉自愿参与碳减排活动的积极性。

五是促进碳金融发展，积极树立负责任的国际减排形象。依托全国碳市场有序发展具有国际影响力的碳交易中心、碳定价中心、碳金融中心，为绿色低碳发展转型和实现碳达峰、碳中和提供投融资渠道，体现低碳投资的长期价值。同时，也为我国积极参与国际碳定价机制提供途径，进一步倒逼我国能源结构、产业结构的调整优化，带动绿色产业强劲增长，实现高质量发展，树立我国积极控制碳排放、构建人类命运共同体的负责任大国形象。

（2）全国碳市场建设和运行情况

全国碳市场建设是一个复杂的系统工程，全国碳排放交易于 2017 年启动运行，相关制度体系已初步建设，并在运行中不断完善。随着 10 月底履约通知的出台，企业交易意愿明显上涨，市场活跃度大幅提升，交易规模节节攀升。整体而言，目前整体运行趋势良好，碳市场交易规模逐渐扩大，市场流动性不断提升。

一是全国碳市场制度体系建设。目前主要由生态环境部先后出台了《碳排放权交易管理办法（试行）》和碳排放权登记、交易、结算等管理制度，以及企业温室气体排放报告、核算、核查等技术规范，加快修订完善温室气体自愿减排交易管理办法。全国碳市场启动上线交易后，相关配套制度体系将得到仅以完善，如生态环境部在加快推动《碳排放权交易管理暂行条例》的出台，进一步完善相关制度体系的建设。

二是稳妥制订配额分配方案，明确相关履约要求。印发《2019—2020年全国碳排放权交易配额总量设定与分配实施方案（发电行业）》，明确发电行业作为首个纳入全国碳市场的行业，衔接我国正在实行的碳排放强度管理制度，采取基准法对全国发电行业重点排放单位分配核发全国碳市场第一个履约周期 2019—2020 年度碳排放配额。同时，稳步推进履约清缴工作，按照生态环境部的要求，各省级生态环境主管部门要确保本行政区域的重点排放单位在 12 月 31 日 17 点前全部完成履约。

三是扎实开展数据质量管理工作。严格落实碳排放核算、核查、报告制度，在企业报告，地方生态环境部门核查的基础上，积极监督指导省级生态环境部门，对其加大核查力度，组织开展核查抽查工作，通过此行动，强对重点排放单位、核查机构、咨询机构、检测机构等市场相关主体的监督管理，明确地方落实数据质量管理和监督执法相关工作任务要求，进一步加强对全国碳市场的数据管理，提升数据质量。

四是相关基础设施顺利建设完成并实现上线运行。目前全国碳市场主要的基础设施包括全国碳排放数据报送系统、全国碳排放权交易系统、全国碳排放权注册登记系统。在生态环境部的指导下，全国碳排放数据报送系统依托全国排污许可证管理信息平台进行建设，全国碳排放权交易系统和注册登记系统则在上海、湖北顺利建设完成。

五是有序组织开展全国碳排放权交易。2021 年 7 月 16 日全国碳市场正式启动上线交易，目前全国碳市场自上线以来总体运行平稳有序，总成交规模较为可观。截至 2021 年 12 月 31 日，全国碳市场已经运行了 114个交易日，日均成交量显著，碳排放配额总成交量达到 1.79 亿吨，总成交额 76.61 亿元。市场启动初期，市场活跃度总体不高，但随着 10 月底履约通知的出台，企业交易意愿明显上涨，市场活跃度大幅提升，交易规模节节攀升。碳交易市场价格发现机制较为完善，截至 2021 年底成交均价达到 42.85 元/吨，具有不错的市场交易前景。总体来看，虽然全国碳市场交易较为活跃，初步体现了服务企业以市场化手段推进的基本功能。

六是与国际碳市场存在较大差异。与国际碳市场相比，全国碳市场碳排放配额现货二级市场成交量位居全球首位，但交易价格没有可比性。2021 年 7 月 16 日至 12 月 31 日，全国碳市场碳排放配额现货二级市场累计成交量大幅超过欧盟、韩国等国际碳市场。由于国际间宏观政策、碳市场机制、经济形势、减排成本等的不同，我国碳价目前与国际碳价可比性不强。尤其是市场机制上，我国碳市场在管理模式、纳入行业、分配方式、交易主体、产品结构上与国际碳市场存在一定差异。总体来看，全国碳市场目前仍处于起步的初期阶段，在机制设计、体系构建、市场发展上仍具有较大的提升空间。

（3）武汉在碳金融发展中的机遇

武汉市在碳排放权交易量上有卓越成就。在碳金融方面，武汉市也做了大量的探索和实践。在全国碳金融市场上做了一定贡献，也为以后的发展奠定了基础。湖北省是我国最早开展碳排放权交易试点省市之一，2014年湖北碳交中心在武汉市成立，湖北省碳排放权累计成交量以及成交额稳居九大试点之首。随着全国碳市场的逐步建立，湖北省围绕"价格发现，金融创新"等多个维度，做了大量的研究，也推动了全国碳市场的发展，规范了其相关政策法规，也打造出全国碳金融示范区，全面探索碳金融服务双碳目标的手段。

一是武汉能够以碳金融在湖北的试点为支撑，为全国打造碳金融中心做了支持，以武汉市武昌区为创新试点，形成以碳登记、碳交易、碳结算、碳清算为基础的碳金融中心集聚示范区，形成"双碳"目标的武汉样板，为全国碳金融的发展奠定了基础，创造了条件。

二是武汉正积极探索湖北开展气候投融资的模式，有武汉市武昌区的良好基础和先发优势，支持和建议武汉市武昌区积极申报国家气候投融资试点，武汉作为第一批试点区充分发挥武汉金融的核心区优势，积极探索开展气候投融资试点的工作。

三是武汉能够充分利用现有优势，依托碳金融基础平台，充分发挥武汉在全国的领先作用，服务全国，进而加快实现绿色转型的发展步伐。

5.2 武汉区域金融中心创新发展的路径

5.2.1 积极推动数字经济建设

2022 年 5 月，武汉市人民政府印发了《武汉市数字经济发展规划（2022—2026 年）》（以下简称《规划》），明确了武汉市最近 5 年发展数字经济的总体思路、发展目标、重点任务以及保障措施。《规划》提出，到 2026 年，武汉市数字经济核心产业增加值占 GDP 比重超过 14%。争取到 2035 年，将其建设成为数字经济产业一线城市。推进数字化建设为实现总体目标，《规划》提出基础设施、数字产业、数字融合、数字治理、数据资源 5 大重点任务，数字核心技术攻关、数字应用场景开放、数字安全防护构筑、数字创新人才培养、数字区域特色发展 5 大工程。

首先是在数字新基建方面。包括在提升骨干网服务能力、加快高质量 5G 网络建设、推动千兆光网规模部署、推进物联网和 IPv6 规模应用、统筹布局算力基础设施。特别是后两项，推进物联网和 IPv6 规模应用、统筹布局算力基础设施，与工业互联网发展密切相关。有望全面推动物联网在智慧城市建设与产业升级等领域覆盖，包括深化治安防控、交通治理、城市管理、智慧市政、生态环保、应急管理等领域的万物互联。在算力支持方面，最值得关注的是《规划》提出要推动武汉超算中心的落地建设，到 2026 年，每万人拥有 5G 基站数达到 33 个，500Mbps 及以上用户占比达到 90%，数据中心算力规模超过 1500PFLops，这是工业互联发展的重要基础设施支持。

其次在数字产业化方面，将会重点发展电子信息制造业、软件及信息技术服务业以及相关优势产业。《规划》指出，以国家信息技术应用创新发展为抓手，着力突破操作系统、数据库、工业设计软件等"卡脖子"领域，研发自主可控的基础软件产品及解决方案，强化武汉市在信创领域的核心竞争力。力争到 2026 年，软件产业规模达到 4500 亿元，电子信息制造业规模达到5500亿元，实现质的飞跃。

产业数字化方面，《规划》提出发挥"互联网+"的流量驱动效应、"大数据+"的数据驱动效应、"AI+"的算法驱动效应、"5G+"的效率驱动效应、"区块链+"的可信驱动效应，推动数字技术与一二三产业在更高水平、更大范围、更深程度融合。《规划》提出，到2026年，工业互联网平台应用普及率达到55%，线上经济交易额达到30000亿元。

数字化治理方面，涉及社会治理的各个方面，高水平运行的数字政府，也为实现治理体系和能力起到推动作用。通过数字化治理，围绕社会民生的种种方面，提升服务社会的能力。《规划》提出，到2026年，公共信息资源社会开放率、城市事件联动指挥及处置覆盖率、城市管理事项及指标数据汇聚率，均达到90%，智慧城市典型应用场景达到100个。

此外还包括一些强化激励的政策，如武汉市同步推出《武汉市支持数字经济加快发展的若干政策》（以下简称《政策》），包括23条具体政策保障措施，为推动实现整个社会的数字化转型发展，提升国家的竞争优势，加快数字化建设提供重要保障。

5.2.2 加强科创金融中心的建设

科创金融中心在区域金融创新与经济发展中具有重要的作用，一般来说，科创金融中心包括区域金融中心的一些基本功能，如聚集功能、辐射功能、规模经济功能和信息交流功能，但科创金融中心有一个不可替代的功能，即创新支持功能。在当前数字化、生物和绿色经济等前沿领域，武汉的金融机构能否抓住机遇，为区域类的高科技创新企业提供创新支持，成功投资一批独角兽企业，打响中部地区科创金融中心的名声，将为武汉在打造区域金融中心的过程中占据有利地位。

目前全国都在推进金融支持经济结构优化，但创投规模却存在普遍下滑趋势。根据报告显示①，全国各个地区都在继续加强金融业对小微企业、创新创业、绿色产业、消费市场等重点领域及薄弱环节的金融支

---

① 根据中国（深圳）综合开发研究院编制和发布的2020年中国产业金融发展指数（2020 China's Industrial Finance Development Index，以下简称2020CIFDI）。

持，但创投基金规模却开始呈现下滑态势，说明创新创业活跃度下降，各个地区在打造区域金融中心的过程中，对科创中心建设方面遇到了一定的瓶颈。但从某种程度上而言，这也是武汉市打造科创金融中心增强区域金融中心竞争力的重大机遇，围绕此进行布局将是区域金融中心建设的重要创新发展路径。

（1）突出科创金融中心的创新支持功能，完善"独角兽"企业的投资机制

创新是引领发展的第一动力，小到企业的生存发展，大到整个国家的经济转型，都必须依赖创新。创新的风险往往是巨大的，需要大量的资金支持；科创金融中心集聚着大量的金融机构和初具规模的科技企业，二者相互补充，相互促进，为技术创新和金融创新提供有利条件。科技创新需要大量资金支持，由于科技企业处于企业生命周期的中早期阶段，该阶段企业的资产薄弱，尚未形成盈利，很难得到传统金融机构的金融支持，因此，一般而言，科创金融服务比传统金融机构更需要突破创新，把握高科技企业创新成长的机遇，提供符合创新企业特点的金融支持。同时，由于知识的外部性，科技企业的创新也很容易对科创金融产生溢出效应，相关创新往往发生在科创金融中心，为科创中心的进一步发展提供动力支持。

突出科创金融中心的创新支持功能，首先需要把握创新企业成长的一般演进规律。通常创新企业成长存在3个阶段，每个阶段存在不同的特征。第一个阶段是基础创新阶段，通常被称为"0到1"阶段，是创新从无到有的阶段，需要大量科研经费的支持，包括国家科研经费、企业科研经费，还包括天使基金等市场资金支持。第二个阶段则是技术转化阶段，通常称为"1到100"阶段，是将基础创新转化为生产技术专利的阶段，需要建立各种中小型的创新企业，在各种科创中心、孵化基地做好技术转化。第三个阶段是形成大规模生产力的阶段，通常被称为"100到100万"的阶段，需要各类股权投资机构的专业金融支持，这个阶段通常是企业IPO上市，或者大型上市公司收购投资，以及银行提供贷款或者发债融资的阶段。

前两个阶段存在较大风险，很少有公众投资介入，通常由少量专业的

风险投资和股权投资介入，而企业通常到第三个阶段，即形成大规模生产力阶段，才会有更多专业金融机构进行更大的介入。在第三个阶段，企业才会考虑上市，"独角兽"通常指的是这一阶段的高科技企业。

从既有投资经验来看，"独角兽"企业通常有以下一些特点：一是独角兽企业通常产生于形成大规模生产力阶段的高科技企业，即"100 到 100 万"的阶段；二是成长之后市值巨大，具有代表先进生产力的技术创新或者商业模式创新，发展趋势较好，具有较为广阔的市场前景；三是在成长过程中需要大量专业的金融支持，融资规模大，融资较为频繁。

因此，从企业创新成长的一般演进规律来看，需要重视处于"100 到 100"阶段的高科技企业，在这一阶段的创新企业中选择可能的独角兽企业予以支持，这是打造科创金融中心的关键，从根本上突出科创金融中心的创新支持功能，完善"独角兽"企业的投资机制，在打造武汉市区域金融中心的激烈竞争中占据有利地位。在当前数字化、生物和绿色经济等前沿领域，武汉的金融机构能否抓住机遇，成功投资一批独角兽企业，打响中部地区科创金融中心的名声，将为武汉在打造区域金融中心的过程中占据有利地位。

此外，还需要从根本上规避当前"独角兽"企业投资中的一些误区。一是切忌对市场热点进行跟风投资。比如，对那些已经从"独角兽"成长为"恐龙"且市场与股价成长潜力基本已经丧失的企业进行追捧，这是没有把握对企业创新成长的演进规律。近几年来，天使投资、风险投资在中国不断出现并得以很好的发展，但很多机构在技术面前依旧缺乏经验。国外机构首当其冲做领头羊，而后国内的投资机构才得以跟进，更严重的是，在个别领域还形成了新的重复建设和一系列低水平竞争。上一轮消费互联网时代，这些巨头都被外国资本投了重仓，而国内的投资机构则错过很多投资机会，这在未来打造科创金融中心的过程中，是不可再犯的错误。更有某些企业，在境外上市多年，早已不是独角兽的恐龙企业，早已触摸到市场发展前景天花板，当这些企业以中国存托凭证 CDR 方式高价回归 A 股，不仅没有带来投资收益，留下的只是投资风险，这些严重的错误，不仅不利于打造科创金融中心，而且将使区域金融发展陷入较为严重的困境，在竞争中处于较为不利的地位，是需要格外避免的误区。二是切忌对一些产品缺乏技术创新、商业模式缺乏前景的企业进行追捧投资，这些企业可能更善于投机取巧、过度包装，缺乏前期基础创新的积累。三是切忌对公司管理混乱的企业的追捧投资，如出现诸多高管跳槽、大股东股权质押套现等，这类企业更可能是打着独角兽企业的旗号圈钱。

（2）探索科研基础创新的成果转化模式

从各国科创金融中心的形成规律来看，国家科研经费支持下的高校和科研机构发挥着关键作用。高校和科研机构是基础创新的重要来源，很多高校在基础研究和技术孵化等方面进行了长期大量投入和积累，从而为区域内的创新活动提供充足的基础创新成果资源以及相关人才资源。

世界上很多科技园区的形成，与分布在区域中的高校和科研机构所拥有的显著衍生能力密切相关，如美国硅谷的成功与斯坦福大学强大的基础创新能力密不可分。区域创新能力的提升及相关经济社会发展，核心动力来源是产业与高校和科研机构之间的互动联系，因此产业集群中是否拥有高水平的高校和科研机构，以及能否在创新过程中充分发挥它们的作用，将直接决定企业能否实现网络化创新。

在创新实践中能够发现，高校和科研机构分布集中的区域往往更容易产生高新技术园区，如麻省理工学院对波士顿乃至马萨诸塞州企业经济的发展就产生了巨大影响。在科创金融中心体系中，高校及研究机构对科创金融的需求主要体现在将技术投入产业化的过程中。在科创金融中心体系中，高校及科研机构是创新的技术源泉，二者主要从事高层次创新人才的培养、知识的生产和传播、科学研究和技术开发，是科创金融中心的知识和人才的源泉。

2018年11月科创板推出，为科创中心发展奠定了制度基础。通常A股市场要求企业有若干年的利润绩效，而科创企业在一段时期内还难以实现效益，按常规无法上市，不能得到金融市场的资金支持，科创板的推出无疑解决了科创企业上市阶段面临的难题。科技创新存在多个环节，仅依靠一个环节是不够的，在基础创新和成果转化等环节依然有尚未解决的问题。

长期困扰中国创投发展的一个难题，就是科创市场资源优化配置能力不强，创新成果不够突出，一些可能成功的高科技发展企业还会因为各种原因只能跑到境外上市。这无疑反映了创投各个环节存在一些问题，首先是在基础创新阶段。一般认为基础创新是从 0 到 1 的过程，如何完善科研经费的利用。关于创新成果的转化，美国有一个很重要的《拜杜法案》，该法案规定，凡是知识产权发明，1/3 归投资者，1/3 归原创发明人，剩下的 1/3 归那些把发明成果转化成生产力的人，对创新成果的转化给予了明确的权益分配安排。而目前我国在创新成果的转化环节缺少重要的制度安排，当原始发明、知识产权形成后，知识产权的 70% 给了发明人，随后投资者进行投资，不论是企业还是事业单位进行投资，都只占30%的权益。而根据成功的创投经验来看，转化环节是不可或缺的，大部分成功的孵化企业，都是直接到市场上把大学的知识产权拿过来，这很好地解决了发明人做不了转化的问题。而对于创新成果的转化环节缺少制度安排的时候，多数只能依靠发明人自己做转化，这无疑加大了创新成果转化的难题，在制度环节上存在不理性的安排。这对解决我国创投领域创新成果转化不足的问题具有重要启示意义。

5.2.3 加快金融科技服务升级

从金融服务实体经济的角度来看，有什么样的产业链，就需要相应的金融来提供支持，相应的金融科技生态也需要演化调整。传统产业形态价值规模巨大，数字化转型带来的未来发展空间同样规模巨大。如果消费互联网市场只能容纳几家万亿元级别的互联网巨头，在消费互联网向工业互联网转型的过程中，将可以容纳更大数量级的同等规模创新企业。这是一个重要的发展区域，围绕工业互联网的发展前景，布局一批优秀的金融科技企业，将为区域经济金融发展增添巨大的活力。

2022 年武汉市在数字经济发展规划方面，提出要在产业数字化方面推动数字技术与一二三产业在更高水平、更大范围、更深程度融合。而在数字新基建方面也明确提出要推进物联网和 IPv6 规模应用、统筹布局算力基础设施，这与工业互联网发展密切相关。最值得关注的是《规划》

提出要推动武汉超算中心的落地建设，这些发展规划的支持无疑为工业互联网的发展提供了重要基础。但从工业互联网的角度来看，如何将这些技术创新与金融产业深度融合，助力武汉市区域金融中心的建设，需要进行更深入的路径分析。

工业互联网通过产业内的互联互通，将重塑产业内的数据采集和流通方式。对于相应金融企业而言，通过金融科技向产业内的中小微企业提供融资服务，存在巨大的价值空间，为金融生态增添新的活力与价值。如果说消费互联网是金融科技发展的初级阶段，那么工业互联网的发展才是未来金融科技发展高级阶段。

中小微企业的融资需求不足，将是工业互联网下金融科技发展要解决的首要问题，也是未来武汉市打造金融科技中心的抓手和重要路径。其重要的市场前景在于，产业内的单个中小微企业看起来势单力薄，但中小微企业整体却贡献了全国80%的就业、70%的专利发明、60%的GDP和50%的税收，具有重要的经济价值。可中小微企业所获得金融支持与其创造的经济价值却存在严重的不匹配，贡献80%就业的中小微企业仅获得了不到40%的金融资源支持。

而工业互联网的发展有望改变这一金融资源错配的局面。从工业互联网与消费互联网的区别可以窥见其中的变化，工业互联网是消费互联网向上游渗透的下一个发展阶段，该阶段的金融服务以企业作为用户，以产业内的生产活动为场景形成金融需求，而消费互联网阶段的金融需求主要以个人为用户，以日常生活消费为应用场景提供融资服务。在工业互联网时代，传统的以银行为主的金融业态无法解决中小微企业的融资难题。即便是提供了更多贷款的中小银行[①]，也无法较好解决中小微企业的融资难题，如农商行这几年面临不良率走高的问题，高企的不良率只能迫使它们收缩信用，无法形成可持续的融资解决方案。随着中小微企业融资难融资贵问题的不断演进，新的解决方案有待提出。中小微企业属于传统金融业态下的长尾用户，由于抵押品不足、信用资质差、信息不对称等实际约束

---

① 比如从贷款来看，相较于国有商业银行和股份制银行，我国城商行和农商行提供了更多的小微企业贷款，是小微贷款的主力。

的存在，银行通过传统风险管理手段很难将金融资源向中小微企业供给，而这种不匹配在工业互联网时代将得到一定的解决。随着消费互联网向工业互联网发展阶段的转变，将金融服务更加聚焦到产业内的中小企业发展，而工业互联网阶段所形成的技术，也为这一金融服务的完善提供了相应技术支持，相互渗透和扩散，为区域经济金融发展提供活力。

工业互联网阶段的金融业态存在完全不同的构成要素，主要包括产业链、中小微企业、产业互联网应用、金融科技及金融服务机构。未来工业互联网下金融业态的重要节点在于产业互联网应用和金融科技这两个部分，是完全不同于消费金融的全新业态。工业互联网下的金融科技服务将目标专注于中小微企业。一是工业互联网下金融科技有望有效解决信息不对称问题；二是中小微企业更愿意接受金融科技提供的标准化服务，更有利于大数据的生成；三是中小微企业存在巨量的融资需求无法得到满足，对于提供金融服务的金融科技企业而言，具有广阔的市场空间，是金融市场的蓝海。

金融科技能力是工业互联网阶段金融行业亟待解决的问题。由于工业互联网阶段的企业客户和消费互联网阶段的自然人客服存在巨大差异，中小微企业具有更强的抵押品不足、信用资质差、信息不对称等实际约束，目前的主要发展路径还是用核心企业弥补中小微企业信用的供应链金融。脱离核心企业信用，仅以金融科技为基础的大数据风控还不足以解决市场的痛点。一旦随着工业互联网阶段龙头企业的发展，相应金融科技模式将得到市场的检验，未来是否能完全依靠金融科技在工业互联网阶段打造新金融业态，这有待市场和实践的检验，这无疑是未来武汉市打造金融科技中心不可回避的难题，虽然充满了诸多不确定性，但也是重要的机遇，是备受期待的发展路径。

5.2.4 完善碳金融中心相关配套建设

碳金融中心建设的关键是碳市场的建设，而碳市场的建设则需要充分的法律条规，规章制度以及社会市场秩序的维护。建成碳市场是一个循序渐进的过程，充满挑战也需要各方面的大力支持。结合碳达峰、碳中和目标及新形势和新要求，全国碳市场建设要从以下7个方面进行。

一是建立双碳目标的制度。建立健全该目标，制定清晰的时间表和制度，思路明确勇于进取，加快假设的相关工作。也出台了相关条例，形成协调机制，确保全国碳市场各项政策维持长期稳定。

二是逐步扩大行业覆盖范围，形成多行业参与格局。在发电行业重点排放单位有序参与全国碳市场的基础上，由于目标的紧迫性，需要尽快完成各行业参与并实现快速运转的局面。组织其他行业强化碳排放核算，夯实数据基础。尽早明确行业扩容的时间表，给市场以较为明确稳定的预期。争取早日实现多行业参与，多行业覆盖的总趋势。

三是完善配额方式，提倡有偿配额，促进稳定发展。结合国内外碳市场来看，国内通过配额有偿的方式，加快了企业对其认识，对污染环境的行为也有惩罚机制的实施，促进了社会的公平和市场的稳定，也符合保护环境的基本国策。在未来发展中，可以提供市场有偿分配比例，充分发挥市场对资源的配置作用。有效提高企业和碳市场的参与度，推动节能减排，促进新发展。

四是加快非履约主体入市，形成市场多元化发展机制。在满足监管要求的前提下，按照分层分类、分步推进、审慎稳妥的原则有序引入非履约主体。积极争取相关金融监督部门的支持，逐步引入银行等金融机构参与碳市场，实现全国碳排放交易市场的多元化发展，提供市场流动性。加强金融机构和碳市场的合作管理以及相关准则。全国碳排放权交易机构加强对非履约主体入市审核及日常监管工作。随着全国碳市场的不断成熟，也相应扩大非履约主体的种类和数量。

五是发展碳金融创新，形成有效的碳定价体系和多层次碳市场。依托上海成熟的市场体系和绿色金融以及交易机制，推动全国范围内产品的交易机制更加丰富，促进价格发现。将金融市场创新与碳市场交易的需求有机集合起来，创新以碳排放权为基础资产的各类碳金融衍生产品设计，为市场提供丰富的风险管理工具及手段。推进碳抵押、碳租借等碳金融工具，鼓励碳远期、碳期货等金融衍生工具，支持碳基金、碳债券等金融创新。充分发挥其融资功能，建立碳金融创新，形成更有效的多层次碳市场。建立健全法律法规和市场管理制度，防范金融市场风险。

六是处理好全国碳市场与地方碳市场的协调发展。重点发展地方碳市场，抓住机遇，依托地方碳市场的成功经验推动全国碳金融市场的建设和发展。将地方自愿减排市场和碳普惠市场结合起来，在全国碳排放配额的基础上，规划国家体系的资源减排量和碳普惠的实施，使其可以集中统一，进一步提高全国碳市场的规范性。加强碳市场与能源、环境市场的联动分析，探索碳排放价格发现以及和相关产业之间的传导机制，促进地方和全国碳市场的协调发展，也使全国碳市场更具规范。

七是加强国际交流合作，逐步立足全球碳市场核心地位。立足全国碳市场和碳减排市场，结合《巴黎协定》《格拉斯哥气候公约》等新形势下的国际碳交易市场建设要求，加快国内与国际碳交易机制间的政策协调。鼓励相关行业开展国际化交流和实践，探索碳市场国际区域协调发展的能动性，拓展碳交易人民币跨境结算业务。加强对未来碳机制碳价格的探索，增强我国的碳市场规范形成。通过对国内外不同碳定价机制的探索实践和国际交流，为我国扩大参与国际碳市场积累经验。

第 6 章

区域金融中心建设的政策比较与经验借鉴

6.1 区域金融中心建设的政策比较

区域金融中心是社会经济发展到一定阶段的必然产物，其形成模式有自然形成模式、政府主导模式和混合形成模式。自然形成模式是随着市场需求而被动产生，经济发展是区域金融中心形成的原动力，但该模式需要经济发展创造金融需求，导致区域金融中心形成较为缓慢，纽约和伦敦是金融中心自然形成模式的典型代表。政府主导模式是超前于区域经济金融发展，由政府政策引导和强力支持下形成，这一模式有助于快速推动区域金融发展，但可能产生政府干预的盲目性和较大的效率损失。混合形成模式是在政府的支持下，金融发展适度超前并服务于经济发展，经济发展能够有效推动金融发展，形成"政府推动"和"经济拉动"的良好协同效应，因而成为我国区域金融中心发展的主要模式。近年来，我国各大中城市高度重视区域金融中心建设，地方政府结合本地区金融发展现状、产业结构和发展规划，纷纷出台区域金融中心建设的政策性文件，加大金融服务实体经济力度，以此推动金融和经济发展的良性互动。随着区域金融中心的竞争日趋激烈，武汉的金融发展面临着极大的挑战和机遇。在挑战方面，武汉需要应对北京、上海、深圳等全国性金融中心产生的金融资源"虹吸效应"，以及杭州、重庆、成都等区域性金融中心的创新发展竞争。在机遇方面，武汉是中部 6 省唯一的副省级城市，中国中部地区的中心城市，也是"长江经济带""一带一路"的重要节点，武汉发展区域金融有着独特的地理优势；另外，武汉科教实力雄厚，金融人才众多，且随着武汉的产业结构升级，"光芯屏端网"等新一代信息技术、汽车制造和服务、大健康和生物技术等新兴科技产业发展态势良好，为金融服务实体经济提供了坚实的基础。因此，武汉金融业如何脱颖而出，走出一条金融发展的创新之路就有着重要的现实意义。

20 世纪中后期，日本东京、新加坡等区域金融中心，政府的金融引导政策发挥了重要的作用，成为"供给型"区域金融中心发展的典型案例，同时为我国各地的金融中心建设提供了良好的借鉴。当前我国各地的金融中心建设基本采取"政策引导，市场主导"发展模式，即通过当地政府政策的强力引导推动金融业发展并服务于实体经济，逐步形成金融市场和实体经济相互促进的良性循环机制。随着各大中城市对区域金融中心建设的高度重视，本书收集资料发现，目前70个大中城市中已经有29个城市明确提出了区域金融中心建设目标，各城市纷纷出台区域金融中心建设的政策性文件，通过明确金融发展目标、提出主要任务与措施、构建保障措施等途径，为区域金融中心建设提供政策指引。完善的金融发展政策体系有利于金融业实现自身跨越式发展，全面提升区域金融服务和引领经济社会发展转型能力。本节选取了15个大中城市的区域金融中心建设文件（见表6-1），统计归纳促进金融发展的特色内容和不足，为武汉区域金融中心建设提供政策借鉴。

表 6-1　部分大中城市出台的区域金融中心政策

金融层级	城市	政策文件	发布单位	发布时间	主要内容
金融一线城市	北京市	《关于推进北京全球财富管理中心建设的意见》	北京市地方金融监督管理局等4部门	2022年5月	一是健全财富管理机构体系，打造完善的财富管理发展生态。 二是创新财富管理产品和服务，打造活跃的财富管理市场。 三是强化金融基础设施建设，打造多层次市场体系。 四是支持城市副中心高质量发展，打造全球财富管理新高地。
	上海市	《上海国际金融中心建设"十四五"规划》	上海市人民政府	2021年7月	一是完善养老、健康金融服务体系。 二是加强对长三角地区更高质量一体化发展的金融支持。 三是提升上海金融市场全球定价权和影响力。 四是推进人民币可自由使用和资本项目可兑换先行先试。

续表

金融层级	城市	政策文件	发布单位	发布时间	主要内容
金融一线城市	广州市	《支持广州区域金融中心建设若干规定》	广州市人民政府	2019年1月	一是对新设立或新迁入的金融机构一次性奖励200万元。 二是鼓励在穗法人金融机构跨地区并购重组。 三是对普惠金融、绿色金融、农村金融发展项目给予补贴。 四是对支持金融科技发展的企业予以奖励。
	深圳市	《深圳市支持金融企业发展的若干措施》	深圳市地方金融监督管理局	2022年4月	一是发展金融总部经济，鼓励金融企业总部做大做强。 二是培育引进创新型金融机构，完善配套金融支持体系。 三是支持金融企业分支机构落户布局，鼓励精细化发展。
	杭州市	《杭州国际金融科技中心建设专项规划》	浙江省发展改革委省地方金融监管局杭州市人民政府	2019年5月	一是持续深化金融大数据技术研发及应用。 二是积极推动金融领域人工智能技术研发及应用。 三是鼓励开展分布式技术研发及在金融领域应用。 四是大力支持金融信息安全技术的研发及应用。
金融二线城市	武汉市	《武汉市打造区域金融中心实施方案（2021—2025年）》	中共武汉市委办公厅	2021年4月	一是加快金融要素市场建设。 二是打造全国一流科技金融创新中心。 三是探索推进文化与金融融合发展。 四是大力发展物流金融。 五是争取设立武汉金融法庭。
	长沙市	《关于支持湖南金融中心发展的若干措施（试行）》	湖南湘江新区管委会	2020年4月	一是大力支持金融机构总部落户湖南金融中心。 二是支持金融分支机构（一级分支机构和二级分支机构）落户金融中心。 三是提升金融服务优化金融生态。

金融层级	城市	政策文件	发布单位	发布时间	主要内容
金融二线城市	合肥市	《合肥市"十四五"金融业发展规划》	合肥市人民政府办公室	2022年3月	一是建设更具引领作用的金融产业集聚区。二是建设更具辐射能力的科创金融试验区。三是建设更具开放水平的跨境金融先行区。四是建设更具包容特性的新兴金融引领区。
	成都市重庆市	《成渝共建西部金融中心规划》	中国人民银行重庆市人民政府四川省人民政府	2021年12月	一是到2025年，西部金融中心初步建成。二是到2035年，西部金融中心地位更加巩固。
	厦门市	《关于支持厦门建设两岸区域性金融服务中心的若干意见》	厦门市人民代表大会常务委员会	2013年12月	一是鼓励和支持两岸金融机构创新金融产品和金融服务，积极参与对方金融市场活动。二是推动建立和完善适应离岸投资贸易业务发展的金融制度，建设对台离岸金融市场。三是支持金融机构开发符合两岸贸易投资结算需求的金融产品，完善对台资企业及台湾同胞的金融服务体系。
	苏州市	《关于推进苏州金融业高质量发展的指导意见》	苏州市人民政府	2021年6月	一是积极打造金融服务实体经济标杆城市、数字金融创新标杆城市、产业资本集聚标杆城市、金融开放合作标杆城市。二是努力建设成为与上海国际金融中心有良好协同增强效应的功能性金融中心。三是对金融企业总部发展壮大、新设金融企业一级分支机构、新设金融企业专营机构或专业子公司，给予相应奖励。

金融层级	城市	政策文件	发布单位	发布时间	主要内容
金融二线城市	西安市	《西安丝绸之路金融中心发展行动计划（2020—2022年）》	西安市人民政府	2020年3月	一是构建科技金融创新中心，争取到2022年实现科技型中小企业融资额超过600亿元。二是构建面向文化基础设施、文化旅游服务、文化创意产业、艺术品交易的文旅金融服务体系。三是培育引进一批专业能源金融机构，进一步完善能源金融产品。
金融三线城市	昆明市	《昆明市加快建设立足西南面向全国辐射南亚东南亚金融服务中心实施方案》	昆明市人民政府	2019年9月	一是形成多元化、深层次、宽领域金融组织体系和服务体系，不断提升金融服务能力，为经济发展提供有力保障。二是推动金融业"引进来"和"走出去"。
	沈阳市	《沈阳市建设区域金融中心三年行动计划（2021—2023年）》	沈阳市人民政府	2021年7月	一是金融科技发展计划。包括推动金融机构加强金融科技应用、积极引进和培育金融科技企业。二是资本市场建设提速、企业上市挂牌推进行动计划。三是区域股权交易市场发展，基金业壮大行动。四是特色新兴金融发展计划。包括大力发展科技金融、普惠金融与绿色金融。
	济南市	《济南市加快区域性金融中心建设促进金融业发展若干扶持政策》	济南市人民政府	2019年7月	一是对新设立或新引进、增资扩股的法人金融机构，按其实缴注册资本规模给予资金补助。二是对新设立或新引进、增资扩股的股权投资（管理）企业、融资租赁企业、金融中介服务机构给予资金补助。三是对拟上市企业、债券融资企业根据上市工作实施进程分阶段给予扶持补助。

资料来源：根据各城市人民政府网站收集整理。

6.1.1　区域金融中心的政策分析

近年来，各地政府高度重视区域金融中心建设，在建立和完善区域金融中心政策体系过程中不断地找短板、促特色、定目标，通过营造良好的金融生态环境，推动金融总部经济发展，鼓励新兴金融业务创新，促进金融服务实体经济高质量发展需要，防范系统性金融市场风险，有效地推动了区域金融中心发展。

（1）政策数量多、级别高

在过去的十年，中国 70 个大中城市已经有 29 个城市出台系列政策文件，明确提出要发展金融中心，除了北京、上海提出了国际金融中心的发展目标外，广州、深圳、武汉等城市纷纷展开了区域金融中心的角逐，各地政府高度重视区域金融中心建设，出台了相当数量的支持政策和配套措施，区域金融中心的政策体系日益完善。本书通过查阅各城市人民政府网站发布的金融业发展相关政策，发现 29 个大中城市共发布了 43 项区域金融中心建设的支持政策，大量政策的发布主体为所在省市的人民政府，而符合国家发展战略的金融中心建设则由国务院各部委联合地方人民政府发布，所发布的政策级别高、效力大。如 2020 年 2 月，中国人民银行、银保监会、证监会、外汇局与上海市政府联合发布《关于进一步加快上海国际金融中心建设和金融支持长三角一体化发展的意见》，对上海金融业对外开放和金融支持长三角一体化发展等方面提出 30 条具体措施；2021年 12 月，中国人民银行、国家发展改革委、财政部、中国银行保险监督管理委员会、中国证券监督管理委员会、国家外汇管理局、重庆市人民政府、四川省人民政府共同发布《成渝共建西部金融中心规划》，提出到 2025 年，西部金融中心初步建成；到 2035 年，西部金融中心地位更加巩固，明确"以金融支持成渝地区双城经济圈高质量发展为主线"，并"助推国家重大发展战略实施"，高效力的政策性文件对金融中心建设提供了有力支持。

（2）优惠力度大、范围广

为了实现机构、资金、人才等金融要素的高质量集聚，各地政府在金融机构和金融人才的引进、发展壮大和创新激励方面，出台力度较大的多方面优惠措施。在引进金融机构的激励措施方面，各地普遍对新设立或新迁入的金融机构总部、一级和二级分支机构给予一次性奖励，通常是按实缴注册资本的1%并不超过规定的最高额进行一次性奖励，其中规定的最高额差异较大，如武汉和重庆规定1亿元的最高奖励额，而沈阳规定的最高额为1000万元；相较于其他城市，长沙给出的奖励比例为3%，表明其对新设立或新引入大型金融总部的强烈意愿。相对而言，金融二线城市在产业结构、人才吸引力等方面竞争力弱于金融一线城市，因此为了发展区域金融中心，金融二线城市对金融机构的奖励力度更大（见表6-2）。金融人才是区域金融发展的最重要资源，因此各城市在金融人才引入方面竞争激励。在引进金融人才的激励措施方面，各城市解决总部企业高级管理人员、专业技术人员落户问题，分类提供住房、落户、配偶就业、子女入园入学、医疗、出入境和停居留便利、创业扶持等服务保障，并统筹安排总部企业人才住房，并给予金融人才个人所得税减免（见表6-2）。比较而言，各城市对金融人才的奖励措施差异性较大。如北京市作为全国金融管理中心，自身的区位、户籍优势对金融人才形成巨大吸引力，因此只需要给予落户、住房、医疗、子女教育等相应支持和服务就能够很好地吸引金融人才流入；而武汉、长沙等金融二线城市由于自身区位、产业优势并没有绝对优势，因此采取较大力度的人才奖励办法，武汉对新设立或新引入的金融机构高管人员，连续3年按照不超过个人薪酬8%的比例给予奖励，同时对取得特许金融分析师（CFA）、金融风险管理师（FRM）、北美精算师（ASA）、中国精算师（FCAA）、英国特许注册会计师（ACCA）执业资格证书后，在武汉市金融系统全职工作满2年的，按照每人2万元的标准，给予一次性奖励。

除了对新设立和新引入金融机构、金融人才的奖励措施，部分城市还对新设立或新引入的融资租赁公司、商业保理公司、股权投资机构、小额贷款公司、融资担保公司、典当行等类金融机构；以及金融法律服务、金融会计服务、金融信息与数据服务第三方金融服务机构进行奖励。为了促进区域资本市场发展，更多的金融二线城市对企业上市挂牌、直接融资出台扶持政策，如济南市在 2019 年发布《加快区域性金融中心建设促进金融业发展若干扶持政策》，规定对拟上市企业根据上市工作实施进程分阶段给予扶持补助，以及实现债券融资的企业、在新三板挂牌的企业、在全国中小企业股份转让系统挂牌的企业都给予相应的奖励和补助。

（3）政策创新大、保障措施多

金融创新是金融高质量发展的根本动力，各城市认识到金融创新的重要性，并在区域金融中心发展政策中给予较大支持。目前各城市的金融支持政策主要针对金融服务科技型企业、金融科技发展等领域展开。目前，上海、深圳、杭州等城市明确提出要建立全球或全国金融科技中心，武汉、西安等城市则着重在金融服务科技型企业方面出台政策措施。在打造金融科技中心的政策措施方面，上海市 2021 年制定了《加快推进上海金融科技中心建设的实施方案》，提出要加快金融科技关键技术的研究和开发、全面推进金融科学技术的应用、全面营造金融科技发展的一流环境等一揽子措施，对注册在自贸区临港新片区的金融科技企业紧缺急需人才，可直接落户。深圳市在 2022 年 4 月出台《深圳市扶持金融科技发展若干措施》，提出"再培育一批类似腾讯金科、平安科技等金融科技领军企业""建设全球金融科技中心"，对于国家金融监管部门及其直属机构来深发起设立的，或其他基础设施与重大项目类给予现金奖励，最高可达 2000 万元，鼓励深圳市天使投资引导基金与社会资本合作发起设立支持金融科技发展方面的子基金。在推动科技金融发展方面，武汉和西安等城市更加注重金融服务科技创业，武汉市在 2022 年发布《武汉市科技贷款贴息贴保项目管理办法》，西安在 2021 年发布《西安市科技金融融合业务工作指引》，上述文件都规定对获得银行贷款的科技型企业，给予贷款利息、小额贷款保证保险费用（以下简称保费）和担保费用补贴。

表 6-2 部分大中城市 2022 年引入金融机构的奖励措施

北京	上海	广州	武汉	长沙	沈阳	重庆
鼓励企业上市融资，最高奖励 1000 万元，北交所上市奖励 600 万元，金融机构一次性入区奖励最高 6000 万元。	给予持牌类金融机构、新型金融机构、投资类企业，以及金融功能性机构相应奖励，最高 6000 万元。	对金融机构落户、增资扩股、并购最高分别奖励 2500 万元、1000 万元、1000 万元；对金融机构地区总部、专业子公司最高奖励 200 万元。	总部金融机构按照实收资本 2% 比例，最高奖励 1 亿元。金融持牌机构、金融机构地区总部按照营运资金 2% 比例，最高奖励 1000 万元。	金融机构总部，在湖南金融中心注册之日起 2 年内实缴注册资本在 10 亿元以上，按实际到位资金的 3% 给予奖励，最高不超过 5000 万元。	金融机构总部按其实缴资本的 1% 给予最高不超过 1000 万元奖励；金融机构功能总部给予最高 300 万元奖励；银行信贷支持小微企业最高奖励 300 万元。	金融机构总部按其实缴资本的 1% 给予最高不超过 1 亿元奖励；金融机构功能总部给予最高 1000 万元奖励。
对金融高级管理人员和核心业务骨干，按贡献度给予落户、住房、医疗、子女教育等相应支持和服务。	对金融机构和金融功能性机构的高管人员和特殊高端人才，给予人才奖励，对高管人员进行安家奖励。	对金融机构高级管理人才每月补贴 1000 元；对每年评定的高层次金融人才最高奖励 100 万元。	对新设立或者新迁入的金融机构高管人员，连续 3 年按照不超过个人薪酬 8% 的比例给予奖励。	对企业高级管理人员、专业技术人员，按照个人当年缴纳所得税的 50% 给予奖励，每人每年最高不超过 20 万元。	为金融机构高管人员在沈落户、家属随迁、子女就学等提供便利条件。	按照金融人才年薪区分为 A、B、C 三类，奖励标准分别参照其年缴个人所得税的 2 倍、1.5 倍、1.2 倍给予奖励。
推动金融科技发展"八一工程"：一个发展规划、一套政策支持体系、一个以示范区为引领的产业集群等。	对于国家金融监管部门及其直属机构来深发起设立的、或其他基础设施与重大项目类给予现金奖励，最高可达 2000 万元。	对具有独立法人资格或隶属于金融机构的金融科技主体，实收资本 2 亿元（含）以上的，一次性奖励 300 万元。	对在汉科技型企业或小微企业的年度新增贷款余额达 10 亿元以上，按新增余额 0.2‰给予最高不超过 200 万元奖励。	"金科十条"：对金融科技领域单位和个人注册落户、载体建设、企业融资、人才引进、研发创新等方面给予支持和奖励。	无。	鼓励金融机构对科技企业加大信用贷款、中长期贷款、投贷联动、知识产权证券化等产品创新。

资料来源：根据各城市人民政府网站收集整理。

6.1.2 区域金融中心的政策定位

区域性金融中心是金融机构集中、市场发达、信息灵敏、服务高效的融资枢纽，能够汇集大量资本和其他生产要素服务实体，是城市综合竞争力的重要标志。各城市都已经认识到区域金融中心建设的重要意义，众多大中城市都提出打造区域金融中心的目标。随着区域金融中心竞争的日趋激烈，各城市只有结合自身的区位优势、产业结构、人才资源等，走差异化、特色化的金融中心发展路径。其中，上海在 2000 年就已确定将大力建设国际金融中心；北京则根据辖内金融监管部门众多、社会经济发展程度较高的特点，先后提出要建设金融管理中心和全球财富管理中心；深圳也凭借着拥有腾讯金科、平安科技等一批金融科技领军企业的优势，提出要建设全国金融科技中心，而像杭州、武汉、大连、成都、重庆、西安等城市也明确了区域金融中心的发展定位（见表6-3）。

表6-3　部分大中城市区域金融中心功能定位

金融层级	城市	金融中心功能定位	发展优势	政策文件
金融一线城市	北京	金融管理中心 全球财富管理中心	拥有金融委、"一行两会"等金融决策、监管机构；大量央企、社保基金、国家外汇储备和主权基金坐落在北京。	《北京金融业高质量发展"十四五"规划》
	上海	国际金融中心	中央政府的大力支持和上海政府的重视；雄厚的实体经济背景；完整的"金融产业链"等诸多优势。	《上海国际金融中心建设"十四五"规划》
	广州	金融风险管理中心 全球财富管理中心 国际化金融资源配置中心	拥有广州金融风险监测防控中心等重要的金融风险防控基础设施；珠三角经济发达，产业资本雄厚，辖内多家大型资产管理机构。	《广州市金融发展"十四五"规划》
	深圳	全球金融创新中心	人民币国际化、资本项目开放和深港金融融合发展的契机。	《深圳市金融业高质量发展"十四五"规划》

金融层级	城市	金融中心功能定位	发展优势	政策文件
金融二线城市	杭州	国际金融科技中心	杭州金融科技产业发展成果丰硕，拥有蚂蚁集团在内的十多家世界级金融科技企业，一大批知名金融机构在杭设立金融科技事业部、技术部、研发中心等。	《杭州市金融业发展"十四五"规划》
	西安	丝绸之路金融中心	西安具有联通欧亚、承东启西、连接南北的重要战略枢纽优势，以及自贸试验区、中欧班列（长安号）、跨境金融的持续推进。	《西安丝绸之路金融中心发展行动计划（2020—2022年）》
	武汉	全国碳金融中心全国科创金融中心	武汉是全国首个科技金融改革试验区；全国碳排放权注册登记系统落户武汉。	《湖北省金融业发展"十四五"规划》《关于进一步深化科技金融改革创新工作实施意见》
	成都重庆	西部金融中心	成都和重庆是西部地区最重要的城市，是西部大开发的重要支撑。	《成渝共建西部金融中心规划》
	合肥	区域性科创金融中心	合肥在新能源、人工智能、信息技术等高科技产业发展迅速。	《发展多层次资本市场服务"三地一区"建设行动方案》
金融三线城市	昆明	面向东南亚、南亚的区域金融中心	大湄公河次区域经济合作的不断加强，以及中国—东盟自由贸易区的不断推进和深化，云南与东盟南亚国家的密切经济联系。	《昆明市加快建设立足西南面向全国辐射南亚东南亚金融服务中心实施方案》
	济南	产业金融中心	山东自贸试验区获批，济南担负着探索符合产业金融特点的创新任务。	《济南市"十四五"金融业发展规划》
	乌鲁木齐	中亚金融中心	"丝绸之路经济带"为新疆乌鲁木齐金融业发展迎来了良好时机。	《乌鲁木齐市国民经济和社会发展第十四个五年规划》

资料来源：根据各城市人民政府网站文件整理。

（1）北京：全球财富管理中心、全国金融管理中心

北京在《北京金融业高质量发展"十四五"规划》《关于推进北京全球财富管理中心建设的意见》中提出要加快北京的全球财富管理中心建设，目标是到2023年培育一批优质财富管理机构和人才，财富管理产品类型不断丰富，财富管理服务能力持续优化，财富管理发展水平显著提升；到2025年，基本建成财富管理法治体系健全、市场规范有序、国际影响力较大的全球财富管理中心。同时，北京拥有金融委、"一行两会"等金融决策和监管机构，并提出将北京建设为全国金融管理中心。

（2）上海：国际金融中心

上海在《上海国际金融中心建设"十四五"规划》中提出将在金融科技、绿色金融、人民币国际化、金融营商环境等多个方面发力，实现到2025年，上海国际金融中心能级显著提升，服务全国经济高质量发展作用进一步凸显，人民币金融资产配置和风险管理中心地位更加巩固，全球资源配置功能明显增强，为到2035年建成具有全球重要影响力的国际金融中心奠定坚实基础。

（3）深圳：全球创新资本形成中心、全球金融科技中心、全球可持续金融中心、国际财富管理中心

深圳在《深圳市金融业高质量发展"十四五"规划》提出到2025年，深圳金融产业支柱地位和资源配置能力进一步增强，金融国际化程度稳步提升，金融创新能力和综合实力跻身全球城市前列，在构建金融运行安全区的前提下，深化金融改革开放，推进"金融+"战略，着力打造全球创新资本形成中心、全球金融科技中心、全球可持续金融中心、国际财富管理中心，助力深圳建设有影响力的全球金融创新中心。

（4）杭州：全球金融科技中心

目前杭州拥有蚂蚁集团在内的十多家世界级金融科技企业，因此杭州提出要高标准建设杭州国际金融科技中心，推动杭州地区的金融机构数智化转型，形成面向全国可复制、可推广的金融科技发展杭州经验。同时培育发展一批具有重要影响力的新兴金融机构、要素交易场所、配套服务机构，形成开放、合作、共赢的金融科技产业生态体系，率先打造"中国金

融科技引领城市"和"全球金融科技应用与创新中心"。

（5）西安：丝绸之路金融中心

西安提出要加快建设丝路金融中心，争取将丝绸之路金融中心发展上升为国家战略，在丝路资金融通、人民币国际化、跨境金融服务等方面先行先试，成为我国丝路金融全方位开放合作的窗口和试验田。依托科技、能源、文旅、绿色等特色金融，推动特色金融聚集发展。

（6）武汉：打造全国碳金融中心、科创金融中心

武汉提出以全国碳排放权登记系统落户为契机，将武汉建设成为全国碳交易中心和碳金融中心。具体包括支持全国碳排放权注册登记机构引入战略投资者，创新碳排放交易产品，丰富碳交易市场主体。推动成立武汉清算所，打造碳市场现货及衍生品清算基础平台。产品创新上，鼓励金融机构开发推广环境权益类质押融资贷款等绿色信贷产品，创新发展排污权、碳排放权、用能权等绿色权益抵（质）押贷款业务。同时，武汉基于科教优势，提出构建全国一流科创金融中心，目标是到2025年，武汉市科技贷款余额突破4000亿元，科创企业上市数量突破100家，科创企业保险保障突破1000亿元，实现以科技金融创新推动武汉科创金融中心建设。

（7）重庆和成都：西部金融中心

随着中国人民银行、重庆市人民政府和四川省人民政府联合发布《成渝共建西部金融中心规划》，文件提出将成渝建设成为立足西部、面向东亚和东南亚、南亚，服务共建"一带一路"国家和地区的西部金融中心，这一政策将成渝西部金融中心建设上升为国家规划。文件提出到2025年，西部金融中心初步建成，科创金融、普惠金融、绿色金融、消费金融、供应链金融等特色金融服务体系更加完善，基本建成中国（西部）金融科技发展高地。到2035年，西部金融中心地位更加巩固，基本确立具有较强金融资源配置能力和辐射影响力的区域金融市场地位。

（8）济南：产业金融中心

随着2019年山东自贸试验区获批，济南作为济青烟三大片区中的首位城市，为济南产业金融中心的建设提供了新的机遇和挑战。《济南"十

四五"金融业发展规划》中提出，要加快构建服务于实体经济和科技创新的现代金融体系，打造产业金融中心、科创金融发展高地和金融数字化转型高地，为产业全周期发展以及实体经济的全产业链提供良好的金融服务，发展以贸易融资、对外投资等为开放型经济服务的开放型金融，增强产业金融中心的全国影响力和服务辐射力。

6.1.3 区域金融中心的政策目标

本文通过收集主要城市发布的区域金融中心建设的相关支持政策，整理出各城市金融业发展目标。其中，大部分城市对金融业发展的关键指标给出了具体指标（见表6-4），对各城市的发展目标进行比较分析，将有助于了解各区域金融中心建设的发力方向和发展趋势，为武汉区域金融中心建设提供全局性视角。

表6-4 部分大中城市2025年金融业发展目标

城市	金融业增加值（亿元）	金融业增加值/GDP（%）	本外币存贷款余额（万亿元）	上市公司数量（家）	直接融资比重或直接融资额	保费收入（亿元）
广州	—	9.5	16	800	25%	1800
深圳	6000	16	22.5	600	30%	2200
大连	958	9.3	4.6	44	—	568
济南	1560	11	6.7	85	3650	900
武汉	2500	10.5	10	160	5000	1350
合肥	2000	12.5	7	120	6000	800
南昌	800	10	—	—	—	—
重庆	—	9.5	13.4	—	3500	1600
西安	1450	10	7.23	120	2166	800

资料来源：根据各城市发布的区域金融发展政策整理。

（1）不再单纯追求金融业规模高增长

相较于金融业发展"十三五"规划，各城市在金融业发展"十四五"规划中普遍降低了金融业增加值的增长率目标，金融业增加值占GDP的比重也与"十二五"期末基本保持稳定，显示各城市不再将金融市场规

模的高增长作为主要目标。深圳将金融业增加值占 GDP 的比重从 2020 年
的 15% 提升到 16%；武汉将 2025 年的金融业增加值占 GDP 的比重确定为
10.5%，与 2020 年的该指标基本保持一致；南昌更是将 2025 年的金融业
增加值占 GDP 的比重确定为 10%，与 2020 年相比下降 0.9 个百分点。这
表明各城市开始认识到区域金融中心并不能仅仅依靠规模，而是在传统金
融业务稳健的基础上，更多地实现金融结构优化和新兴金融业务快速
发展。

（2）注重发展多层次资本市场，金融服务经济转型升级成为共识

各城市开始重视发展多层次资本市场提升金融中心能级。如广州
"十四五"期末的资本市场发展目标：挂牌上市公司（含新三板）达到
800 家，培育市场规模和竞争力居同行业前列的证券、基金、期货法人金
融机构 6 家，直接融资比重达到 25%，绿色债券累计发行达到 1400 亿元。
武汉的 2025 年直接融资规模目标为突破 5000 亿元，年均增长 15% 左右；
证券业交易规模达到 20 万亿元，境内外上市企业数量达到 160 家，强化
对科创企业的全链条支持，着力扶持我市"965"产业集群企业。合肥则
力争在 2025 年实现上市公司总数突破 120 家，直接融资规模超过 6000 亿
元，直接融资额年均增长 10% 以上；科创金融走在长三角前列，科技保
险、科技小贷等特色金融产品进一步丰富。

（3）积极谋划特色金融发展

很多城市结合自身的区位优势、资源禀赋、产业结构等特征，提出了
将要重点发展的新金融业态。其中，上海在传统金融市场难以持续高增长
背景下，在金融业发展规划文件中提出要打造全球资产管理中心生态系
统，增强金融科技中心全球竞争力，确立国际绿色金融枢纽地位、人民币
跨境使用枢纽地位等宏观目标。深圳提出绿色信贷比重从 2020 年的 4.9%
提升至 7%，以及科技企业贷款比重从 5.9% 提升至 8%，小微企业贷款从
14.4% 提升至 18%。武汉结合自身产业结构转型压力大、高校人才众多的
特点，提出促进科技金融深度融合，打造全国一流创新中心；落实"双
碳"战略部署，建立碳金融服务体系等目标。重庆也将在"十四五"时
期，绿色贷款余额从 2835 亿元提升至 5700 亿元。西安提出"十四五"时

期要加快建设全国科创金融改革创新试验区包括构建科创金融生态链，培育科创金融市场体系，探索投贷联动机制设计，拓宽商业银行参与股权投资渠道等。

（4）注重完善金融业基础设施，积极构建金融规则体系

完善的金融基础设施有利于提升资本配置效率，提升金融业的"软实力"，从而更好地服务经济转型升级。部分城市已经认识到金融基础设施的重要作用，并将其作为"十四五"时期的重要任务。其中，深圳提出要先行先试推进金融法规和金融规则体系创新建设，争取国家支持设立专业的金融仲裁院、金融法院，推动形成统一完善的金融法治体系。重庆提出在"十四五"时期将努力推动重庆金融法院的设立，充分发挥金融案件集中管辖优势，有序规范金融秩序，切实维护金融安全；加强金融信息化建设，建设一站式大数据金融服务平台，推广动产担保统一登记公示系统；同时探索国际通行的金融规则，在 RCEP 框架下对标全面与进步跨太平洋伙伴关系协定（CPTPP）、中欧全面投资协定（CAI），探索更高水平的国际经贸投资规则。

（5）积极推动区域金融协作与开放共享

目前我国主要有长三角、珠三角、环渤海、西南等多个地区积极开展区域金融合作，这些区域内部经济上的天然联系为金融合作提供了坚实的基础。合肥和杭州作为长三角地区重点城市，分别提出要深度融入长三角金融一体化，且合肥还将深化长江中游城市群省会城市合作，加强与武汉、南昌、长沙等地政府部门的沟通联系，加快对接三地相关金融机构、金融科技企业及高校，共同建设"金融+科技"协同创新平台。重庆和成都则提出合作共建西部金融中心，具有较强金融资源配置能力和辐射影响力的区域金融市场地位，形成支撑区域产业发展、引领全国高质量发展、西部陆海贸易和国内国际双循环的内陆金融开放服务体系，西部金融中心的国际影响力显著增强。

6.1.4 区域金融中心政策存在的不足

区域金融发展政策的核心功能可划分为：第一，引进和培育各类型的

金融机构和人才，促进优质金融资源在本地区集聚。第二，充分发挥金融市场的正向外溢效应，提升地方金融的区域辐射能力，形成区域金融中心。第三，结合地区经济发展目标和规划，发展多层次的金融市场，促进金融服务实体经济高质量发展。通过梳理现有的政策性文件，目前各城市的金融发展政策致力于引入或新设大型金融机构、地区总部和功能性总部，所采用的激励措施主要是进行一次性奖励、对金融人才给予落户、住房、医疗、子女教育等相应支持和服务。而在推动地方要素市场建设、加强金融服务实体经济、提升区域辐射能力等方面，各地仍处于探索阶段，没有形成系统有效的政策措施。概括起来，目前各城市地方金融发展的支持政策还存在以下不足：

一是各城市金融发展激励措施趋于雷同，缺乏激励创新。除了北京、上海、深圳等金融一线城市仅采用人才落户就能够吸引金融优质资源的做法，其他城市促进金融机构和人才集聚的做法都是投入"真金白银"，通过一次性奖励、对金融人才按一定比例返还当年所缴纳个人所得税，为人才提供安居周转房等方式吸引金融机构和人才。奖励类措施在城市金融竞争的初期是最直接有效的方式，但随着各城市的激励措施趋于同质化，政策的边际效果会越来越弱，过度竞争降低了政策的执行效果，增加了地方财政压力，另外也使各城市在金融业发展上失去了自身特色。从国内外城市金融中心的发展经验来看，金融业发展是一个系统性的演化过程，需要与社会经济、产业结构相互促进，仅仅给予单一的奖励或某个环节的补贴，促进金融机构和人才集聚的效果可能会不尽如人意。

二是在金融机构体系建设方面，各城市更倾向于引入大型金融机构。一些城市对大型金融机构是按照实缴资本金的 2%～3% 进行一次性奖励，最高金额能够达到 1 亿元，而对于中小金融机构、第三方金融服务机构、新业态金融机构的扶持力度较小，如广州规定对除银行外的金融机构区域总部和市级机构，给予 50 万元的一次性奖励；对符合条件的地方金融组织，注册资本金在 10 亿元以上，奖励 200 万元；5 亿（含 5 亿元）～10 亿元的，奖励 100 万元，奖励标准相对较低。实际上，大型金融机构的业务开展更多受总部制约，因此难以符合地方政府的产业发展规划。① 中小金融机构以及创业型金融服务机构能够更加灵活地满足地方产业发展融资需求，部分创业型金融机构还具有较好的发展空间，因此地方政府需要重视有较好发展潜力的创业型、中小型金融机构的引入。

三是在直接投融资市场建设方面，各城市主要以促进股票和债券融资为主，缺乏本地金融要素市场的建设规划。金融要素市场能够更有效地集聚金融资源，是区域金融中心建设的重要抓手，但各城市对金融要素市场建设的规划和扶持措施较少且缺少特色。梳理相关政策文件，目前有深圳、武汉、重庆和南昌提出金融要素市场建设目标。如武汉在《武汉市打造区域金融中心实施方案（2021—2025）》中提出要支持湖北碳排放权交易中心建设，吸引各方资金开展碳金融业务，建设全国碳金融高地，但在各相关文件中并未给出具体发展目标和责任部门，这可能会削弱武汉建成碳金融中心的执行力；重庆在《重庆市金融改革发展"十四五"规划（2021—2025 年）》中提出要探索构建统一的国有产权和公共资源、农村产权等要素交易市场。探索"川渝共同产权市场平台"，鼓励商品类交易场所开展战略合作，共建具有区域影响力的大宗商品现货交易平台，打造"一带一路"进出口商品集散中心，但文件同样未给出具体发展目标和责任部门。

四是在加强金融服务实体经济方面，各城市的支持范围有限。为实体经济服务是金融立业之本，也是防范金融风险的根本举措。提升金融服务实体经济的普惠性，助推实体经济的转型升级是当前金融业的核心任务，也是区域金融中心可持续发展的根本推动力。在金融服务实体经济方面，各大中城市高度重视金融服务科创企业，武汉、合肥等提出要建立科创金融中心，助力经济转型升级，但对于普惠金融、绿色金融的支持力度较小，如武汉在《国民经济和社会发展第十四个五年规划》中提出要构建高效都市农业产业体系、强化农业科技和装备支撑，但金融业发展的相关政策中未涉及对现代农业发展的金融支持，这可能会制约现代农产业的

---

① 本书在调研中发现某城市引入一家大型商业银行区域总部后，鼓励金融机构向本地支柱能源产业发放贷款，但该银行受总行风险控制约束而难以向当地能源企业授信。

发展。而一些城市的金融支持政策甚至没有提及普惠金融、绿色金融发展，除武汉市提出要建立碳金融中心以外，其他城市没有构建普惠金融、绿色金融等相关区域金融中心的规划。

6.1.5 区域金融中心政策提供的启示

武汉市九省通衢，坐拥长江黄金水道和九省通衢的交通物流枢纽，有最丰富的科教资源和人才储备，有强大的工业基础，还是中部唯一的副省级城市和中部首个国家中心城市。武汉发展区域金融中心既是自身经济发展所需，也能够与中部城市、长江经济带城市形成协同发展效应，形成区域经济的共同高质量发展。因此，武汉区域金融中心建设应当关注于服务本地社会经济发展，以及实现区域发展的协同效应。武汉政府可以在充分借鉴其他城市的先进做法的基础上，制定差异化发展政策措施。

（1）积极争取国家层面的相关政策支持

武汉区域金融中心建设在省市级政府的大力支持下取得了良好的效果，但缺乏国家层面的相关政策支持，导致新兴金融领域的创新难以顺利展开。因此，武汉市应该结合金融发展优势，从战略层面定位未来 5～10 年的金融发展目标，适时争取科创金融和碳金融发展等新兴领域的深化改革和先行先试权，在充分释放政策红利的基础上，努力构建科创金融和绿色金融的特色发展模式，形成可供中部地区复制和推广的发展经验。

（2）政策推动武汉金融中心的品牌建设

围绕建设具有国际影响力的金融中心定位，加大投入，正确引导，塑造鲜明的武汉金融中心品牌形象，推出体现武汉金融中心文化的金融品牌，提升武汉金融的品牌认知度和国际影响力。围绕全区产业链、创新链招商，招强招大，引进一批创新性、引领性、标杆性的大项目好项目，加快推动"大平台大产业大项目大企业"建设，按照"高起点、高标准、高密度"的要求，建设具有综合功能的金融总部集聚区、新兴金融业态集聚区并扩大区域影响力。

（3）出台金融科技创新创业的专项扶持政策

政府需要从房租补贴、人才引进、税收优惠等方面对金融科技创新创业提供支持。通过参股或合伙方式，与创投机构、大型国有企业及优质上市公司等社会资本合作发起设立金融科技专项引导基金或控股公司，为金融科技企业提供财政支持。同时整合辖内银行、证券、保险等金融机构的金融科技力量，积极并购参股有市场前景的金融科技企业，组建在全国有较大辐射力、影响力的金融科技企业；鼓励金融科技创新创业，出台金融科技创新创业的专项扶持政策，从房租补贴、人才引进、税收优惠等方面对金融科技创新创业提供支持。

(4) 增强武汉金融中心的中部地区辐射力

提升武汉金融的区域影响力是集聚优质金融资源的重要前提，因此应该重点推动武汉区域金融的辐射力。包括以服务实体经济转型为重点，打造中部金融产业发展引领区；加强绿色票据交换所、碳金融交易中心等金融要素市场建设，通过要素市场吸引金融要素集聚；力争在武汉持续开展有全国影响力的金融行业重要专项业务活动；定期召开金融业分类调度会，适时召开项目融资推介会，搭建平台推动产业资本与金融资本的有效对接，打造具有影响力的产融对接品牌活动，提升武汉金融中心的辐射力和资源配置能力。

6.2 区域金融中心建设的经验借鉴

近年来，各大中城市高度重视区域金融中心建设，在加强顶层设计和统筹协调基础上，积极发挥地方政府和中央金融管理部门的引导推动作用，努力打破行政壁垒，优化金融营商环境；同时充分发挥市场在资源配置中的决定性作用，通过市场化机制和手段，提高金融要素市场配置效率，促进产业、人才、技术、资本、数据等要素的合理流动和高效集聚，强化金融服务实体经济功能，创建出多样化的区域金融特色发展模式。通过对我国主要区域金融中心发展现状、发展经验进行总结，将有助于为武汉区域金融发展提供有效的借鉴和参考。

6.2.1 区域金融中心的发展现状

分析我国主要区域金融中心的发展现状，分析其存在的优势和不足，能够为武汉区域金融中心建设提供经验借鉴，表6-5展示了部分大中城市的金融业发展现状。

表6-5 2020年部分大中城市金融业发展现状

城市	金融业增加值（亿元）	金融业增加值/GDP（%）	本外币存贷款余额（万亿元）	上市公司数量（家）	直接融资额（亿元）	保费收入（亿元）
北京	7188	19.8	28.87	681	7367	2302
上海	7166	18.5	24.05	372	3111	1864
广州	2234	8.9	12.22	201	2700	1495
深圳	4189	15	17	333	3332	1453
沈阳	507	7.7	3.7	24	—	399
大连	652	9.3	2.81	32	622	369
济南	968	9.6	4.18	45	2269	628
武汉	1628	10.4	6.78	83	2580	835
合肥	970	9.6	3.59	63	1698	393
长沙	920	7.6	4.76	70	2144	523
郑州	1302	10.9	5.3	49	815	800
南昌	624	10.9	3.47	31	2460	268
成都	2114	11.9	8.48	88	3625	1042
重庆	2200	8.9	8.5	97	2932	987
西安	1069	11	5.13	41	2166	540

资料来源：根据各城市的统计年鉴及《金融业发展"十四五"规划》整理，表格中"—"代表无数据披露。

（1）京沪深三城的金融发展保持领先，"三足鼎立"格局明显

首先，北京在信贷市场和资本市场都占据绝对优势，2020年北京实现金融业增加值7188亿元，占GDP比例19.8%；金融机构本外币存贷款余额28.87万亿元；在资本市场，北京共有境内外上市公司逾681家，总

市值约 26.5 万亿元，市值规模分别为深圳和上海的 1.75 倍和 2.12 倍。随着北交所的开市，北京在金融领域的头部地位将进一步巩固。其次，上海是全国的金融业务中心，证券、基金、期货等金融机构总部数量最多的城市，金融机构发展程度更加均衡。以基金公司为例，共有 67 家基金总部落户上海，基金总部数量、注册资本和基金资产净值均超过了北京和深圳的总和。最后，深圳与北京、上海的对比中略微逊色，2020 年深圳金融业增加值占 GDP 比重为 15%，存贷款额 17 万亿元，上市公司数量达333 家，且直接融资额高于上海。

（2）东北地区金融市场受宏观经济低迷拖累

大连和沈阳是东北地区金融中心，沈阳在金融业务规模和业务相对水平方面在东北地区有较强比较优势。特别是在银行业市场业务发展方面，2020 年沈阳本外币存贷款余额达到 3.7 万亿元，存贷款额居东北地区首位；大连则是保险机构实力及地方金融组织实力在东北地区最强，目前有 3 家法人保险公司、1 家法人保险类资管公司，法人保险公司总资产规模超过千亿元；而且大连是国内少数几个具有全国性金融市场的金融中心，依托大连商品期货交易所的发展，大连在金融市场规模方面实力较强；大连还是东北地区资本市场利用水平最高的城市，截至 2020 年底，大连拥有 32 家 A 股上市公司，全年新增直接融资规模达到 369 亿元。此外，东北另两座城市长春和哈尔滨的金融市场表现不佳，竞争力基本处于全国末位。

（3）中部城市金融的突围之路任重道远，但发展潜力较大

武汉金融业在金融市场规模、金融机构实力和金融发展潜力等角度均领先其他中部城市，武汉均显现"中部老大"的底色，经济总量、金融业增值、保费收入、科技金融等指标均领跑中部城市。近年来武汉积极推动科创金融创新，金融对战略新兴产业的支持显著加强，在 66 个国家级战略性新兴产业集群名单中，武汉共有 4 个产业集群上榜，成为与北京、上海比肩的新兴产业集群最多的城市。近年来，合肥凭借经济实力、科技产业的全面提升，资本市场发展迅速。2020 年以来，合肥有 20 家公司登陆 A 股市场，数量排名中部 6 大省会之首，数量超过武汉、南昌、郑州、

太原新上市公司数量的总和；同时，合肥科创板公司数量同样坐稳中部城市头把交椅。随着合肥科创实力的显著增强，合肥提出区域科创金融中心的发展目标。

（4）西部地区金融市场竞争与合作并存，"双雄"格局凸显

长期以来，西部地区的两大中心城市成都和重庆都在争夺西部金融中心地位，随着成渝双城经济圈建设，成都和重庆开始更大程度地进行金融合作。2021年12月，中国人民银行、重庆市人民政府、四川省人民政府共同发布《成渝共建西部金融中心规划》，确立了两城共建西部金融中心的格局。2020年，重庆和成都的金融业增加值分别为2200亿元和2114亿元，成为中西部地区排名第1、第2的区域金融中心。重庆和成都都是传统重工业城市，制造业发达，具有完备的产业基础，金融机构存贷款余额、金融机构总部数量均排名中西部城市之首。但两城金融市场的短板表现为资本市场结构上，尤其是重庆的上市公司主要集中在传统行业，至今无一家公司登陆科创板，创业板公司业仅有5家，从而失去了注册制时代资本市场的布局先机。

6.2.2 区域金融中心的建设经验

近年来，全国各主要城市高度重视区域金融中心建设，充分发挥资源禀赋和比较优势，大力推动金融资源集聚，推动区域金融中心对外打造开放高地，促进金融服务实体经济高质量发展并取得了良好的成效。总结主要区域金融中心的建设经验，主要有以下5点。

（1）国家政策支持是区域金融发展的保障

在日益激烈的区域金融中心竞争中，部分城市把握好金融改革发展方向，积极争取区域金融改革试验区试点，为区域金融发展打造核心竞争力并取得了良好的效果（见表6-6）。如2021年7月中共中央、国务院发布《关于支持浦东新区高水平改革开放打造社会主义现代化建设引领区的意见》，支持上海进一步加大金融开放力度，发展浦东发展人民币离岸交易、跨境贸易结算和海外融资服务，建设国际金融资产交易平台，推动上海建设成为国际金融中心。随着该政策红利的充分释放，上海的国际金融

中心建设正在快速推进。

武汉区域金融中心建设创新路径研究

表6-6　部分城市金融发展的中央政策支持

城市	政策名称	发布机关	发布时间	支持事项
北京	《关于支持北京城市副中心高质量发展的意见》	国务院	2021年11月	建设全球财富管理中心
上海	《关于支持浦东新区高水平改革开放打造社会主义现代化建设引领区的意见》	中共中央、国务院	2021年7月	建设国际金融中心
广州	《关于支持广州南沙新区深化粤港澳台金融合作和探索金融改革创新的意见》	中国人民银行、国家发展改革委、财政部	2014年3月	推动粤港澳台金融合作
济南	《山东省济南市建设科创金融改革试验区总体方案》	人民银行等8部委	2022年3月	成立科创金融改革试验区
武汉	《武汉城市圈科技金融改革创新专项方案》	人民银行等9部委	2015年7月	成立武汉城市圈科技金融改革创新区
赣州吉安临沂	《普惠金融改革试验区总体方案》	中国人民银行等7部委	2020年10月	成立普惠金融改革试验区
广州湖州哈密等	《建设绿色金融改革创新试验区总体方案》	国务院	2017年6月	成立绿色金融改革创新试验区
成都重庆	《成渝共建西部金融中心规划》	人民银行等6部委	2021年12月	建设西部金融中心

资料来源：根据国务院及各中央部委网站整理。

（2）金融创新是区域金融发展的持续动力

金融创新的本质是实体经济对新的金融工具产生需求，从而催生出金融产品和服务的供给创新。随着我国进入高质量发展阶段，金融创新已经成为社会经济重要的驱动力。我国部分城市充分认识到金融创新的重要价值，结合各自的禀赋优势，在多个金融领域进行了有效的金融创新。例如，合肥的科技创新创业发展态势良好，因此地方政府联合金融机构，根据科创企业不同发展阶段金融需求，创新开发涵盖"初创期、成长期、成熟期"等全生命周期的"科创孵化贷、科创成长贷、科创进阶贷、上市助力贷、上市添翼贷"5大产品，并创新性创建"贷投批量联动"模式，极大地满足了科创企业的融资需求。

（3）金融人才集聚是区域金融发展的关键

金融人才是区域金融发展的核心竞争力，各城市在人才激励、人才培养和评价、人才服务等方面出台各项支持政策，为区域金融发展奠定了坚实的基础。如2016年广州市出台《广州高层次金融人才支持项目实施办法》，通过对金融高级专业人才进行分类奖励，在住房、医疗、子女入学方面，还是在配偶就业、出行便利、个税优惠等方面给予高层次人才综合服务保障待遇。截至2022年，累计评出金融人才近2000名，总奖励资金超2.2亿元，已成为广州金融的品牌和名片，为广州市集聚金融人才发挥了重要作用。金融人才的加速聚集有力推动广州金融向高质量发展，为广州经济社会高质量发展提供强大的金融支撑，在2022年开展的第31期全球金融中心指数排名中，广州位列全球第24名，被列入全球专业性金融中心。

（4）金融服务实体经济是区域金融发展的本质要求

金融是现代经济的核心，也是实体经济的血脉。因此，保持信贷规模稳定增长，加强对小微企业、科创企业等市场主体的金融支持，是金融服务实体经济高质量发展的内在要求。在普惠金融发展方面，赣州市充分发挥普惠金融改革试验区的政策红利，以民营经济最为活跃的南康区为试点，在2020年7月打造出"普惠金融服务中心"南康样板，该中心引入驻点金融机构21家，设立银行、保险、家具信贷通、财园信贷通、小微信贷通、融资租赁、商业保理和还贷周转金窗口，各"信贷通"窗口累计放贷178亿元，2021年金融机构存贷款余额总量突破1200亿元，存贷比117.8%。南康普惠金融服务中心为南康家居产业的转型升级作出了巨大贡献，真正体现了金融是经济的命脉，是经济的血液。

（5）扩大影响力是区域金融发展的重要目标

随着全国区域金融中心竞争的日益加剧，扩大区域金融辐射力和影响力才能脱颖而出，部分区域金融中心通过金融产品和服务的标准制定、加入有影响力的金融协会或联盟、承办全国性的金融研讨会等方式，积极拓展区域金融中心的影响力。例如，在绿色金融发展领域，2017 年深圳绿金委代表深圳加入由联合国环境规划署发起设立的"全球金融中心城市绿色金融联盟（FC4S）"；2019 年该联盟与深圳市政府共同在深圳设立"绿色金融服务实体经济实验室"，利用 FC4S 平台联接全球资源，探索创新绿色金融服务实体经济的方式，提供融贯中外的绿色金融解决方案，协力推动全球绿色产业和低碳转型发展。同时，人民银行深圳市中心支行组织深圳绿金委参与国际标准化组织可持续金融标准（ISO/TC322）制定的讨论工作，这些举措极大地提升了深圳在绿色金融领域的话语权和影响力。

6.2.3　区域金融中心的建设困境

截至 2021 年，我国各大中城市的区域金融中心建设取得了较好成效，但由于地理位置、资源禀赋、人才储备等方面的差异，金融资源在空间上也存在分布不均、普惠性不足等现象，导致各区域金融业的支撑还有待提高，金融服务实体经济高质量发展的作用还有待加强。

（1）东南沿海地区金融协同性不高

东南沿海城市金融资源集聚度较高，金融竞争力强，但区域金融发展的协同性有待提升，主要表现为城市间金融业的关联度较低、金融要素的流动不够充分、难以实现最优产业集群。如深圳、杭州和广州等城市都提出要建设金融科技中心，从而导致金融科技资源"内卷化"下的配置效率降低。与内陆城市相比，东南沿海城市的金融发展程度更高，但在金融服务实体经济方面并未显现优势。上广深杭四个沿海金融一线城市的直接融资（含企业债券融资和非金融企业境内股票融资）增量约占社会融资规模增量的比重为 24.7%，远低于发达国家 60%~70% 的水平；民营企业和中小企业"融资难、融资贵"问题仍然突出，中小微企业融资缺口仍然较大，融资有效满足率偏低，融资成本偏高。

（2）中部地区城市群竞争力相对较弱

从"一枝独秀"到"多点开花"，城市群的崛起带动区域经济高质量发展步入新阶段。目前全国经济和金融竞争力居前的城市群包括长三角经济群、珠三角经济群、京津冀城市群、山东半岛城市群和成渝城市群，中部地区缺少有利的竞争者；中部核心城市资产证券化率较低。以城市境内外上市公司总市值与年度 GDP 比值衡量资产证券化率，中部省会中仅有长沙和合肥资产证券化率超过 70%。资本市场活力也成为多数中部城市的短板，除长沙和合肥外，其他中部城市的资本市场尤其是科创板的上市公司数量较少，利用资本市场服务区域经济转型升级的能力不足。

（3）东北地区金融市场受经济增速放缓的拖累

近年来，东北金融市场受经济低迷影响，金融业发展陷入低增长状态。东北金融发展存在的问题：区域性金融中心建设的特色化、差异化仍然不明显，除期货市场外，尚未形成具有国际国内影响力的特色领域；金融机构核心竞争力不强。除大商所一家独大外，缺乏在全国有影响力、对区域有带动力的金融龙头企业；存贷款增长仍然乏力。形势虽然有所扭转，但受银行不良贷款处置、总行贷款审批收紧、有效贷款需求尚未恢复、企业债务风险事件等因素影响，总体增长仍显乏力；风险防控仍存压力，在总体可控的基本面下，部分企业债务风险仍然存在，部分法人金融机构内部治理问题突出，金融乱象不同程度存在；金融营商环境仍需进一步改善，地方企业、领导干部维护金融环境的担当意识有待加强。

（4）西部地区金融生态脆弱性更为突出

西部地区金融经济发展不平衡，2020 年重庆和成都的经济总量为 4.27 万亿元，在西部 12 个省会城市中的占比为 54%，重庆和成都以外的其他西部城市面临本地法人金融机构数量少和渠道窄的约束，金融抑制特征明显，融资难、融资贵的问题比较突出。此外，西部地区的金融结构不合理，由于地方企业一般资质不够高，地方又缺少提供专业服务的证券类机构和全国性的股权交易场所，企业进入资本市场比较困难，导致直接融资比例明显偏低，融资成本高企。而企业对银行融资渠道的依赖性会加剧地方金融风险，欠发达地区企业通过传统的银行业机构进行信贷融资，但在当前宏观经济风险持续释放的压力下，银行业金融机构收紧信贷，企业资金链紧张，从而导致较大的信贷风险。

6.2.4 区域金融中心建设的启示

武汉作为中部唯一的副省级城市和中部首个国家中心城市，地理位置优越、科教资源和人才储备丰富、工业基础雄厚，具有发展区域金融中心的巨大优势。通过梳理其他区域金融中心的发展经验、优势与不足，坚持自身错位发展的思路，充分发挥自身的特色优势，形成与周边城市的良性互动、协作互补，构建武汉的特色区域金融中心发展路径。

（1）加强金融服务经济高质量发展

随着宏观经济的持续下行，实现金融服务实体经济转型升级将成为区域金融中心建设的亮点，因此武汉应该将金融服务经济高质量发展作为区域金融中心建设的重要工作。建议应该加强中小企业信贷支持，集中政策及金融资源，采取"云服务、中小企业画像"等金融科技手段服务中小企业，有序推进中小企业服务合作平台对接工作，缓解中小企业流动资金压力。鼓励金融机构加大对中小企业融资服务，加强对服务中小企业的金融机构的激励措施。促进银行利用金融科技和大数据降低服务成本，增加对小微企业的信用贷款、提高首次贷款比例。

（2）加强对金融机构的激励机制创新

武汉区域金融建设应该立足于"传统金融做强、新兴金融做大"的定位。对于传统金融机构，增加传统金融机构科技含量。鼓励区内银行、证券和保险等传统金融机构设立金融科技研发部门，积极探索数字化、场景化转型。对于新兴金融机构，重点支持金融要素市场建设，探索建立企业产权（股权）、商业票据、绿色信贷资产证券化、碳金融等要素交易平台，推广知识产权质押融资、财政科技创新贷、合同能源未来收益权质押贷款和供应链融资等金融新服务；同时积极引进和发展会计师事务所、律师事务所、资产评估和信用评级等中介服务机构，大力发展证券、期货等投资咨询服务机构、金融资讯信息服务机构和产权经纪机构，完善金融发展生态圈。

（3）完善金融风险防控体系

金融稳定是区域金融中心建设的基本前提，在金融安全与稳定制度建设方面，探索建立金融稳定专项资金，用于应对地方金融突发事件，建立健全对金融机构的风险救济和推出机制，维护稳定、有效的金融市场规则，保障金融市场稳定和系统安全。健全政府与金融机构和监管机构之间的有效沟通机制，形成"以风险为基础"的金融管理运行框架。在执行手段上，从单一的行政手段向行政与市场相结合转变，充分利用市场力量，建立健全风险识别与应对机制，促进地方金融业的稳定发展。

第 7 章

武汉区域金融中心建设创新路径的
对策措施

7.1 有效保障武汉金融市场高质量发展

7.1.1 重视总部金融，做大金融总量

调研数据显示，2020 年武汉市总部型金融机构数量为 178 家，到 2025 年，武汉市总部型金融机构要达到 228 家，比 2021 年的总量增加 28.09%，这意味着 2022—2025 年平均每年需要引进或培育 10 家总部型金融机构。大力推动总部型金融机构在武汉落地，并保持稳步增长是保障武汉总部经济做大、金融总量做大的重要举措。

一是制定金融总部建设规划。出台针对总部金融机构的优惠政策，吸引国内外总部型金融机构落地武汉。根据 2022 年 3 月 24 日发布的全球金融指数，全球前十的金融中心依次为纽约、伦敦、香港、上海、洛杉矶、新加坡、旧金山、北京、东京、深圳，全球前十的金融中心我国占了 4 个。武汉应当利用好国内金融中心优势，努力承接北京、上海以及深圳等地外流的金融资源，提高武汉金融聚集度的同时经济发展的活力也能得到极大的提升。

二是大力发展总部经济。鼓励央企及企业第二总部的结算中心、财务公司在武汉设立，形成资本积累效应。围绕加快打造区域金融中心，加强财政统筹，重点扶持金融总部的建设，扩大区域金融的规模；支持企业上市、挂牌、提高直接融资；市区在总部机构落户、直接筹资企业上市等方面统一奖励标准，发挥集约效应；积极协调金融活动，为大型金融项目提供一定的融资保障。

三是建设高水平金融集聚区。武汉区域金融中心建设应对标国内外一流金融中心城市，形成银行保险集群、总部金融集聚区和国际风险投资集群，在中部地区建设风险投资中心。通过建设高水平的金融集聚区，以产业集聚形成金融产业的规模效益，并就地设立金融办事处，提升金融集聚

区金融机构工作办理和审批效率，为总部金融机构的入驻提供适宜发展的土壤。

四是给予引入国内外各类总部金融机构一定支持。努力实现每年新增总部、区域总部金融机构 5 家以上，武汉市法人持牌金融机构到 2025 年要突破 40 家，金融机构及类金融机构总数要超过 1000 家。给予引入的总部金融机构现金奖励，增强来汉意愿，如按实收资本的 2%给予新设立或新搬迁的总部金融机构一次性现金奖励，奖励金额上限由 4000 万元提高到 1 亿元；其中在武汉购买或租赁自己办公空间的总部金融机构，按面积大小给予其每平方米加倍资金奖励。总部型金融机构通常在规模上较为大型，是金融机构中的重要力量，集聚了集团各种资源，具有较强的辐射带动作用。给予引入的总部金融机构楼宇支持，大型楼宇能为总部金融机构提供工作场所，发挥金融关联产业集聚作用。武汉不断通过楼宇建设，提高支持总部金融机构引入的力度，并探索定制楼宇的方式为总部型金融机构提供楼宇支持。

五是支持金融控股集团高质量发展。引导法人金融控股集团进行公司治理、绩效考核、资产结构再优化。推动实施综合实力、上市资产、金融服务倍增计划，打造一流综合金融服务商。金融牌照是金融机构为客户提供全面的产品与服务的前提，金融企业持有金融牌照的数量也是其实力与可靠性的证明。力争省级、市级金融控股集团有 2 家以上获得金融牌照，实现武汉市金融法人集团总体规模到 2025 年突破 1 万亿元。

六是加大金融后台中心引进力度。支持引入金融机构数据中心、研发中心等金融数据中心，信用卡中心、客服中心等金融服务中心以及档案管理中心、培训中心等金融保障中心。武汉应坚持做强金融后台中心，在做强企业的同时不断提升金融服务的水平和能力，做大金融数据处理服务中心。

七是大力支持潜力企业。为有潜力的企业发展提供更多支持，加快企业上市进程。提升企业发展质量，提升企业综合实力，进而加快企业的上市进程。从上市企业数量的维度来看，武汉大力支持在汉企业做大做强，推动省市企业集团高质量发展，加速企业上市进程。鼓励企业从

"质"的维度不断增强，提升企业的发展质量和综合实力，进而转化为上市企业数量增加这一"量"的升华。

八是大力培育种子后备企业。提高湖北上市后备企业储蓄量，保障企业上市后续有力。优化企业上市培育机制，挖掘推荐优质企业，积极争取汉口银行等金融机构早日上市。制定支持政策、措施，优化上市奖励政策。做实深交所湖北资本市场和上交所中部基地服务湖北资本市场的作用，联合加强企业上市宣传工作，举办各类上市培训活动，引进和培育一批具备发展潜力的创新创业企业，力争在"十四五"时期实现区域上市倍增计划。

7.1.2 完善金融生态圈业态，保障金融中心健康发展

金融生态圈是金融行业中不同形态个体的集群，这些个体集聚后形成的组织能够发挥协同效应，达到个体所不具备的相乘效果，完善的金融生态圈对于区域金融中心的健康发展具有重要意义。政府应当加大对企业的支持力度，拓宽企业的融资渠道，不断探索完善金融生态圈业态的方法，进而更好地为金融中心健康发展提供保障。

一是拓展融资渠道。为企业提供更多资金来源，保障开发建设。综合运用好政策性银行、政府非标专项债券等融资工具，争取融资授信，保障开发建设资金需求，避免资金不足导致后续无法正常进行，确保开发计划不受资金问题的影响，以此更好地助力金融中心的开发建设。

二是加大企业支持力度。帮助企业解决发展过程中面对的重难点，助力做大做强。对符合产业发展规划且市场行情好、发展前景广阔的中小微企业，积极帮助其缓解在发展过程中遇到的融资痛点、堵点，促进其健康可持续发展；为龙头企业及战略性新兴产业等企业智能化改造提供重点支持；加大对科技型企业的支持力度，给予科技型企业奖励的同时也给予为其提供一定规模贷款的银行奖励。

三是丰富担保品种。探索并推广新的担保品种，推广"科技贷""e保贷"等融资担保业务品种和工程履约、预付款担保等非融资担保业务品种；实施浮动担保费率，降低企业融资成本；不断完善省市区国有企业

控股、参股融资担保、再担保机构体系，充分发挥担保行业协会作用，支持政府性担保、再担保机构业务规模做大，对民营融资担保、再担保机构一定扶持和补贴。到 2023 年，用于扶持中小微企业、"三农"主体的融资担保贷款金额不能低于 100 亿元。降低融资成本，进一步保障企业提高风险应对能力。

四是助力招商引资。签约产业基金，加强合作洽谈。围绕培育新兴金融产业链条，加强与基金管理公司、基金管理人进行业务合作洽谈，力争签约新兴金融产业发展基金，并充分发挥基金辅助招商作用，促成企业落户园区。

五是探索股权直投。发挥创投公司功能，围绕推动高成长性初创期科技型企业发展，促进存量企业引入科技、加快转型升级，适应市场发展需求，积极探索股权直投。通过股权直投，增强投资者的投资意愿，提高项目融资成功率，适应市场发展需求，加速促成项目落地。

六是打开金融服务大格局。立足全省经济发展，树立金融服务实体经济大格局。金融机构是有区域归属的，但金融机构的服务对象是没有区域限制的，应当打开服务范围大格局。积极联系上市公司协会、中小微企业协会等组织，建立沟通交流平台，加强企业和金融机构的对接，鼓励本地区金融机构走出去，为武汉乃至湖北的企业服务，打破区域限制，建立金融服务的总体格局，为市场提供安全有效的金融服务。深交所上市培育基地可以积极遴选全省优质企业，结合企业发展阶段开展特色服务，伴随企业成长，大有可为。

7.1.3 支持地方类金融规范发展，增强地方金融实力

地方类金融在金融中具有重要的地位，应当重视地方金融的发展。要加大政府资源对地方法人金融机构倾斜力度，建立地方法人金融机构多渠道资本补充长效机制，撬动社会资本参与积极性。支持地方法人银行设立理财子公司，积极推进省农村信用联社改革，开展投资管理型乡镇银行试点。支持地方法人证券、保险机构增强综合实力，实现在全国同业排名明显提升，形成各层次金融机构共同发展新格局。要充分发挥湖北地方类金

融（含小额贷款公司、融资担保行业、武汉股权托管交易中心、典当行业、融资租赁行业、商业保理公司及地方资产管理公司等）支持实体经济复工复产的作用，着力强化政策服务，持续强化风险防控，确保金融服务安全有序，引导地方类金融机构稳健发展，壮大金融总量。

一是鼓励地方类金融吸收各种资本。鼓励法人证券、法人保险公司、法人信托公司增资扩股，提升资本实力；建立资金补充长效机制，加速制订地方法人金融机构资金补充计划，通过私募、压降分红、资本市场融资、引入战略投资者等方式，积极吸引各种资本；借助发行专项债券以及向中央政府申请专项贷款筹集政府资金，补充地方法人机构资金；支持国企入股农村商业银行，推动其股权结构优化，努力提升资本实力，为地方类金融发展提供更多支持。

二是打造具有区域影响力的地方金融领袖队伍。引导财政资源有效配置，提高资本配置效率。大力发展金融保障体系，推动武汉金融控股集团完成市场准入、打造一流综合金融服务商。支持武汉金融担保公司等地方金融机构，扩大经营规模，增强服务企业的经济能力。利用区域性国家金融平台举债融资，加强国有资本能力建设，鼓励融资企业完成改革和股票上市，强化国有资本功能。提高资本配置效率，科学配置地方金融业中国有金融资本的比重，打造具有重要区域影响力的地方金融领袖团队。

三是加快落实和完善配套政策。积极推进配套设施的采购和建设，采取购房、租房专项补贴等配套政策措施，对金融机构和人才提供更好的政策支持，为金融机构和人才提供更好的营商环境，从而降低地方金融机构和人才的流失率，为地方金融发展提供更多金融机构及人才保障。引导金融机构及各类金融中介机构到地方现场调研，进一步加快政府性融资担保公司在各地方（如市、州、县、区）落地，保障机构与业务服务覆盖范围，实现地方金融企业的可持续发展。

四是支持地方特色金融机构发展。鼓励发展特色金融服务，更好地适应地方金融需求。支持融资担保公司、区域性股权市场、典当行、融资租赁公司以及地方资产管理公司等地方金融机构发展。在规范和支持典当行、融资租赁等地方金融机构发展的同时，要突出地方金融机构特色，为

"三农"、中小微企业等地方弱势企业提供个性化的金融服务，加速推进市州、县区两级政府融资担保机构全覆盖，实现地方特色金融服务普惠，促进地方金融规范发展。

五是发挥武汉区域领先优势。利用武汉市金融企业集群"发展阶段"优势，发挥区域领先地位，推动武汉区域金融集聚发展。总体来说，金融企业集群的发展分为四个阶段：初期阶段、发展阶段、成熟阶段和显示阶段。初期阶段表现为区域金融中心的吸引力不强，集聚金融资源速度较慢；发展阶段表现为金融资源迅速向该区域集聚；成熟阶段表现为金融机构数仍在增加，但增速已经明显下降；显示阶段表现为区域金融中心的辐射效应的显现，可以带动周边地区发展。湖北省的武汉市、襄阳市、宜昌市、荆州市等区域金融中心目前为发展阶段，其他地级市还处于初期阶段。武汉可以利用其领先地位，发展以银行业为主导，证券、保险同时发展的区域金融中心。

六是构建多层次区域中心。根据各地市实际情况，构建多层次区域中心，避免城市间恶性竞争。在金融企业集群发展的路径选择上，由于金融市场并不完善，湖北省金融企业集群的发展主要采用政府推动模式。目前，基于湖北省的实际情况，应建立多层次的金融中心，以武汉市为中心，周边城市为副中心，避免武汉市一家独大的情况，也避免其他地级市重复竞争、市场重复建设的问题。各地级市应发挥各地的比较优势，建设起多层次的区域金融中心体系。要摒弃地方本位主义思想，要有海纳百川的气魄，只有真心实意地为拟辐射地区提供高效率的金融服务，切实为整个地区的经济发展做贡献，才能获得拟辐射地区的认可，从而真正地建成区域金融中心。

7.1.4 大力支持科技金融创新发展，做大新兴金融

从世界科技金融中心的发展历程来看，政府在科技金融中心发达的国家或地区发挥了非常重要且显著的作用。仅靠单个经济主体而脱离政府的帮助和引导，科技金融难以实现迅速发展。以风险投资发源地——美国为例，从20世纪50年代小企业局的成立再到小企业法案的设立和完善，都

离不开政府的支持。美国政府通过信用保证、优惠贷款以及股权支持等方式，加之制定相关法规政策、提供制度保障，直接参与风险投资，进而促进 NASDAQ、市场建立及养老基金发展，推动了风险投资的蓬勃发展。实践表明，政府所具备的管理权资源和制度设计资源是其他经济主体不具备的，这些资源让政府发挥着其他经济主体不能代替的地位，是科技金融发展的"发动机"。

一是加大对金融科技发展的支持力度。政府应重点鼓励科技企业发展，推动金融创新发展，创新金融业态。通过政策、制度等方面的完善，鼓励和吸引社会资本进入科技金融领域，为科技产业、科技企业未来长足发展提供持续的动力。同时合理定位，适当发挥在政府中的作用，避免政府过多直接介入科技金融的实际运作中。

二是为科技金融提供完备的资本市场支持。利用国内外多层次资本市场，保障新兴金融稳定发展。从旧金山、新竹科技金融中心来看，多层次资本市场是科技金融中心可持续增长的重要保障。硅谷科技产业从 20 世纪 90 年代持续高速增长，离不开 NASDAQ 市场等多层次资本市场的支持，科技企业在巨额资本的支持下成长为新兴产业及创业型经济发展的主导力量，这与美国资本市场体系层次多样、功能完备离不开。多层次的资本市场可以适应不同规模企业不同的融资成本和风险。科技企业由于上市门槛的存在，难以直接进入"高层次"资本市场，而多层次资本市场则为这些科技企业提供先在"底层"资本市场筹措风险资本的机会，为企业未来迈进更高一层市场提供更多成长空间。凭借着 NASDAQ 市场效率高、交易活跃的优势，大批知名公司创业初期在 NASDAQ 市场筹集资本，加快了自身发展进程，也为资本市场发展提供了更多活力。综上所述，武汉在建设区域金融中心的过程中可以学习借鉴国外资本市场的作用，进一步利用好国内外多层次资本市场，尤其是科技金融的发展可以利用好创业板、科创板等获得更多资金支持，有效保障科技金融稳步发展。

三是为技术创新和高新技术产业化提供保障。以风险投资主体为主要力量，保障武汉区域金融中心金融科技稳定发展。在世界产业结构的发展过程中，可以看到世界主要经济体的发展是随着制造业升级而发展进步的，其制造业竞争力也随之提升。根据波特竞争优势发展四阶段，国家发展过程中的投资驱动阶段离不开制造业资本集中、生产规模化的发展，创新驱动阶段离不开金融服务、研发和综合技术服务等高水平支持。因此，金融业发达、金融工具创新以及成熟的资本市场对于投资驱动和创新驱动两阶段来说非常重要。而作为支持技术创新、促进高新技术产业化的一种金融创新工具，风险投资已成为科技金融中心发展的主要力量，能够影响区域制造业腾飞或停滞。综上所述，武汉应当积极打造风险投资主体作为武汉金融科技发展的主要力量，让其更好地保障金融科技发展。

四是加大金融创新研发力度。增加人才、资金等资源投入，提升金融创新能力。加强金融科技关键技术研发，不断增加资金、人才等资源在金融创新上的投入，提升支撑金融产品及金融服务的能力。金融科技能通过技术能够更好改造金融业务、优化程序、做好风控、降低成本以及更好地服务客户，并且能够促进金融普惠，解决中小企业、农村等面临的金融问题。推动国家级金融科技研究所在武汉落地，致力于解决新兴金融发展难题和创新瓶颈，提升科技金融的服务能力。

五是加快建设科技金融平台。构建金融创新体系，更好地服务不同金融企业需求。加快建设"一站式"科技金融服务平台，加快建设一批金融服务中心、金融创新平台，帮助金融科技企业解决金融方面的关键技术。金融创新和科技创新结合体系的形成目标，就是整合资源，创新性地为科技企业提供包括融资、经营和管理等一系列的专业服务。要达到共同目标，金融体系需要形成庞大的网络，多种机构密切配合，也要更加全面地了解所服务企业，帮助金融机构掌握企业的发展状况和需求特征，降低企业信用风险。当金融创新和科技创新结合体系中的各种金融资源进行共享调配、实现资源配置效用最大化时，有助于相互利益最大化的实现，将资金、投资和管理经验以及专业知识技能充分地整合起来，提高资源利用效率，为参与方增加收益。要着力解决科技企业和创业团队的融资渠道单一、信用担保不足等问题。要采取各种综合措施促进科技金融创新的发展，进一步落实金融创新和科技创新结合，形成主线清晰、形式多样的财政公共资金支持金融创新和科技创新结合创新的体系。

六是培育足量市场参与者。要兼顾不同类型金融机构的发展，构建多层次、多元化的金融机构体系。市场体系建设是金融中心建设的重要前提，而机构体系建设则是其基础。只有拥有足够多的市场参与者才能真正形成市场和强有力的中心。为此，需要大力发展诸如银行、证券、期货、保险公司、信托投资公司、租赁公司、基金管理公司、财务公司、信用合作机构在内的各类金融机构，从而为发展区域金融中心构建适应现代市场经济要求的多元化、多功能的金融机构组织体系。从企业上市到中小企业金融服务，通过"科创贷"和"汉融通"等金融服务平台，探索金融服务的多元化，加强技术研发及成果转化等领域的专业化金融支持，促进金融与科技互动，为金融科技企业的创新发展提供更好的支持。

七是组建金融科技龙头企业。凝聚市场力量，带动相关企业发展壮大。聚集银行、保险、证券等金融机构力量，投资入股具备市场前景的金融科技企业；支持金融科技领域的创新、创业，制定专门政策，在金融科技领域或控股公司设立专项引导基金；鼓励金融科技企业的研发投资、专利申请，通过参股、合伙等方式，与风险投资机构、大型国有企业、优质上市公司合作，鼓励金融科技企业做大做强。

八是支持小微金融企业发展。促进金融机构和初创企业在金融科技领域的应用、投资和研发，加强与科研机构的合作，帮助企业抓住国内外新机遇。启动风险投资基金，鼓励风投企业为金融科技初创企业投资，重点缓解小微金融企业融资难和融资成本高等问题。

7.1.5 推动金融科技应用及试点，加快科技与金融融合发展

随着科技的迅速发展，科技在各行各业都有了较深入的应用，给人们的生活带来了许多便利。在金融行业，科技也在不断与金融融合发展。但金融业务的复杂性让金融科技与具体金融业务的融合存在一些困难，金融科技应当积极推动与金融融合应用，通过在不同业务、不同方面的试点探索二者加速融合，推动金融实现数字化转型。

一是积极推进金融与科技融合应用。让科技服务于金融的实际业务中，使其更好地为金融服务。鼓励金融技术研发应用，提高金融服务和金

融管理的水平。探索物联网、大数据和云计算等新技术应用于金融领域，支持数字银行建设，推动金融数字化转型，实现金融行业的数字化应用。

二是推进金融数字化转型。加快数字金融试点和探索，更好地为人民生活和实体经济发展服务。大力优化政策环境，如推动数字货币试点和数字金融体系探索，鼓励金融机构和大型科技企业联合探索创建金融科技公司，探索金融科技应用的场景，为武汉金融科技创新应用和金融数字化转型提供重要支撑；持续改善金融空间，积极推进重点楼盘改造升级，重点关注监管技术、风控管理、金融安全、金融服务等领域，培育金融科技产业，为推进数字金融转型创造有利条件，大力提高行业自律和专业服务能力在金融科技发展和数字转型过程中的作用；持续改善经管手段，要加强对金融科技风险的监测、预警、防范、化解等方面的能力，坚持以人民的利益为重，构建五位一体的风险防范体系，依法打击违法违规行为，积极维护金融消费者权益；持续完善开放与合作，落实金融对外开放相关政策，坚持数字资源开放共享，实现金融科技企业等新兴金融高度对外开放。

三是推动金融科技创新监管试点。加速应用场景试点，让科技服务于不同金融场景。加快数字化金融的应用，加强金融科技的运用，推动数字人民币的试点和推广，使其应用领域更加广泛。促进金融科技在智能银行建设及保险产品创新等方面的试点。加强金融开放创新，区域协调发展。与此同时，继续推动第二代信用体系的在线升级，进一步强化信用信息的安全性和隐私的保护。强化金融技术的核心技术研究，提高金融产品、金融服务和金融监管的创新支持。加大智能销售点及数字化投资顾问等数字金融的推广力度，提升数字化背景下金融服务水平，推动形成数字金融新业态；支持武汉在数字货币、注册托管、信用评级和投资者保护等方面开展金融技术研究。

四是加快金融科技在外汇业务的应用。推动金融科技解决外汇问题，实现监管科技发展。外汇业务是金融科技创新发展的前沿阵地，是监管科技应用的"实验田"。在全球化和市场化需求交织下，外汇业务跨境、跨币种、跨市场、跨行业的"四跨"特点影响外汇业务的复杂程度高、政策变化快，因而需要经营外汇业务的金融机构能积极运用金融科技手段提升外汇合规的管理水平，以适应外汇管理部门的监管要求。

五是加快金融科技在合规方面的应用。利用大数据优势，发挥金融科技应用在合规方面的有效作用，提高金融科技的合规性。在全球金融环境复杂多变的影响下，"三反"工作面临跨领域、跨地区和跨机构等重重挑战，新技术、新产品、新业务、新渠道的发展、应用也提高了用户身份识别的难度及追踪交易的难度。如此背景之下，将金融科技应用到合规性中，发挥大数据的优势，解决行业难题。

7.1.6 加大政策支持力度，形成正向激励

完善政策激励，对金融机构形成正向激励。建立金融机构激励机制，对其中治理水平较高、业务和客户服务质量较好的金融机构给予一定奖励和支持，充分调动金融机构服务地方发展的积极性和主动性，在注册登记及减免税等方面给予其政策支持。

一是保障小额信贷机构发展权益。推动小额信贷机构权利和税收激励与银行享有同等的待遇，保障其发展。积极落实各项财政补贴和奖励政策，确保补贴和奖励资金的提取和发放过程得到落实。实施投资激励措施，对投资额大、建设进度快、示范带动效果好的项目，按新引进的投资给予奖励。要充分利用现有的招商引资资金和产业配套项目，按规定按时交纳招商专用资金。要加大财政投入，利用政府产业引导基金，健全政府融资保障制度，探索建立政府、金融机构与社会组织等多种形式的资金补充和风险分担机制。

二是加大税收优惠力度。落实税收优惠政策，积极落实区域税收和税收扶持政策，不断增加财政资金补贴，提供财政支持，加强支持和保障，充分发挥财政、财政、金融政策支持实体经济发展的作用，发挥金融资金引导和带动社会资本投资的作用，激发市场主体活力，增强发展的内在动力。

三是提升办税服务水平。推动业务线上办理，优化税收环境。积极推

动"非接触式"纳税服务，让企业足不出户便可完成简单业务办理，实现更便捷的税收服务。持续推进"银税联动"，解决中小微企业融资困难、高融资成本等问题；要严格执行行政事业单位的目录和收费清单。各部门要不断加强支持保障，加强组织领导，不断调整优化费用结构，为金融发展提供有力支撑。

7.1.7　汇聚多方才智，防范金融风险

加大金融风险控制力度，强化防范意识。金融是实体经济的血液，它关系到经济的发展和安全，防范化解金融风险，特别是防止发生系统性金融风险，是金融工作的根本性任务，也是金融工作的永恒主题，必须沉着应对和防范化解重大金融风险，避免因金融风险影响实体经济稳定发展，坚定不移推动中国金融高质量发展。政府注重协调金融风险的预防和解决，把风险防范放在首位，建立、完善并严格执行内控机制。同时，相关部门要发挥信息网络技术功能，搭建完善的金融信息服务平台，主动引导和调解新兴金融机构出现的风险。各级政府和主管部门要根据普惠金融机构的特点，实施"宽严结合"的差异化监管政策，确保新兴金融健康发展。政治和法律机构应充分发挥作用，积极参与金融风险的防范和化解，将经济犯罪的查处与利益相关者风险化解、追回被盗资产、维护稳定结合起来，避免风险再生。

一是加强金融风险防控。打击经济犯罪，优化金融环境。坚决惩治违法行为，开展查处金融、税务及资本市场等领域经济犯罪专项行动，重点打击非法集资和网上传销等经济犯罪。通过一定的惩治手段，对金融违法行为进行遏制。如果存在违背诚信基本精神、资金托管制度、内部控制制度不完善等问题，相关部门应采取相应的监督措施，及时介入，并依法进行惩罚。如有跨国犯罪，或被怀疑使用不法手段骗取资金，将被司法机关追究刑事责任。在法律和法规的指引下，逐步清理各类金融平台的乱象，维护投资者的合法权益。防范和化解各种金融风险，要强化对银行业、保险业的全面监管，落实监管部门对问题银行、保险机构的问责，以防范和化解各种金融风险。要认真贯彻全国银行保险工作会议精神，切实

履行监管职责，强化影子银行、交叉金融风险、金融问题金融机构和保险重点风险、网络借贷风险、地方政府债务风险，坚决打赢防范化解金融风险战役。加强对重点企业债委会工作的指导和协调；加大对"僵尸企业"的清理力度；配合地方政府，把支持金融机构的债务重组与市场化债券转股相结合，真正降低公司的杠杆率。加强对非法金融行为的预防和打击，加强对银行、保险机构异常交易的监督，督促银行和保险机构开展风险自我检查和监督，分类处置线索，分别由银行保险机构纪检监察部门实施问责，金融监管部门进行处理，向工商等相关行政机关、公安部门或政法机关移送，确保发现的线索件件有落实。

二是提高金融风险预警能力。运用数据和技术手段，深度分析风险发生的可能性。强化监督和预警，主动介入侦查和化解潜在的财务风险。配合金融、住房等行业监管部门，充分运用数据和技术手段，对银行不良资产、地方政府债务、房地产等重点行业进行深度挖掘，增强预警能力。金融风险的预警离不开强有力的监督，要加强对金融行业的监督管理。防范系统性金融风险，避免金融风险影响行业健康发展。加强对人民银行的监督管理，加强对流动性风险的防范。加强对金融机构流动性的监控，完善分行、地市分行、县市分行三级联动的即时响应机制，全面掌握中小银行和非银机构的流动性监测预警机制，全面掌握中小银行和非银机构的流动性状况，甄别存在流动性风险的重点关注银行；合理运用常备借贷便利（SLF）满足中小银行短期流动性需求，灵活运用 SLF 等货币政策工具，运用与湖北省农村信用社联合社签订"常备借贷便利最高额度质押合同"等方式，提高金融机构应对流动性波动的便利性和灵活性；合理、灵活、规范运用常备借贷便利工具，及时对中小银行提供流动性支持，平抑市场利率波动，并做好中小银行常备借贷便利资金使用监督，防止套利行为；全面指导人民银行湖北下属市州中支进行流动性应急演练，开展常备贷款便利申请预演，做好流动性风险的准备工作。并充分利用信息系统、网络和投诉举报线索，对全省所有私募机构强化非现场风险监测。

三是加大外部风险防范宣传。金融业的快速发展对人们的生产和生活产生了广泛的影响，许多人参与金融活动，如贷款、股票投机和基金购买。然而，由于缺乏经验，辨别能力相对较弱，缺乏基本的金融知识和风险责任意识，很多人很容易陷入金融的潜在风险之中。以普及金融知识为重点，推进"线上+线下"和"集中+定位"金融宣传网格建设，帮助民众"理解、使用、信任金融"，提升人们对新兴金融潜在的风险防范意识。立足金融机构网点优势宣传。在营业网点设置宣传展板、张贴宣传海报、放置宣传单页以及利用客户休息区的影像设备，对客户进行立体式宣导；通过网点员工在为客户办理相关业务和提供业务咨询时，对客户进行口头宣导；通过 LED 电子屏滚动播放宣传口号，倡导企事业单位和个人客户树立正确的投资理财观念。充分发挥网络资源宣导。在各金融机构官网设置宣传专页，并通过微博、微信公众号等平台发布金融风险防范文章。同时，密切关注网络舆情信息，提醒公众提高警惕，提高金融机构客户投资风险意识；深入校园社区开展实地宣传，普及金融知识，宣传防范和处置非法集资的技术手段和意义。同时，加强对投资者的教育和保护，织密投保宣教网络，依托"两张网"（湖北证监局网站和辖区投教基地网站）、"五朵云"（云参观、云直播、云宣传、云课堂、云演绎）开展线上立体式宣传。畅通调解信访渠道，设立调解申请专线，通过线上方式，电话方式进行调解。

四是强化风险教育。规范个人金融行为，提高风险防范意识。一方面要注重金融行业内部教育学习，远离非法集资。通过集中学习和例会讨论等多种形式，组织开展学习教育，提高金融机构内部人员抵制非法集资的风险意识和能力。同时，组织开展签订"不参与不组织非法集资"和"合规操作杜绝案件"等承诺书，明确行为规范，将涉嫌非法集资的行为列为严禁行为，要求全体金融机构人员遵纪守法、洁身自爱，坚决抵制民间借贷以及违规担保等非法集资活动，加强投资者风险防范意识教育，使投资者正确认识到谁投资谁承担风险。另一方面要加强金融行业外部风险教育，集中开展宣传教育月活动。全力打好攻坚战，推动全省金融风险学习教育，有效防范化解风险。集中开展防范风险大宣教，在电视台播放防范非法集资等宣传教育片，积极开设防范化解金融风险攻坚战工作专栏；集中开展宣传教育月活动，利用人们喜闻乐见的方式，如通过网络直播，在宜昌市举办宣教月启动仪式，在线参与人数超 300 万人；进行常态化防范化解金融风险大部署，推进实施湖北省在 3 年攻坚战中探索的有效做法和措施，完善五级纵向工作机制和主（监）管部门横向协同工作体系。

五是完善金融管理框架。要加快完善金融管理框架，组织评价体系，推进金融控股公司监管制度的制定与执行。加强财政服务与管理，加强财政法制建设。强化金融统计监控与分析，以大数据为导向构建金融统计平台与金融基础数据库，为金融发展提供体系化支持。

六是加强金融监管。加强分类、差异化监管，持续强化上市公司监管，聚焦法人主体，围绕自营、资管、信用、投行和公司治理、境内外风险传导等重点业务和重点领域，进一步完善和加强新三板挂牌企业和私募机构监管，对符合精选层申报条件的挂牌公司、规模较大的民营股权类私募机构以及存在风险线索的私募机构和挂牌公司开展重点监管。除了对相关机构加强监管外，还应当严抓地方金融监管，切实防范和化解区域性金融风险，提升地方金融监管水平。完善地方金融监管，不断提升监管能力和质量。完善地方金融监管制度，指导行业协会规范自律；强化非现场监管，同步对接"互联网+政务服务"平台；严格开展机构日常监管，对融资担保公司开展现场检查，逐一出具现场检查报告，下发整改通知书，如2020 年省内指导黄石市、十堰市、黄冈市对地方金融组织开展部门联合抽查；严格把好准入关口，规范各类地方金融组织准入，变更及退出操作规程和批复备案流程。推动全行业"提质增效"，持续督导 6 类地方金融组织整改，对限期整改不到位和分级评定为高风险的，实施市场退出。开展业务培训，举办地方资产管理业务培训，提升不良资产收购处置专业化水平，开展全省小额贷款公司监管信息化暨政策法规教育培训。

七是注意金融风险的化解。加大防范和处置资本市场风险力度，推动高比例质押大股东通过协议转让股份、司法拍卖、引入战略投资者、发债等方式降低质押比例，探索多种路径推动上市公司质押风险化解。全力推动重点上市公司风险化解，定期开展上市公司风险排查，督促采取并购重组、再融资、控股权变更等差异化措施化解风险。

7.1.8 实施金融高端人才引进和培养促进工程，汇聚金融人才

建设区域金融中心离不开金融业的发展，而推动金融业的发展离不开大批优秀的金融人才，要大力培养和引进金融人才。培养人才，关键靠教育；吸引人才，关键靠政策。随着科技的发展，金融业绝不是孤立的专业，高校应该不断适应新时代对复合型高素质金融人才的要求，设置相关课程，培养出大批的优秀金融人才。同时，政府部门也要完善相关的金融人才鼓励支持政策。

一是大力推动高校金融人才培养。大部分金融人才的培养是通过高校教育培养出来的，应当大力支持高校培养高素质金融人才，满足新时代下金融行业人才需求。武汉高校众多，应当发挥自身优势，大力推动各大高校培养金融人才，为武汉区域金融中心贡献更多优秀金融人才。

二是建立高级智能化金融人才服务的绿色通道。为紧缺的金融高端人才提供便捷服务，完善知识产权保护法律法规，对高素质金融人才的引进提供奖励等。大力支持武汉黄鹤英才项目引进和招聘高层次金融人才，并实施择优人才保障政策。相关部门负责解决金融机构主管人员的出国、居留许可、签证、医疗和子女入学，提升对金融人才的政策服务力度。对高级金融人才的鼓励政策上，存量增量"双兼顾"，扶持政策覆盖要更广，激励力度要更大。

三是加强金融领域的高层次人才的引进和集聚。制定完善的金融人才政策，并积极推进建立区域性的人才基金、股权激励基金。大力实施金融人才发展战略，按照专业化、高端化、市场化要求，突出培养和引进复合型、综合型、领军型中高端金融人才，以建设本地金融机构为核心的金融人才资源，积极吸纳高层次金融人才，打造高素质人才队伍。

四是加大对金融人才的政策支持。根据伦敦金融城市长陆毅安对国际金融中心城市的认定标准，金融中心从事金融工作的人员比例应当达到10%以上。武汉市地方金融工作局 2021 年 8 月 6 日发布的《武汉市加快区域金融中心建设若干支持政策》实施细则，给予金融机构持证工作人员一定金额现金奖励，对取得 CFA、FRM、ASA、FCAA 及 ACCA 等执业

资格证书后在武汉金融系统全职工作满 2 年的金融从业人员奖励 2 万元。对新设立和新迁入金融机构的高管，按有关规定给予一定的优惠政策。

7.1.9 优化投资者结构，"做稳"金融市场

提高信息披露的频度和深度，优化机构投资者的配置，保障金融市场稳定发展。随着我国资本市场的发展，我国证券监管机构和投资者对其信息披露的需求也越来越大。因此，如何进一步改善我国上市公司的信息公开，增强公司上市公司的信息公开程度，已成为一个备受瞩目的问题。对投资者而言，公开的资讯可以帮助投资人更好地理解公司及经理人的行为，并能有效地促进企业间的委托—代理关系，并能有效地制约经理人的外在约束，从而减少企业的代理成本。投资者只有获得真实、准确、完整、及时、公平的信息，才能在信息不对称的情况下作出投资决策。此外，我国证券基金、券商的快速发展，在保证其健康发展的前提下，必须加强对社保基金、保险基金的扶持。提高长期投资者的比重，逐步形成以社保基金和保险基金为主体的多元化机构投资者结构。

一是加强对机构投资者的监督。提高市场开放度和透明度，更好地规范机构投资者的行为。当前，我国股票市场的信息披露条件较为宽松。部分投资者利用自己的信息、资源等优势，通过操纵股票价格获得超额收益，对金融市场的健康发展起到了一定的制约作用。金融机构的运作是保障证券市场平稳、健康发展的一个重要条件，信息披露直接影响投资者的利益，进而影响到股票市场的整体稳定。因此，必须加强对机构投资者的监督，使其更加开放、透明。但是，信息披露并不以损害机构投资者的利益为目标，而应从保护中小投资者的利益出发，使其免遭其他势力的干扰，进而对市场进行规制。

二是加强对资本市场环境的监控。提高市场关注度及其监督的有效性，保障资本市场的稳定性。提高信息披露质量的要求。要改善上市公司的信息披露，建立外部的信息采集与反馈机制。根据市场环境和同行业发展情况进行比对和监督，以达到投资者预期要求。加强对资本市场的环境的监控，及时掌握市场的动向。强化行业内标杆企业的分析，定期跟踪、

研究典型企业的信息披露，构建典型企业的信息数据库；坚持依法、强制披露，扩大信息披露的广度和深度，满足广大投资者对公司经营状况和发展趋势的需要，并积极探索和寻求更有效的信息披露方式，提高市场关注度及其监督的有效性，推动公司实现自身价值增长。在信息公开的过程中，既要注重信息的真实准确、完整及时，又要重视其针对性和可比性。

三是鼓励专业型投资者进入市场。扩大专业投资队伍，为金融市场不断增加长期稳定资金来源。投资者在向市场融资的过程中，不同投资者存在的投资行为差异会影响市场的稳定性和流动性。长期理性的投资者在股市中占有绝对优势，对股市的长远发展是有益的。如果上市公司股权结构过于分散，就很难约束大股东，影响公司治理的正常化，也不利于证券市场的长远发展。我国证券市场中小散户数量在流通领域占有绝对优势，而机构投资者则相对少。所以，要保持股票市场的良性发展，必须不断优化投资者结构。

四是扩大专业投资者的比重。减少中小投资者的比重，扩大专业投资者的比重，优化投资者结构。总的来说，中小投资者缺乏足够的知识、较低的教育水平、市场变化下容易盲从以及不擅长及时止损等。与此形成鲜明对比的是，机构投资者在经验、信息、资本等方面具有优势，他们对中期和长期的收入更加关注。另外，因为有大量的股票，他们通常不会进行短期的投机。机构投资者对公司治理行为的激励和参与，对证券市场的长期稳定和发展都是有益的；更多专业机构投资者的加入，既有助于拓展证券市场对证券的需求，又有助于公司上市、再融资。提高券商的规模，提高券商的业务能力，有助于促进券商与资本市场的融合。对于公司而言，在将来通过发行股份和债券获得融资的可能性也会更大。投资者结构的优化，有利于社会福利的提高。在股票市场中，自然人投资者是比较脆弱的。居民通过证券投资基金、证券公司、保险公司、信托公司等机构发行的理财产品，将在股票市场中共享收益，促进中长期社会福祉。

7.1.10 充分发挥省内金融行业社会组织作用，为金融发展提供智力支持

行业协会及学会是市场经济下的重要组成部分，对提升企业管理水平、促进对外交流发挥了重要作用，应当充分发挥省内金融行业协会以及学会的积极作用，推动金融市场稳定发展。当前，湖北省金融业拥有六大行业协会及三大学会，囊括了银行、证券、保险和基金四大金融业重要组成部分，这些行业协会及学会对金融行业有着不可替代的作用，在做稳金融市场上有如下建议。

一是提高社会组织参与度。全面履行行业协会、学会职能，提升管理能力和服务水平。行业协会承担与政府分离后的职能，旨在为行业提供企业解决方案和服务。行业协会要履行职能，加强与政府的沟通，通过行业自律，提高金融行业协会的管理和服务水平，促进金融业健康持续发展。要正视热点难点问题，维护成员公司权益。对协会内部机构和企业进行相关调查研究，针对部分企业普遍存在的问题，及时向政府相关部门报告政策支持。另外，与相关部门沟通，争取理解，争取问题的圆满解决。特别是对于当前疫情背景下，金融服务工作面临着巨大挑战，各大协会应当强化责任担当、主动作为，推动银行、证券、基金、保险平稳运行。积极开展培训工作，提升行业人员专业能力。通过线上线下双途径，加强政策与业务等方面的培训。以湖北省银行业协会为例，与培训机构联合举办"四期叠加环境下信贷识别与风险防范""新冠肺炎疫情下经济金融形势分析""加速数字化运营转型，金融科技如何创造商业银行新盈利点""银行突发性事件处理与舆情管理"等12场线上公开课，线上参与人数超过16余万次；全年举办线下现场培训6期，参训人数1000人次；利用微信群等新媒体平台组织宣传6场，累计点击率达到45000人次。做好中银协培训的组织服务工作，协助中银协完成"反洗钱和国际制裁合规线上公益讲座"等培训工作。此外，组织案防培训，邀请有关专家和监管部门对全省银行业金融机构开展案防知识培训；协助鄂州、咸宁协会组织开展辖内案防知识培训。加强行业自律，引导行业规范健康发展。一方面，营造健康行业文化，推动行业廉洁从业文化建设，强化行业自律管

理；另一方面，完善内部制度体系，引导行业规范发展。以湖北省上市公司协会为例，举办湖北投资者网上集体接待日活动，投资者可在当天与湖北省 107 家上市公司高管进行实时交流，各位高管也积极为投资者解答和帮助其了解公司的经营业绩和治理情况，通过互问互答的形式促进湖北资本市场持续健康发展；开展"走进会员单位暨跨入精选层实操经验分享会"主题学习交流活动，组织会员单位到武汉微创光电股份有限公司参观学习，交流座谈精选层操作实务，促进会员单位高质量发展；此外还举办"走进会员单位暨企业抖音号爆款运营私享会"活动，30 余名上市公司、新三板公司高管及相关业务人员线下参加，40 余人线上参加，促进会员单位间分享交流发展战略和业务经验，为会员单位提供良好的互动平台。

二是充分利用社会组织智库优势。解决行业重难点问题，发挥桥梁纽带作用。金融学会是一个组织金融研究、宣传金融政策、宣传金融知识的重要平台。该协会汇聚了一大批专业人士，包括金融界、商界和教育界等，在学术界有着广泛的影响。我们应该充分利用研究所的智库，发挥桥梁和联络作用。注重金融科研，为金融业发展提供强有力的智力保障。作为一个专注于金融研究的区域性学术团体，应将组织和指导金融运营商参与金融研究活动作为一项日常工作，关注区域经济发展和企业管理中的热点问题，使研究工作真正满足金融支持实体经济发展。以湖北金融学会为例，组织成立评审小组，对 2019 年成员单位提出的金融科研课题进行评审和选择。收集出版获奖课题，向成员单位推广和分享优秀课题成果。2020 年组织成员单位和高校科研力量开展金融科研项目研究，共 41 个项目。积极开展跨地区、跨市场、跨领域的学术研究活动，发挥金融研究所联系社会各界的桥梁作用。要结合当前经济金融热点难点问题，以多种形式举办小型研讨会，深化热点难点问题研究，为决策提供参考；吸引高素质的金融研究人员加入金融研究院，通过金融研究院积极参与金融研究活动；通过这些措施的实施，扩大了金融研究所的影响力和知名度，扎实推进研究工作，更好地为金融改革发展服务，做"稳"金融市场。以湖北省金融学会为例，首先是开展学术活动。围绕疫情冲击下未来货币金融走势及宏观经济形势等热点问题，有计划、有针对性地举办线上学术讲座。其次是举办"黄鹤金融沙龙"。邀请业务主管单位青年研究骨干宣讲研究成果、分享研究体会，围绕"中国金融税制的历史沿革与创新发展""影子银行、金融监管与货币政策有效性"等议题开展交流研讨。最后是充分发挥学会平台作用，推动与政策研究部门、科研智库和高等院校合作，组织举办高水平专题性学术研讨会。结合疫情对我国经济金融的影响及疫后经济重建等问题，组建研究专班开展理论课题研究，利用学会期刊《武汉金融》增强学术交流合作。

7.1.11 突破传统金融固有模式，促进传统金融更好地吸收新兴金融优势

传统业务流程的复杂性和新网络服务的便利性使业务集成变得困难，传统金融与新兴金融二者各有其特点，应当注重优势互补。新兴金融应该发挥草根金融的优势，在解决金融市场上各类问题发挥效力，并且在一定程度上可以带动传统金融市场改革与转型，突破传统金融固有模式。

一是突破传统的金融的宣传方式。金融宣传是金融机构的代言人，它对构建稳定金融环境、提高公众可信度、降低社会声誉风险具有积极意义。传统的金融宣传方式包括悬挂横幅、张贴标语、发放传单、展板、播放录音等。一方面，这种方法存在一些问题，使一般人很难了解这些抽象的文本。另一方面，民众对这些常见的宣传方式早已"免疫"，不但不能实现其预期目标，还会使民众的学习积极性下降，使其效果大打折扣，从而影响其持续发展。传统金融应当适应时代发展，打开宣传新思路，在宣传模式上与时俱进，在当下全民皆网民的时代背景下，借助互联网将传统金融需要传递和推广的内容宣传出去，应用各类传统金融机构 APP 及各种社交平台，如 QQ、微信、哔哩哔哩、知乎、抖音、快手短视频 APP 等平台，通过图片、短视频和直播等方式进行讲解，并且及时推送相关及重要的信息，用这些简单易懂、方便快捷的方式，让人们更加愿意接受且更容易理解我们需要传达的信息，这是传统金融在突破固有宣传模式上应当借鉴和学习的。

二是突破传统金融的工作效能。传统金融通常在工作和审批上的效率较低，有大批繁杂的审批流程和工序等，而新兴金融应用了新兴技术，审批流程大大简化，工作效率大幅度地提高。以蚂蚁金服为例，3分钟决定放贷金额，无须工作人员便可实现立即到账，大大提高了工作效率。可见，传统金融与新兴金融之间在工作效率上存在着巨大的差距。传统金融在降低风险、保障自身权益的过程中，应当借鉴新兴金融在发展过程中的效率优势，在风险可控的前提下，进一步提升工作效率，如银行这类传统金融机构对于小额贷款及信用度高的客户，适当减少不必要的工作流程，加速贷款审批，让客户尽可能方便、迅速地获得贷款；对于大额贷款，银行也应当减少审批流程，上级部门对下级部门尽量简政放权，减少不必要的审核；同时，银行等传统金融机构应当利用好各自的APP，如在银行APP上即可进行小额贷款，让客户足不出户便可线上提交贷款申请和贷款所需要的各种资料，由工作人员在后台审核通过，如此既提升了服务，让客户感受到方便与快捷，对银行本身来说又提升了业务量，增加了银行的收入。此外，银行通过低成本低风险的金融服务获取巨额利润，而网络金融往往通过惠普金融、小额贷款这样的高风险行业获利。在合并的进程中，影响企业原有的经营模式，从而造成资金链的断裂。在两者相互融合的过程中除了要突破传统金融的固有模式，适当简化审核流程、放宽审核权限，吸纳新兴金融的优点，摒弃自身发展缺陷外，还应当注意业务的风险评估，避免追求吸纳新兴金融的优势而导致工作的疏忽或业务状况误判而导致的资金链断裂等问题，促进传统金融与新兴金融的稳步融合。

7.1.12 推动传统金融与新兴金融差异化发展，实现二者优势互补

传统商业银行拥有完善的信贷评级系统，拥有丰富的客户资源，能够有效地进行风险管理。但是，相对于新兴的金融机构，在产品创新、数据整合、挖掘潜在客户等方面，商业银行仍然有很多不足之处。二者的优势与劣势是彼此协作与整合的最好的方向。所以，两种公司今后的发展模式应该是充分利用自身的优势、挖掘潜力、发展差异化、形成整合的趋势。

一是借助新技术实现差异化发展。利用好区块链等新兴技术。借助新

兴技术增加传统金融机构的科技含量，利用区块链技术将重要信息全部上链，各家参与者、参与环境的人员和各家机构在区块链技术上面获得所需要的信息，降低信息获得成本，提升信息透明度、公开性和可靠度，解决传统金融中的信息不对称问题，通过大数据提高传统金融中投资者管理的准确性，通过大数据真正了解投资者的适当性，从而更准确地管理投资和风险控制，使传统金融机构能够真实地了解投资者信息，降低金融机构风险。加大创新，健全支付体系。在传统的金融领域，以商业银行为例，要想更好地吸引更多的顾客，就必须在完善的结算制度的基础上，运用中央银行推行的"网上支付跨行清算"，扩大支付渠道，提高交易便利性。针对目前各大型、中型、小型企业及个人客户建立现金流管理支付体系，强化系统资金信誉与保障，构建一种新型的、具有稳定用户黏性的网上支付管理平台。推动金融科技在业务中的应用。提升业务中的科技含量，如银行这类传统金融机构，在金融日常生活服务中，促进各类金融产品创新，提升金融生活服务便捷度，推出微信预约取号和二维码扫码支付等多项产品和业务。在传统的存取款业务中应用"刷脸"自助设备，并通过验证手机或身份证号码和交易密码，提升金融服务的便利度，改善客户体验。在业务体系上，立足个人、企业、同业，通过数字化对关键业务流程进行改造，提升直销银行、交易银行功能，打造个人生活、中小企业的科技服务平台，为客服提供更加便捷、高效的金融服务。鼓励机构内部成立金融科技研发部门。以"省级金融产业集聚发展示范园区"为重点，鼓励区域内银行、证券、保险等传统金融机构设立金融技术研发部门，通过大量金融机构的相关金融技术研发，积极探索数字化和情景化转型，通过"金融+技术"和"金融+情景"提升传统金融的科技含量，提高金融服务效率。

二是有效保障新兴金融公司安全性。应借鉴传统金融优势，实现差异化发展。要坚持科技创新，以科技手段提升安全生产。例如，在新兴的金融领域，第三方支付的安全问题已经成为其发展的瓶颈。因此，在我国的信息化管理体制下，第三方支付必须不断创新、应用先进的加密、密钥管理、数字签名等技术，强化内部信息系统的整体安全管理，并建立起合理、高效的防火墙，以满足用户的需要。建立实体合作平台，实现资源共享，实现资源共享。我国的商业银行是一个庞大的组织。在小额支付领域，必须与第三方支付平台携手，将更高效、科学的金融服务系统引入金融市场中。第三方支付机构为用户提供交易记录，建立完善的信贷制度，让资金在商业银行和第三方支付公司之间有效共享，解决信息安全风险、支付安全和金融服务体验不佳等问题。推动科技成果产业化、市场化。促进科技成果转化，促进创新，培育战略性新兴产业，具有重大意义。科学技术和金融的密切联系和相互促进，成为人们生产和生活方式发生变化的有力推动力。党的十八届三中全会关于"鼓励金融创新、丰富金融产品、优化科技企业融资环境、健全创业投资体制、创新经营方式、推动科技成果转化、推动科技成果产业化"等，都对加速中国战略新兴产业的发展提出了明确的要求。建设科技金融产品创新高地，支持银行、科技保险等科技金融产品的创新，通过科技创业投资基金引导各类资金优先投向政策支持的高新技术企业、科技创业企业和战略性新兴产业，促进科技成果转化，实现新兴技术转化为产品，进而市场化。

三是传统金融与新兴金融互鉴互学。在构建平台和整合各自优势的同时，金融产品的创新也是一种推动两者融合的途径。传统和新兴的金融机构可以通过与专家的合作来发展和研发金融产品和项目。新产品的推出，不但能为消费者提供更高的金融服务，而且能带来更大的利润，使原有的产品能够更好地融合在一起。

7.2 加快提升金融服务实体经济的效能

7.2.1 深化金融供给侧改革，做活金融创新

在经济社会的快速发展过程中，金融行业取得了巨大的成果，但随之也产生了许多问题。金融在服务于实体经济的过程中不能很好结合科技提

升整体效率，金融创新带来的实际收益比预计要少，持续金融创新的意愿和动力一定程度上被削弱。因此，在金融科技发展的过程中，应当不断深化金融供给侧改革，全面深化金融改革创新，提升金融服务实体经济能力和水平，防范化解金融风险，要坚持做活金融，激发经济发展活力，保障金融为实体经济服务的效率。采取务实举措，促进区域金融中心金融相关工作持续健康发展，提升武汉区域金融中心整体实力和活力。让金融科技的发展为实体经济服务，发挥科技与金融融合的作用，提高服务水平和效率，解决好金融业发展过程中的突出矛盾。

一是深化金融供给侧改革。在国际经济环境不断变化的背景下，应当深化金融供给侧改革，加强金融服务实体经济的力度，提升金融服务实体经济的水平，并通过专业化的手段，引导社会资金投入实体经济，推动实体经济高质量发展。如根据国家和区域发展战略，通过商业银行信用部门、投行等业务，为湖北实体经济发展提供更多资金支持。又如加强金融机构的资金管理，扶持金融直接融资、发展金融机构投资者、健全金融支持系统，引导金融管理、信托、保险等，为资本市场提供长期、稳定的金融支撑。

二是有效解决金融业突出矛盾。金融是国家重要的核心竞争力，金融安全是国家安全的重要组成部分，金融制度是经济社会发展中重要的基础性制度。中国金融业在改革开放后，获得了历史性的发展。党的十八大以来，我国金融改革与发展稳步推进，金融风险控制、金融发展持续稳定，金融改革有序推进，但金融市场的结构、创新能力和服务水平都有待改善，这些问题具体在区域金融行业中也是普遍存在。武汉区域金融中心的建设要抓住供给侧改革这一机遇，解决好金融行业中存在的矛盾与问题。在构建区域金融中心的过程中，要加强发展观念，增强金融服务职能，明确金融服务的重点，以服务实体经济、民生为重点。要加强金融服务，优化金融结构和体系，为实体经济提供更优质、更高效的金融服务。建立完善的风险投资体系、银行信贷体系、区域发展体系、绿色发展体系等。要适应以创新、创新、创新为核心的发展趋势，必须加快金融服务的质量和结构。要重视市场规则，要做到准确的支持，要把重点放在实体经济、技术、市场产品和临时困难上。要建立科技金融的"产业基金+银行信用+担保+保险+供应链金融",加快科技金融发展的步伐。要进一步推广"云服务","汉融通"平台的作用要充分发挥,要加大对金融机构的信贷供应、拓宽融资渠道、减少服务费用、加大普惠金融的扶持力度。

7.2.2 加快金融科技应用于实体经济,提升金融服务实体经济的能力

实体经济的发展离不开金融业的大力支持,金融业自身实现高质量发展是服务好实体经济的重要前提。金融科技以其先进、便捷的特点为金融业的发展带来的贡献,有助于金融更好地服务于实体经济。因此,应当深化金融科技融合应用,帮助实体经济解决发展过程中遇到的困难,并通过加强金融科技服务和加快金融科技应用效能等方式提升服务于实体经济的能力,推动金融行业更好地服务实体经济。

一是深化金融科技融合应用。加强技术合作,解决实体经济遇到的薄弱点。深入推进产融合作,支持金融部门运用新一代信息技术,完善金融体系、金融产品,把更多金融资源配置到实体经济特别是制造业发展的重点领域和薄弱环节,促进金融业高质量发展。

二是加强金融科技服务。促进产融合作,推动金融科技更好地为实体经济服务。推动金融应用区块链技术,促进产融合作,更好地为实体经济服务。在经济、科技发展大变革的时代背景下,金融和实体经济都面临着巨大挑战,而应对这种挑战的最好方法是适应时代发展需要,即顺应变化并利用其促进发展融合。对实体经济而言,供应链非常重要,是其未来发展的重要动能。金融科技可以借助区块链的技术为实体经济提供上下游产业链相互联结的关系网,为实体经济的供应链提供更加透明、真实的信息,从而为实体经济降低成本,提高运营效率,促进实体经济更好地发展。

三是加快金融科技应用效能。通过金融科技分析提高对中小企业的审批和放贷效率,促进服务实体经济。金融要提高技术应用能力,为实体经济提供更好、更高效的服务。随着金融科技的发展,金融相关技术不断升

级改造，金融科技的功能增加，金融的服务效率也在不断提升。与此同时，中小微企业却一直面临融资难的问题，虽然中小微企业是市场主体，能够为国家提供大量的岗位，解决大部分的就业，但是其本身却面临着能否存活的问题。对此，应当加快金融科技的应用，利用大数据对企业的经营状况进行信用评级，用较短的时间完成审批和放贷，减少双方的成本，提高金融科技解决小微企业等实体经济遇到的问题的能力和效率。

7.2.3 立足全省产业发展，推动深度产融结合

在产业资本发展到一定程度时，产融结合具有十分重要的现实意义，它有助于降低交易费用、实现规模经济和优势互补，这对建立社会主义市场经济非常重要。因此，在建设武汉区域金融中心的过程中应当立足于湖北省的产业发展，推动深度产融结合，积极探索构建新型企业—金融机构关系，利用好现有社会资源，推动合作共赢。

一是构建企业集团和金融机构的新型合作关系。目前，我国的国有企业集团普遍存在着资金链薄弱、经营规模不足、投资功能不齐全等问题。在新的社会主义市场经济体制下，企业集团没有充分发挥其应有的经济效益，无法满足新的社会主义市场经济体制的需要。要从根本上解决集团深化难、发展相对缓慢的问题，就必须强化产融结合，打破产融分离，构建企业集团和金融机构尤其是银行之间的新型合作关系。梳理湖北省光芯屏端网络等战略性高新技术产业、医疗保健、健康养老等新兴产业、竞技体育和 5G 通信等基础设施产业的产业链，从服务产业链中的企业切入整个产业链，建立和扩大金融服务领域的朋友圈。邀请证券公司行业研究专家讲解具体产业链，推动企业与金融机构之间互相了解，促进产业链各企业与金融机构之间建设新型合作关系，通过合作的方式，共同促进发展。

二是推动产融结合社会资源。促成资源有效配置，帮助企业发展壮大。市场经济的发展具备将促成产业资本与金融资本的融合的客观需求。而产业资本与金融资本的融合宏观上将有利于优化国家金融政策的调控效果，微观上将有利于资本流动速度、资本配置效率，使产业与金融的协同效应得到更充分的发挥，共同创造价值。普通企业融资较为依赖于金融机

构，单纯通过企业自身的资本积累难以在短期内迅速提升企业资本实力。当企业通过投资金融机构将产业资本与金融资本共同置于一个公司控制主体之内时，可以将市场交易内部化，提高信息获取优势、资金使用效率，从而有效降低金融成本，缓解资金需求压力，争取到更为充分的信贷支持。实业企业在自身发展的过程中不断补充资本金以满足自身扩张的需要为其投资金融机构题供了广阔的空间与机遇。一方面，实业企业可以在金融企业的增资扩股中进一步巩固自身股安全；另一方面，实业资本的介入也为完善金融企业法人治理结构提供了良好机遇。要实现成功的产融结合战略，离不开良好的实业经营状况与稳定的现金流，只有正确把握实业主业与金融板块的关系才能够基于切实的产业基础，确定合适的产融路径，最终实现实业、金融正向促进。否则，金融过度发展超过实业部门的风险承受能力，将危及实业存续；如果实业独大，那么产融结合的作用将违法体现，最终成为累赘。武汉在建设区域金融中心的过程中，应该不断探索创新型的产融结合模式，依托非银行金融机构中的新兴金融组织，实现"由产到融"，再"由融到产"的闭环，更好地实现产融协同与升级。

三是增强经济振兴和高质量发展服务水平。立足资本市场，构建综合性上市服务平台，资本市场要服务经济振兴和高质量发展，应当抓住资本市场改革机遇，加快企业上市和直接融资。抓住中央支持湖北一揽子政策的窗口期和全面深化资本市场改革的机遇。从加强政策支持、完善储备资源库、实施绿色通道体系、整合多方资源、构建综合性上市服务平台等方面，全面、多层次推进企业上市，利用上海、深圳证券交易所的专业实力，为湖北省提供一揽子综合服务。2020 年，湖北新上市公司数、被审计公司数、报请咨询企业数、咨询企业数均创历史新高，上市公司初始融资 58.18 亿元，同比增长 98.91%。推动新三板改革的实施。全国股转公司为支持符合条件的新三板企业上市，召开了新三板选层专项培训会议。湖北两家新三板上市公司进入首批 32 家新三板上市公司行列，在中国推广选定层，并成功向公众发行股票。新增 5 家在新三板上市的公司，总数为 294 家，在全国排名第 7。全年新三板上市企业筹资 10.85 亿元，同比增长 86.75%。充分发挥区域证券市场为中小微企业服务的功能。年末，有 3181 家企业在"上海创新板"上市，5823 家企业在"上海创新板"证券交易所上市。上市公司总股本为 669.92 亿股。全年办理企业股权转让手续 2521 件，转让总额 42.47 亿元；共为 85 家企业进行 275 笔股权融资交易，金额 360.21 亿元。

7.2.4 多项并举，引导发挥金融功效

持续规范涉企执法、司法行为，打造实体经济优质金融服务。金融要想发挥好自身功效、更好地为实体经济服务，优质的金融服务是至关重要的。政府应发挥好自身在金融服务中的作用，不断完善法规及相关制度，加强执法、司法监督，坚决打击金融违法违规行为，提升司法保护和服务水平。在司法的有效保障下，金融服务水平也将不断改善，金融服务实体经济的功效也将更佳。

一是要加强对涉企的执法和司法监督。规范企业行为，优化企业的营商环境。Cheung Lo（2006）分析了国际金融中心在不同政策体系下的类型与构成，得出金融环境稳定是金融中心成功建设的一个重要因素。在构建区域金融中心时，一个稳定的金融环境有利于金融中心的建设，促进金融市场的优化，建立全市信用合作机制，由市金融监管部门、市直属有关部门以及中国金融组织共同努力，促进金融市场的发展。

二是要建立审慎监督制度。实行审慎、规范、公正的监督，依法取缔不良金融行为。积极建立包容各方的审慎监管制度。探索对市场上的轻微违法行为予以免责，并将其强制执行的范围扩展到各个执法部门。适当加大"双随机一公开"联合监管的覆盖面，对同一目标实施"全面检查"。组织实施"三项制度"的检查。进一步完善行政处罚的标准，向社会公布。对现行的行政处罚进行彻底清理，对不合理的罚款予以撤销和调整。支持银行的高质量发展，指导、督促汉口银行和武汉农村银行，积极采取措施，改善公司治理、处置不良资产、充实资金、提高发展能力、强化风险管理。要规范地方金融机构的发展。武汉市的金融机构都是由市财政部门负责，通过引导，促进金融机构门类齐全、整体稳定发展，依法取缔不良金融行为，对违法违规的 P2P 网贷机构进行依法取缔。

三是要加强司法保护和服务。进一步完善公共法律服务，强化对中小微企业的法律服务。探索将有关企业的经济影响评价制度向行政执法领域扩展。深入开展"万警万企"救助行动，确保有案有警，有案必查。对违法违规立案、案件撤销不及时等问题进行整改。加大对被盗产品的追缴、追回的力度，让受害企业损失最小化。建立健全第三方监管和评估机构。进一步完善公共法律服务，强化对中小微企业的法律服务。加快武汉金融法庭的成立，以A区金融法学研究会、A区金融法庭为基础，不断拓展业务范围，建立金融纠纷多元化解机制，实现金融案件的集中管辖，推动金融审判制度的改革，提升金融审判的专业化水平。

四是要加强对违法违纪行为的打击力度。坚决执行违法案件，提高"立法、审查和实施"的质量和效率。完善中小投资者诉讼登记制度，深化民事诉讼复杂性和简单性的转移。加强信息共享，提高财产调查和控制执行效率。大力打击"拒不执行"犯罪，严肃审理"拒不执行"刑事自诉案件。大力纠正任意处决、被动处决、选择性处决等违法违纪行为。定期对非法扣押、扣押、冻结企业财产，如扣押超标等进行整改。

五是要探索破产协作机制。联动破产企业信息，优化破产重整机制。积极探索"执行转破产"。建立健全"政法联动"的企业破产协作机制。要健全破产管理人的任用与评估，并对其进行分类管理。建立破产财产处理的联动机制，以提升资产处理的效率。在重整过程中，简化了银行债权人对破产公司债务的减免。对重组公司的不良信贷信息进行及时整改。

7.2.5　深入推进简政放权，持续优化政务服务功能

在当前市场环境下，进一步推进简政放权对金融行业来说具有重要意义，赋予金融企业更多自主权限，将为金融市场释放活力。通过加快"一体化窗口"改革、"有效率地做一件事"的改革以及电子发票推广等方式，为金融发展持续优化政务服务功能，在实质上提升金融服务环境，为企业、金融机构以及个人提供更多支持。

一是进一步简政放权。降低机构交易成本，创造良好的经营环境是新时期银行业监管机构做好监管工作的方向和行动指南。围绕金融服务实体

经济、防范和控制金融风险，坚持面向市场、优化结构的原则，优化服务措施，加强监督指导，积极营造良好的金融经营环境，促进银行业金融机构立足全市经济社会发展和市场实际需求，突出重点，规划发展战略，提高经营管理水平，努力提高服务实体经济的质量和效益。进一步优化小微企业信贷审批流程，缩短办理时间，减少贷款申请材料，提高资源配置效率和公平性。

二是加快"一体化窗口"改革。推动不同部门信息互通，加快推进政府服务标准化、信息化建设。推动全省机关政务服务一体化窗口改革，实现乡镇（街道）、村（社区）100%入驻，实行"一体化窗口"模式。清理和完善电子许可证、电子印章、电子签名和电子档案的申请系统。加快推进"省办公厅"和"跨省办公厅"等高频率的政务事项，并制定"省办公厅"专案目录，做到全省统一受理、统一标准。支持地区信息化基础设施建设，加快市级智慧城市的人脑建设，实现"一网合一"。围绕政府的市场监督与公共服务功能，全面部署专项应用系统的建设。推进新一代信息技术如区块链技术的运用，促进各种证书资料与市场主体之间的更新的关联，实现跨部门的快捷查询和自动沟通。

三是深化"有效率地做一件事"的改革。通过"一网"体系，提升人民群众的满意度。建立"一网"帮扶体系，实现移动办公。建立个人及企业的专属网站，对其高频出现的问题，如电子签名、电子印章等实现线上办理，通过在线身份认证，实现个人与企业事项在系统完成，提升服务效率和满意度，让"指尖行动"实现政府政务的高效快捷，并巩固和完善原有"一事一议"项目，提高对人民需求的解决度和满意度。

四是推广电子发票。减少纳税次数，优化税收服务。通过推广电子发票，实现增值税在企业即可完成，足不出户解决税务问题，降低企业财务人员的出行成本和时间成本，并在一定程度上提升企业办税效率。大力推动纳税次数减少，减少不必要的多次纳税，实现纳税时间大幅减少。实施税收优惠政策，对小规模纳税人的每月标准提高到 15 万元，并对年营业金额不超过 100 万元的小微企业及个体户减半征收所得税，大幅降低企业的生存成本。

五是大力支持有潜力的企业。梳理用于企业优惠政策的财政资金，提升财政资金利用效率。根据具体政策加强对企业的引导，让企业能够实实在在地获得政府给予的政策优惠，利用大数据分析真正有需求企业，为其提供合理的申请条件，实现网上申请、办理一条龙，优惠资金快速兑现，实现综合服务。

7.2.6 取长补短，着重提升营商硬环境

中国社会科学院财经战略研究院发布《中国城市竞争力报告 NO.19》（以下简称《报告》）显示，2021年，在综合经济竞争力榜上，武汉位居第7，名次提升3位。在综合经济竞争力维度，营商环境是重要参考因素。然而，武汉在该分项上的表现，反差显然过大。上诉报告将商业环境分为商业硬环境和商业软环境。在商业硬环境排名中，武汉仅在中国排名第42，而在商业软环境排名中，武汉在中国排名第9，在大陆城市排名第7。

一是提升武汉营商硬实力。根据中国城市营商硬环境指标体系表显示，营商硬环境指标体系主要由交通便捷度、电力充沛度、网络信息传输速度、航运便利度、机场设施指数、自然灾害指数等多个二级指标构成。其中，我国发达地区城市由于人口密度高和交通拥堵等因素，其交通便利程度低于一些欠发达地区（集中在西北和西南地区），但在机场设施水平和航运便利性方面，欠发达地区与发达地区仍存在较大差距。受地理环境和区位条件的限制，内陆地区的航运便利程度普遍较低，这就决定了机场设施在区域经济发展过程中的重要性。总体而言，武汉的交通、航运和机场设施等便利度都会影响武汉商业硬环境的总体得分。在自然灾害指数方面，由于洪水的明显影响，武汉的综合得分一定程度上也会受影响。针对武汉营商环境的软硬不平衡问题，着重解决硬营商环境的缺陷和不足，避免因木桶效应影响武汉的对外营商形象。从交通便捷度、电力充沛度、网络信息传输速度、航运便利度、机场设施指数、自然灾害指数等多个二级指标入手，加大对基础设施建设的投入，建设成交通便利、航运便捷的金融城，营造更好的金融环境，以吸引国内国际更多金融机构和实体经济扎

根武汉，让实体经济与金融互利互惠，共同促进合作与发展。

二是形成武汉核心竞争力。根据中国城市营商软环境指标体系表显示，营商软环境主要由社会安全指数、市场化指数、开放度指数、产权保护指数、大学指数、经商便利度指数等二级指标组成。武汉营商软环境排名全国第9，在内地城市中位居全国第7，这意味着武汉在上述各项二级指标上的表现，均没有明显的"硬伤"。《2021年全球创新指数报告》发布，武汉全球创新指数排名实现"四连升"，位列世界城市集群第25、中国城市第6。这主要得益于武汉本身的科创"硬实力"，以及知识产权新政密集出台，塑造了良好的"软环境"。此外，在大学指数方面，武汉必然能展现较强实力。2021年，武汉大学、华中科技大学等武汉顶尖高校，均有不错的表现，名次有明显上升。与营商硬环境相比，武汉的营商软环境排名，或许更接近武汉营商环境的真实表现。武汉应当依据营商软环境优势，不断做强软环境因素，尤其是武汉高校众多、科研实力强，要不断发展好、利用好这一核心优势，更好地吸引企业来汉。

7.2.7　优化金融生态环境，提高金融服务实体经济的能力

金融行业要积极健康地发展，必须要不断优化金融生态环境，提高金融服务实体经济的能力。金融如果不能为实体经济服务，搭建再多的金融市场，组建再多的金融机构，吸引再多的金融人才，鼓励再多的金融创新，巨额的资金只是在金融体系内流动，这样的金融中心只是一个风险集聚场，不仅不会促进经济发展和增加社会福利，反而会加速实体经济空心化，助推失业率攀升，积累巨大的金融经济风险的同时也积累了巨大的社会风险。需进一步优化金融环境，更好地提高金融服务实体经济的能力。

一是搭建政银企综合服务平台。利用数据平台，针对不同企业的资金流水状况等信息进行数据分析，实现对中小微企业精准画像，给予中小微企业一定政策支持，提升金融服务中小微企业的精准度。

二是鼓励金融机构提高小微企业贷款风险容忍度。发挥财政杠杆作用，为金融机构提供一定的政策性补偿，变"拒贷""惧贷"为"愿贷""敢贷"，降低小微企业贷款门槛和难度，提高小微企业抵抗风险的能力。

　　三是建立服务企业融资"全生命周期"金融服务链。根据企业不同成长阶段提供适合的金融产品服务，特别是对种子期和初创期的企业，可以提供"投资+贷款+IPO"等综合金融服务。

7.3　积极构建区域经济金融发展新格局

7.3.1　积极建设现代金融市场体系，完善金融要素市场

　　不同层次金融市场体系在金融市场中具有不同的地位和作用，应当兼顾不同层次金融市场，培育完整金融市场体系，为金融市场的要素发展提供体系化支撑。武汉区域金融中心的建设要立足于自身资源，做强深交所湖北资本市场、上海证券交易所中部基地和设立私募投资基金集聚园区，培育不同层次金融市场体系，助力金融要素市场进一步完善。以提高武汉金融资源配置效率为重点，挖掘武汉金融发展潜力，培育和形成市场清晰层次、错位竞争的多层次金融体系，完善武汉区域金融中心金融要素市场建设，吸引全国各地金融机构汇集，不断增强金融资源在武汉区域金融中心的集中和辐射力度。

　　一是坚持贯彻落实货币政策。加速金融要素市场规模建设，要深入学习领会、全面准确把握习近平新时代中国特色社会主义经济思想的科学内涵和核心要义，坚定用以指导经济工作和经济强省建设。在贯彻落实货币政策上，要用好金融支持政策，助力疫情下经济社会恢复。在疫情背景下，要充分利用央行对湖北的政策支持，精准及时做好金融支持疫情防控工作，深入推动"金融稳保百千万"专项活动，大力支持企业和金融机构债券融资，引导金融机构贷款实现连续增长。加强政策工具引导，持续提升小微、"三农"和扶贫金融服务。深入推动两项直达货币政策工具运用，按市场化原则激励其更好地支持小微企业，积极落实优惠存款准备金率政策，充分发挥扶贫再贷款工具杠杆作用，加大对深度贫困地区贷款的

倾斜力度。持续深化利率改革，有序推进存量浮动贷款定价基准转换。严格实施"一把手"负责制，督导存量浮动贷款定价基准转换顺利完成，发挥改革和评估引领作用，持续引导企业贷款利率合理下降。以2020年为例，湖北全省金融机构贷款利率实现同比下降0.78个百分点，要通过加强利率政策管理的方式，有效稳定银行负债成本和市场竞争秩序。

二是鼓励新要素的建设。提高政府支持力度，加快要素市场在武汉建成。鼓励国家金融交易机构参与武汉区域性要素市场建设，如支持联合产权交易所、金融资产交易所和农村综合产权交易所等在武汉发展，吸引周边缺乏相关要素市场的省市参与到武汉要素市场中，扩大要素市场上的交易规模，提高市场影响力；依托武汉现有资源及优势，大力支持碳排放交易、排污交易和航运交易等市场新要素的建设，形成全国具有绿色低碳特色的金融要素市场，更好地吸引全国碳排放、排污和航运等在武汉交易。

三是大力发展基金市场。扩大风险投资引导基金规模，充分发挥基金在金融市场中的作用。出台优惠政策，发展和引进风险投资、证券投资等各类基金和基金管理公司总部，鼓励在武汉设立外资股权投资基金和基金管理公司；努力试点房地产信托投资基金，支持公租房、廉租房等保障性住房建设；努力建立一批面向中部地区的基础设施基金和循环产业投资基金，充分发挥产业投资基金在企业培育、资金配置和产业引导中的作用。

四是加快建立票据经营机构设立。推进区域性票据交易市场建设，发挥好票据交易市场的功能。建立票据特许经营机构，稳步推进票据交易市场建设，充分发挥交易匹配、风险提示和业务发展功能，以票据交易信息中心为基础，建立有形的区域票据交易市场。

五是积极培育和发展债券市场。借助新型融资工具，为企业提供更好的融资支持。借助可持续发展债券、区域性集体债券、市政债券、中小企业集体债券等新型融资工具，扩大企业直接融资渠道，降低融资成本，提高融资效率。

六是推动股权托管交易和柜台交易市场。发挥多市场作用，辐射武汉周边中小企业。武汉作为中部综合实力首屈一指的特大型城市，与其他中部省会城市相比，在很多方面有着绝对的优势，而其他中部城市在金融发展上虽与武汉有所趋同，但由于各地的特质不易，都有着自身得天独厚的天然优势，因而在构建中部主要城市区域金融中心中，各城市完全可以长短相补，发展区域金融中心的集群模式。武汉股权交易中心要拓展其业务领域，吸引非上市中小股份制企业到武汉股权托管交易中心进行股权登记和融资等业务，促进武汉地区交易市场向中部地区的中小企业提供融资和融资服务，并充分利用武汉的历史、地理、政策等优势，为长江证券的发展提供有力的支持。

七是做强深交所湖北资本市场。发挥深圳证券交易所资本市场培育基地的作用，为企业提供指导和支持。依托深交所湖北资本市场基地，以区域战略引导基金为依托，推进产业引导基金和创新创业基金的设立，加强资本市场的开放创新，实现合格境外有限合伙企业的发展，ETF基金和其他资本市场创新工具，探索省、市共建战略性新兴产业引导基金，更好地为省内各市区提供资金支持。对于武汉区域金融中心来说，可以发挥政策功能，加大招商引资的力度，推动中部地区企业借助武汉区域金融中心平台实现金融项目拓展。优化资本市场氛围。通过搭建行业与主管部门互动平台、开展专题专项培训、促进需求资源对接等方式，举办圆桌论坛、路演及培训会等活动，聚拢人气、聚集资源。不断优化基地园区运营管理，为打造深交所基地产融生态圈不断夯实物理基础。

八是引导设立私募投资基金集聚园区。吸引国内外基金企业落户，形成产业集聚地。放开投融资注册审批流程，积极引进风投创投类机构，帮助企业完成股改，引导企业进入资本市场，扩大融资渠道，促进直接融资。优化政策支持，吸引国内外大型私募基金类企业落户，建立私募投资基金集聚园区。这将有利于武汉建设多层次金融体系，同时也有利于金融要素市场进一步完善。

九是做强上海证券交易所中部基地。集聚中部优质资源，推动区域资本市场健康发展。上海证券交易所的中心基地于2021年10月28日在小龟山金融文化园开业。它由上海证券交易所、武汉市人民政府、湖北省地方金融监督管理局和湖北省证券监督管理局共同建设。它是上海证券交易所在中国设立的五大区域性中心服务基地之一，是借助资本市场聚集各种资源支持我省和中部地区企业发展的重要平台。今后将围绕培育上市公司，规范上市公司治理，构建上市服务平台，开展联合走访调研、座谈交流、培训沙龙等形式，培育优质上市企业，为上市公司并购和规范运营服务。同时，要根据湖北的经济发展特征，为企业提供全方位、个性化、高效的本土化的资本市场服务，以及与资本市场的全面对接，有利于集聚优质的资源，丰富区域金融中心的经营模式，推动区域资本市场的建设，推动湖北乃至中部地区的资本市场健康发展。

7.3.2 把握绿色金融发展机遇，加速金融要素市场规模建设

在全国"双碳"目标下，绿色经济的发展具有巨大的潜力，而武汉作为国家碳排放权登记制度的落户地，发展绿色经济拥有巨大优势。武汉应当抓住绿色金融发展机遇，打造具有中国特色的绿色金融市场，培育碳金融产业链，鼓励绿色低碳经济在湖北省不断发展壮大，并重视影响金融聚集的因素，推动低碳金融集聚，形成规模优势。

一是打造最具特色的绿色资本市场。把握绿色金融机遇，推动金融要素市场规模建设。抓住国家碳排放权登记制度在武汉落户的机会。把握"碳高峰"和"碳中和"政策红利，抓住"中碳登"在武汉落户的机会，"碳排放权登记结算"（武汉）有限公司于 2021 年 5 月 20 日在武汉武昌区落户。2021 年 7 月 16 日，全国碳市场正式上线交易，是世界上最大的碳交易市场。在碳峰值和碳中和的目标下，国家碳排放权登记系统承担碳排放权的权利确认登记、交易结算、分配和履行。武汉可以进一步发挥金融集聚效应，吸引资金、技术和各种金融要素，打造中国最具特色、最具绿色影响力的资本市场。

二是积极发展培育碳金融产业链。推动各金融要素健康蓬勃发展，推动碳金融工具的创新应用。围绕碳信用评级、碳核算核查、碳交易咨询、低碳大数据产品开发等碳金融产业链条。建造碳汇大厦，为碳金融产业链的完备发展提供楼宇和办公地点，着力吸引一批碳金融市场主体集聚发展，构建完备的碳金融产业体系，形成武汉金融城碳金融集聚中心。探索

建立绿色金融信息平台。以国家碳排放交易市场为基础，将武汉金融城打造成区域性绿色金融信息中心，通过湖北碳排放交易中心有限公司为市场提供高质量的排放交易信息、培训及相关服务，提升武汉绿色金融服务全国金融市场的能力和水平。创新发展绿色金融。围绕生态优先、绿色发展原则，创新发展生态金融、绿色金融，以创新碳金融工具为主要手段，大力发展绿色信贷和绿色直接融资。依托辖区金融资源优势，鼓励银行机构创新绿色信贷产品，加大贷款、账户管理、设备融资租赁、碳排放权质押等绿色信贷创新。探索发展绿色保险，创新开发光伏项目保险、风电保险等可再生能源项目保险及以碳排放权抵押贷款的保证保险为代表的碳保险产品。支持发展绿色债券和绿色基金，推动设立碳峰基金，支持符合条件的绿色产业企业上市融资，促进低碳绿色产业快速发展。探索碳金融市场体系建设，创建碳金融工具，鼓励金融机构围绕全国碳市场开展碳金融创新，包括碳排放权质押、碳期货、碳期权、碳信托、碳资产证券化和与排放权挂钩的结构性产品，促进金融支持绿色低碳产业发展。完善金融产业链体系建设。依托武汉地区的优势，推进华中地区贸易中心在武汉金融中心建立，积极发展会计、资产评估、信用评级和保险经纪人等职业，以更好地服务于整个金融产业链。在考虑风险因素的情况下积极研究股权建立、碳金融等要素，打造成为国内有重要影响的要素市场，促进要素市场合作共建。增强金融因素的市场影响力。依托武汉金融资产交易所和华发知识产权交易所，探索建立企业股权、商业票据、绿色信贷资产证券化、碳金融等要素交易平台，并借助平台拓展新型金融服务，如知识产权质押融资和金融科技创新贷款，多渠道吸引市场资本，让民间和大型战略投资者都能参与投资，推动要素市场建设。

7.3.3 加大资源倾斜力度，推动金融机构聚集

金融中心是现代金融活动的枢纽，政府应当为金融机构聚集提供资源倾斜，更好地支持集聚区金融机构的发展。给予集聚区更多资源倾斜，重点做强聚集区实力，并重视影响金融聚集的因素，保障金融机构聚集更加有效。

一是对聚集区给予更多资源倾斜。目前武汉各区通过政府推动，纷纷提出打造金融集聚区，不少金融企业因政策原因在市内互相迁移造成财税资源未充分发挥应有的作用，不利于金融中心集聚发展。因此政府在推动金融机构聚集的同时，也应当充分整合资源，更加明确支持金融中心建设。推动金融发展要先调整结构，促进金融转型，不仅要适应银行、证券、保险等传统金融机构，还要努力引进基于云计算和大数据的科技创新企业，为金融创新应用场景，提高服务效率和质量。经过几年的调整，以江汉区、武昌区作为代表，部分金融优势较为凸显的核心城区已形成了布局合理、特色鲜明的建筑经济空间格局，为现代服务业特别是金融业的发展提供了空间。应加大对金融中心资源倾斜力度，重点引导金融机构落户，更好地打造区域金融中心的品牌，发挥金融中心品牌效益。

二是重视影响金融聚集的因素。金融集聚过程有利于金融市场的完善，增强金融机构的风险分散功能，进一步缓解研发与技术创新投入面临的跨期流动性风险和流动性风险；金融集聚通过提供便捷的融资渠道、较低的融资成本，通过政策鼓励引入和发展，为企业提供资金支持，有利于缓解企业的信贷约束，实现长远化和稳定化发展。金融集聚因素是决定金融中心能否形成的关键内生变量，也是金融中心形成和发展的原动力。在金融中心长期演化与发展的过程，政府和市场这两只"看得见的手"和"看不见的手"发挥着核心作用。在推动金融机构聚集时应当重视影响其聚集的因素，加强政府的推动作用，通过政策鼓励金融机构引入和发展，提升金融机构的集聚水平。

7.3.4 加快引进和发展各类金融机构，补齐金融机构门类

金融机构是金融市场上最为重要的中介机构，它们既是市场上资本的供给者，也是重要的需求者。武汉区域金融中心的建设离不开金融机构，武汉应当加大对全国各地总部金融机构的吸引力度，给予金融机构更多政策支持，并尝试引进和整合新的金融机构，为金融行业的发展提供充足且持久的动力。

一是加大对全国性、区域性总部金融机构的吸引力。通过引入资金、

人才，面向大型金融机构招标等方式，加大对全国性、区域性总部金融机构的吸引力。通过打造良好营销环境、提供便利的办事流程、推出优惠对外政策等吸引外资金融机构。充分利用大型招商展会和平台，打造良好金融形象，并有针对性地谋划招商项目，在平台上积极推动项目对接洽谈。

二是引进和整合新的金融机构。扩大服务范围，进一步丰富金融体系。推进中国（湖北）自由贸易试验区阳逻港区、综合保税区和期货交易仓库体系建设。鼓励在汉设立汽车金融公司，大力发展数据处理、信息咨询等期货业务中介，延伸期货产业链。

7.3.5 多举并重，做优金融环境

不断完善金融法规政策，建设金融营商环境。优质的金融营商环境对于金融业的发展非常重要，而优质金融营商有赖于政策法规的保障。政府应当加大在政策法规方面的引导，为金融的发展创造良好的法律环境。因此，武汉要进一步探索地方立法，关注并把握行业动态和发展趋势，适时调整相关法规、政策，营造一个更加有利于金融发展的营商环境。同时，加强对金融消费者的保障，稳定金融环境。

一是确保政府政策法规有力引导。完善的金融体系有利于经济健康发展，对失业和通货膨胀以及调节国际收支都具有较大的作用，应当建设完善金融法规政策。宏观来说，金融监管是为了促进市场机制正常运行，从而促进整个国家经济健康发展。微观角度看，监管有助于消除金融市场上的不利因素，推动价格稳定。而金融业的发展离不开法律法规的健全，随着金融行业的不断发展，越来越需要建立健全金融法律法规，维护各种金融市场交易活动的有序进行。在区域金融中心的形成过程中，地方政府必须根据我国法律制定相关政策法规及监管机制，从而进行管制来规避风险。现代金融服务业的发展与法律支持的关系日益紧密，金融业领域的国家立法还不完善，在国家法律允许的范围内，逐步推进地方立法，为金融业开展金融创新创造良好的法律环境是十分必要的。因此，政府应完善金融业相关法律法规，为银行、证券、保险等提供完备的法治保障，确保政府政策法规能够有力引导，时刻关注和把握行业动态发展趋势，及时调整

政策法规，提供适宜发展的金融营商环境。

二是要强化消费者的法律保障。健全相关金融法律、法规，健全监管体系，强化消费者的法律保障。对互联网金融控股集团进行合理监管，制定相应的监管规范，保障金融市场安全稳定；同时，对目前互联网金融中适用的金融消费者保护机制进行研究，明确风险补偿与风险处理机制。

7.3.6 营造较为宽松的金融营商环境，激发金融创新发展

宽松的金融营商环境对于金融企业来说能够拥有更多的自主权，在这样的营商环境下企业会更愿意尝试创新，激发企业的活力。武汉区域金融中心要深化"放管服"改革，给予企业更多自主权，鼓励和支持企业进行创新，营造一个更加宽松的金融营商环境，用财政和税收等方式释放资金流动性，给予金融企业更多资金支持。

一是深化"放管服"改革。给予企业更多自主权利，优化营商环境。不断深化简政放权，优化营商环境，在保障重要领域及必要部分监管质量的同时，给予金融机构及企业更多的自主权利，支持企业线上办理各种业务，提高审批效率，降低时间成本，实现"放管服"真正服务于企业。

二是鼓励和支持金融创新。提高创新意愿，推动金融创新应用。支持金融机构创新并允许金融科技及融资租赁等公司成立，积极推动数字货币、绿色金融产品等金融产品的试点运行，支持区块链和人工智能等创新技术在金融行业的应用。

三是营造更宽松的金融政策环境。释放资金流动性，提高企业创新意愿。加强财政和税收支持，通过常备贷款、中期贷款、再融资、再贴现和存款保险费率等措施释放资金流动性，对于金融机构以及相关企业给予更为宽松的政策支持，鼓励其利用贷款等方式实现企业发展创新。

7.3.7 建立审慎宽容的金融监管环境，保障个人金融权益

在金融市场中，个人属于弱势的一方，但个人却又是金融市场中的重要参与者和组成部分。应当注重保障好个人的金融权益，通过探索新的宏观审慎金融监管体系避免滞后与实际市场，将监管责任落实到部门实

处，加强监管部门的监管，进而更好地保障个人的合法金融权益。同时，要推动金融技术创新与监管试点，增强金融机构的创新活力。

一是积极探索新的宏观审慎金融监管体系。避免与实际市场滞后，保障个人合法权益。在面临结构性转型冲击的情况下，金融监管始终是落后于金融市场创新，目前，我国在金融监管方面的法律体系还有所欠缺，一方面是存在空白，另一方面是存在不够规范、可操作性强等问题。而这些问题主要是由于我国金融监管法律体系制定较早，且主要用于规范传统金融的业务。当面临金融市场存在的新问题时，相关法规难以及时跟进。此外，部门规章与法律法规经常存在重复或冲突，这影响着金融监管的效率和公正。应当加快统一监管目标，致力于保障经济安全，维护金融机构健康发展。

二是落实监管部门的监管。明确监管主体，为金融行业营造更加宽容审慎的环境。明确的监管主体是实现金融监管公正、有序及高效的前提，加强对重点领域金融机构的监管，落实机构监管，体现监管部门职能。对投行、保险公司等金融机构实施审慎监管的政策，注重系统性金融监管，同时，进一步加强法人金融机构的指导，提高其治理结构的有效性。

三是推动金融技术创新与监管试点。在保持金融风险底线的同时，提高金融风险承受能力，增强金融机构创新活力。牵头开展资本市场金融技术创新与监管试点，推动区块链等监管技术在 A 区的应用；依托现有金融法院，探索建立专业金融法院，加强多元化金融纠纷案件解决机制建设，完善证券期货纠纷解决机制、诉讼对接机制和仲裁机制，助力 A 区建设法治诚信资本市场示范区，为武汉区域金融中心内的金融机构及个人提供更好的金融服务保障。

7.3.8 打造智慧共享的金融服务环境，提升金融服务水平

在科技变革的潮流下，新兴技术的应用已然成为当前时代发展的趋势，大数据、云计算等新技术在生活中的应用也无处不在。武汉区域金融中心的建设应当抓住时代发展潮流，学习和运用好新技术在生活及行业中

的应用，继续推进武汉智慧城市建设，并借助区块链技术，加快枢纽建设。

一是继续推进武汉智慧城市建设。运用新兴技术，为金融业发展提供智慧共享的优质营商环境。通过云计算、大数据、5G 等通信技术的运用，武汉将走高信息化、高质量的发展道路，实现数据互联、信息开放共享，建设国家标杆级智慧城市，为金融业提供优质的城市服务水平，提升金融业务意愿。

二是加快区块链枢纽建设。借助新兴技术，打造智慧城市大脑，提升服务水平。以城市数据资源整合共享为主线，构建感知、连接、计算、应用"四位一体"的城市大脑，实现经济社会可持续高质量发展，形成整合、治理、共享、分析、开放的数据支撑体系，并为外部数据服务创建统一的能力。建设应用支持中心，为上市公司及中小企业提供技术支持和支持，提升服务水平和效率。加快人工智能枢纽及其算法模型库建立，发挥人工智能的算法优势，为不同的城市场景智能应用提供智力支持。加快区块链枢纽建设，尽早实现区块链基础设施标准化建设，为高效、准确电子许可和信贷监管等提供区块链的独特处理方法。促进数据聚合和开放式信息共享。完善数据收集和共享机制，加强数据资源综合管理，提高数据"收集、传播和使用"的水平和质量。及时更新政府信息源目录，促进城市智库基础数据统一。改善人口和法人数据库，向公众提供更全面的信息，且供在线访问。加快征信工作，促进信用数据在全市各领域的广泛应用。通过城市中心进行的数据交换确保了数据交换过程的及时有效管理。推进民生服务"一码互联"。整合现有移动生活保障服务，打造服务城市统一入口，涵盖生活费、智能停车、公交、预约接待、社保搜索、交通违规等内容。做好医疗、养老、社会保险、交通、文化、体育、旅游、水电等各类信息服务工作，构建"一人一码"城市编码体系。打造"一站式直达"企业服务。建立统一的企业信息收集和服务监管"企业需要我"收集服务平台。建立政府与企业的联系，统一企业利益政策，联系企业需求，为企业利益提供理念支持和政策反馈，实现对企业需求的快速响应。

7.3.9 建设区域智慧金融中心，提高金融中心智能化水平

随着互联网技术的不断发展，新的科技应用不断更迭，如云计算、大数据、区块链、人工智能等新技术都深刻影响着金融行业，并在一定程度上推动着金融行业做出相应的变化。武汉区域金融中心建设离不开新兴技术，需要借助云计算和大数据等技术建设成智慧金融中心，而智慧金融中心恰恰可以依托武汉智慧城市的建设，通过数据化和信息化，为金融行业的发展提供智慧支撑，提升金融业的服务质量和水平。具体建议如下：

一是要坚持创新驱动发展。发挥人才优势，推动金融发展可持续。金融高质量可持续发展离不开科技创新。凭借武汉高校云集、人才众多的优势，大力推动金融创新，并依托建设国家级金融研究实验室，研究和攻克金融科技重、难点，用科技推动金融高质量发展，金融业在科技支撑下实现不断发展进步，进而反哺科技持续研究创新，实现金融可持续、高质量发展。

二是推动金融行业智能升级。抓住时代发展潮流，加快新技术在金融领域的应用，推动金融行业智能升级。积极推进智能银行建设，普及智能柜台、无人网点等新兴金融应用。推进信息化技术在银行、证券、保险等金融重要行业的进一步应用，利用 5G 技术、区块链以及云计算等新技术实现客户服务、风险监督控制以及金融监管等领域的智能升级。探索建立监督管理系统，提升数字金融的新兴业态风险监督和管理能力。支持武汉设立金融科技创新平台，推动数字货币、电子结算等创新应用，推动数字人民币的研发应用和国际合作。加强区域金融数据互联，促进武汉区域金融中心范围内流动支付、跨境大宗交易、跨境融资等金融活动的顺利发展。

三是布局未来重要战略领域。未雨绸缪，提前布局未来重要战略领域，走在行业发展前沿。加快布局 6G 产业链、量子信息技术等科技前沿，依托新科技实现产业整体转型升级，并依托于技术之间、技术与产业之间的深度融合，提前布局前沿战略领域，有助于未来引领行业变革，加速金融行业与新技术的融合应用，对行业未来具有重要战略意义。依据武

汉区域位置，合理规划金融空间，建设成"一心、双核、资本谷"的金融空间结构。根据武汉现有金融空间，结合《武汉 2049 年长远发展规划》，按区域级、市级、组团级和社区级进行建设，打造核心区域的金融产业集聚区及足量的金融网点，区位分布明确，职能清晰。发挥区域金融"双核"的辐射带动作用，突出光谷金融创新示范效应，将汉正街建设成为未来主要的金融中心。到 2030 年，金融空间规模将不低于 4.5 平方千米，金融地标将日益明显，基本建成国家金融中心，形成"一心、双核、资本谷"的金融空间结构。

7.3.10　合理规划布局，注重金融招商引资

打造"一心"——汉正街国际金融中心区，优化金融空间。重视区位条件在金融中心建设中的作用，选择最佳区位，打造区域金融中心，用区位优势换取更多招商引资机遇。多方研究证实区位对国际金融中心有着不可忽视的影响，区位理论的主要影响因素包括内部和外部规模经济、运输成本、供给、需求、沉没成本和信息不对称。武汉区域金融中心打造未来主要金融中心，在区位选择上具有诸多优势。依托汉正街独特的历史文化遗产，建设成汉正街国际金融中心。规划范围为东临天津路，南临汉江，西临武胜路，北临中山大道，横跨江汉区和硚口区，是武汉地理中心和两河交汇处。总规划用地约 328.4 公顷，用于金融保险的用地约为 56.1 公顷。

一是加快建设多功能金融集聚区。以招商银行武汉分行和邮政储蓄银行湖北分行为重点建设金融集聚区，争取尽快完成长江证券总部大楼项目签约；以武汉广电全媒体中心为重点，打造武汉新的文化地标，加快文化创意企业集聚；以会议展览中心为核心，与喜来登及费尔蒙特等酒店，形成周边完整的酒店群，打造成商业、会展酒店功能集聚区。加快武汉中心及世贸中心核心区建设，形成配套完备的金融集聚区。全面推进武汉 CBD 东部片区建设，待军地置换等相关因素成熟后，逐步启动其他片区项目建设。

二是保障金融产业集聚用地。为保证金融业用地，加快建设武汉中心

及武汉广播电视全媒体中心等总面积约 370 万平方米的 10 个项目；促进一批总面积约 73 万平方米的优质商业建筑的建成和运营，包括首地航站楼、华发中城中心和地块 14 世贸中心等楼宇，打造金融行业高端产业集群，为金融产业集聚提供优质载体。坚持规划指导，编制全市"产业地图"，严格控制"商改房"，通过集约用地的方式为"区域金融中心"建设增加新空间，更好地保障全国各地金融机构在武汉的办公与生活。

7.3.11 做强区域金融中心"双核"，发挥金融"双核"辐射力

做强区域金融中心的双核心，发挥辐射驱动功能，推动区域金融协同发展。利用核心区完善的产业基础及现代的金融体系，实现核心区协同发展，以中央商务区和华中金融城双核聚力金融发展，不断做大做强区域金融中心。

一是建设武汉中央商务区——建设大道综合金融聚集区。依托区位、交通、产业等综合优势，建设武汉中央商务区——建设大道综合金融聚集区，支持互联网金融业的发展。规划范围为东临澳门路，南临台北路，西临宝丰一路，北临北湖西路。总规划用地 447.2 公顷中，104.4 公顷是用于金融保险。依托区位、交通、产业综合优势，充分发挥商贸设施规模大、知名总部企业集中度高的优势，集金融服务、现代物流、信息服务、商务服务等生产性服务企业为一体，建设服务业集聚区、服务创新源泉和服务品牌示范区，带动经济发展。鼓励风投对互联网金融业的投资，支持大型互联网企业的融资保证、商业保理，积极发展出口信贷、融资租赁等业务。

二是做强华中金融城总部金融聚集区。明确自身发展特色，以绿色金融、消费金融、文化金融、金融科技等特色金融，做强华中金融城总部金融聚集区。规划范围为东临中北路，南临民族路，西临中山路，北临正一路。总规划为 356 公顷的用地面积中，金融保险业用地便占了 115.6 公顷。华中金融城要明确自身发展特色，坚持碳金融特色，发展以绿色金融、消费金融、文化金融、金融科技等特色金融，为区域金融中心建设注入新的活力。充分发挥总部金融机构的集聚优势，重点支持总部金融发

展，并利用国家碳排放权登记制度落户武汉的结算优势发展碳金融夜色。未来，17座100~300米高的商务写字楼与现有的13座高端商务楼共同坐落华中金融城，交汇形成华中金融产业集群。

三是加强中部金融城核心区小龟山金融文化园建设。依托较好的金融业发展基础，加强中部金融城核心区小龟山金融文化园建设，形成金融文化产业集聚。小龟山金融文化园是华中金融城的核心区域，具备较好的金融业发展基础及底蕴。通过武昌区政府产业引导和政策支持，以金融为主打元素，发展基金及金融文化产业、培育建立绿色金融、科技金融、数字金融、普惠金融等特色金融产业，进而推动小龟山核心圈层的形成，形成生态、宜居、宜商金融和资本市场高地，现已引进上交所中部基地、省上市服务中心、北京清科集团、省融资担保集团、省注册会计师协会、省文化金融服务中心、宁证期货有限责任公司湖北分公司、湖北中经盛世创新投资基金管理公司、湖北省联合交易集团、长江大数据交易中心、中物联大数据中心、国浩律师（武汉）事务所等20多家拟落户的金融文化科技企业，初步形成了金融文化产业集聚效应。

7.3.12 发展"东湖资本谷"，形成科技金融核心区

整合东湖金融高科技、金融要素市场以及金融后台发展光谷金融资本谷，以金融后台为"东湖资本谷"金融特色，打造以科技金融为主要功能的国家金融后台产业基地，形成产业金融市场和要素创新示范区。

一是发展东湖资本谷科技金融服务区。以科技金融为发展方向，发展东湖资本谷科技金融服务区，打造成为资本业务集聚区及世界级特色功能区。以武汉东湖风景区南部以及新技术开发区的西北部、洪山区的东北部等为主要建设区域，规划范围为东至喻家湖路和华中科技大学，南至珞瑜路、伏虎山和华中师范大学，西至武汉大学，北至东湖东路、环湖路和磨山，规划总用地面积约为17.26平方千米。明确东湖资本谷科技金融服务区特色，坚持发展科技金融为主要方向，提升服务质量和水平，东湖高新区坚持政府统一规划，负责东湖资本谷的开发、建设和运营，提升区域功能、改善区域景观，培育和引进品牌及相关产业链，通过招商引资促进区

域整体升级，打造东湖资本谷成为资本业务集聚区及世界级特色功能区，为国内外资本集聚提供更好的软硬件支撑。

二是发展光谷金融港后台产业基地。以后台金融机构为主，发展光谷金融港后台产业基地，形成全国标杆性的产业基地。规划范围为北临城市三环路，南临高新四路，西临广谷大道，东临广谷一路。总规划用地面积约226.5公顷，其中作为金融背景空间载体的工业用地约151.3公顷。汇集了数据中心、客户服务中心、票据中心以及培训中心等后台服务机构，囊括银行、保险、证券等重要金融行业，并借助网络和信息处理技术提供24小时不间断服务，为国内外金融机构提供更好的支持与保障。目前，光谷签约金融机构近40家，入园企业约200家，包括汉口银行、天平保险、长江证券以及泰康人寿等国内外知名企业，员工数量高达3.5万，其单个园区的聚集度达全国第一，形成全国标杆性的产业基地。光谷金融港由三个湖泊和六座山脉环绕，环境优美，适宜居住。设有金融后台中心、数据容灾中心、商务区、青年公寓及商务中心、中央能源站、专用变电站，以及食堂、酒店、休闲体育等生活和商业配套服务设施。光谷金融港应当利用好环境优势，大力建设金融后台中心，并满足入驻金融企业员工不同层次的住宿和消费需求，让金融港的上班族既能工作在这里，也能生活在这里，建设成为宜居宜工作的金融圣地。

参考文献

［1］陈四清．完善金融治理体系提升金融治理能力［J］．中国金融，2020（1）：14-16.

［2］程思思．3分钟申贷0人工介入1秒钟放款：武汉中小微企业、个体工商户申贷速度大提升［N］．长江日报，2020-08-31（3）.

［3］程勇，蔡蕾．实现专业化，念好"三字经"［N］．人民法院报，2019-11-04（4）.

［4］陈丰华．金融服务实体经济发展效率的影响因素研究［J］．现代经济探讨，2021（12）：71-80.

［5］毕亚稳．基于区域协调发展的山东省双核型区域金融中心研究［D］．济南：山东财经大学，2014.

［6］陈向阳，吴嘉舜．基于广州样本的华南区域金融中心建设研究［J］．区域经济研究，2018（1）：124-134.

［7］陈晔．上海国际金融中心建设与长三角一体化：基于实体经济与金融业协同发展的思考［J］．上海经济，2022（1）：65-76.

［8］陈启亮，王文涛．中国省域金融聚集的影响因素分析［J］．统

计与决策，2017（12）：154-157.

　　［9］戴程．青海省城市对外开放指数研究［J］．太原城市职业技术学院学报，2018（12）：10-14.

　　［10］冯永琦，于欣晔．后疫情时代全球金融治理体系建构与中国策略选择［J］．东北亚论坛，2020（6）：51-64.

　　［11］冯南平，周元元，司家兰，等．我国区域创新要素集聚水平及发展重点分析［J］．华东经济管理，2016（9）：80-87.

　　［12］郭磊．基于因子分析的山西省市域经济发展水平综合评价［J］．吕梁学院学报，2019（4）：73-76.

　　［13］郭庆宾，许泱，刘承良．长江中游城市群资源集聚能力影响因素与形成机理［J］．中国人口·资源与环境，2018（2）：151-157.

　　［14］郭庆宾，张中华．长江中游城市群要素集聚能力的时空演变［J］．地理学报，2017（10）：1746-1761.

　　［15］郭庆宾，刘琪．城市资源集聚能力研究进展述评［J］．湖北大学学报（哲学社会科学版），2016（4）：122-129.

　　［16］耿愿，孙薇，刘培，等．金融保险总部加速聚集，创新赋能高质量发展［N］．长江日报，2020-12-06（4）.

　　［17］呼梦霞，杜宏茹，张小雷，等．基于主体功能区视角下新疆民生质量的区域差异及影响因素［J］．干旱区地理．2017（3）：655-663.

　　［18］黄解宇，杨再斌．金融集聚论：金融中心形成的理论与实践解析［M］．北京：中国社会科学出版社，2006.

　　［19］胡星．金融聚集与区域金融中心的形成［J］．金融理论与实践，2009（10）：62-65.

　　［20］汉口银行．汉口银行股份有限公司2021年度社会责任报告［R］．汉口银行，2022.

　　［21］蒋才芳．基于灰色关联分析的区域保险差异影响因素分析［J］．财经理论与实践，2010（10）：22-26.

　　［22］蒋岳祥，蒋瑞波．区域金融创新效率评价、环境：影响与差异分析［J］．浙江大学学报（人文社会科学版），2013（4）：52-65.

［23］蒋瑞波．中国区域金融创新研究：效率差异、环境影响与空间效应［D］．杭州：浙江大学，2014．

［24］蒋智陶．金融支持实体经济发展的效率研究［D］．合肥：安徽大学，2014．

［25］贾春梅，葛扬．城市行政级别、资源集聚能力与房价水平差异［J］．财经问题研究，2015（10）：131-137．

［26］贾高清．金融服务实体经济效率分析——基于动态异质性随机前沿模型［J］．工业技术经济，2019（6）：28-37．

［27］刘国宏．基于金融生态视角的区域金融中心建设研究［D］．天津：南开大学，2014．

［28］刘艳军，田俊峰，付占辉，等．哈大巨型城市带要素集聚程度与生态环境水平关系演变［J］．地理科学，2017（2）：172-180．

［29］刘培．武汉市江岸区切实开展"151 工作法"，着力打造一流营商环境［EB/OL］．［2019-06-25］．http：//hb. people. com．

［30］李东明，葛昊．基于层次分析法的水稻信息系统模糊综合评价模型的构建与验证［J］．重庆理工大学学报（自然科学版），2020，34（7）：212-219．

［31］李正辉，蒋赞．基于省域面板数据模型的金融集聚影响因素研究［J］．财经理论与实践，2012（4）：12-16．

［32］李静．我国区域金融中心建设的实证研究［D］．长春：吉林大学，2014．

［33］李阳柳．珠三角金融产业集聚实证研究［D］．广州：广东外语外贸大学，2014．

［34］李宏瑾，孙丹，苏乃芳．我国金融治理能力：评价模型与应用［J］．宏观质量研究，2016（4）：88-100．

［35］李凯风，张卓．我国区域金融中心金融辐射力的金融效率分析［J］．统计与决策，2017（2）：171-173．

［36］李源．武昌以司法力量护航"金融之城"［N］．湖北日报，2021-09-17（3）．

［37］陆岷峰．关于新时期地方金融治理体系和治理能力现代化研究［J］．区域金融研究，2020（6）：15-21.

［38］毛立坡．四川省城市社区卫生服务示范机构评估研究［D］．成都：四川大学，2007.

［39］曲昭光，王湃．基于动态随机一般均衡模型的我国影子银行研究［J］．金融理论与实践，2018（3）：9-17.

［40］任英华，徐玲，游万海．金融集聚影响因素空间计量模型及其应用［J］．数量经济技术经济研究，2010（5）：104-115.

［41］茹乐峰，苗长虹，王海江．我国中心城市金融集聚水平与空间格局研究［J］．经济地理，2014（2）：58-66.

［42］宋军．我国金融治理体系改革探析［M］．北京：中国金融出版社，2016.

［43］宋志秀．基于DEA-Malmquist法的中国区域金融服务实体经济效率测度［J］．武汉金融，2019（12）：51-59.

［44］盛平，陈兰，刘文彬，等．加权TOPSIS法与RSR法联用在促透剂促透效果评价中的应用［J］．中华全科医学，2014（11）：1721-1723.

［45］孙薇，刘培．江岸区打好优化营商环境持久战［N］．湖北日报，2021-01-11（10）.

［46］孙国辽，陈红，李善军，等．包装材料对温州蜜柑贮藏品质的影响［J］．中国农业科技导报，2019（4）：1-10.

［47］孙攀峰．基于状态空间模型的中国金融稳定性评估［J］．统计与信息论坛，2019（11）：44-49.

［48］孙瑜康，孙铁山，席强敏．北京市创新集聚的影响因素及其空间溢出效应［J］．地理研究，2017（12）：2419-2431.

［49］孙国茂，范跃进．金融中心的本质、功能与路径选择［J］．管理世界，2013（11）：1-13.

［50］孙显超，潘志远，陈维达．成都建设区域金融中心的影响因素［J］．财经科学，2016（2）：34-41.

［51］上海环境能源交易所．2021碳市场工作报告［R］．上海环境能

源交易所，2022.

[52] 谭皓方，任太增，谭征．基于城镇要素集聚能力的河南省区域发展空间非均衡性研究 [J]．地域研究与开发，2019（6）：34-39.

[53] 天风证券．天风证券"碳达峰　碳中和"行动方案 [N]．证券时报，2021-03-29（A004）.

[54] 天风证券．天风证券环境信息披露报告 2016—2021 [R]．天风证券，2021.

[55] 涂莉．武汉武昌区法院：高效化解金融纠纷获点赞 [N]．人民法院报，2021-09-19（4）.

[56] 吴双．大连市构建东北亚重要国际金融中心的问题研究 [D]．大连：辽宁师范大学，2014.

[57] 王小艳．金融治理体系和治理能力现代化与高质量发展 [J]．岭南学刊，2020（3）：124-128.

[58] 王俊岭，戴淑芬．基于 DEA-Malquist 指数的我国钢铁行业循环经济效率评价 [J]．河北经贸大学学报，2014（2）：78-82.

[59] 王玉海，刘学敏．区域经济集聚的资源视角分析 [J]．经济地理，2009（4）：560-566.

[60] 王朝阳，刘东民．关于金融中心建设的若干思考 [J]．上海金融，2009（2）：83-91.

[61] 王程广．中原城市群的金融集聚效应和金融辐射效应研究 [J]．西部金融，2020（3）：79-84.

[62] 武汉众邦银行．科技创新金融服务，赋能小微企业发展 [N]．人民日报，2021-03-09（16）.

[63] 武汉农村商业银行．金融活水"贷"动乡村振兴——武汉农村商业银行勇当服务"三农"主力军 [N]．湖北日报，2021-05-25（11）.

[64] 徐悦，张桥云．金融资本集聚与区域金融中心形成——基于空间网络的分析视角 [J]．财经科学，2021（5）：13-27.

[65] 徐彬，吴茜．人才集聚、创新驱动与经济增长 [J]．软科学，2019（1）：19-23.

［66］谢家智，王文涛．金融发展的经济增长效率：影响因素与传递机理［J］．财贸经济，2013（7）：59-67．

［67］谢慧敏，张倩倩．兴业银行武汉分行领跑湖北绿色金融发展［N］．湖北日报，2021-07-18（1）．

［68］薛雅伟，张在旭，李宏勋，等．资源产业空间集聚与区域经济增长："资源诅咒"效应实证［J］．中国人口·资源与环境，2016（8）：25-33．

［69］姚文韵，王琳，刘伟，等．劳动力成本、融资约束与研发投入——基于中国 A 股上市公司的经验证据［J］．审计与经济研究，2018（4）：75-85．

［70］余力霞．金融产业集群对经济增长的研究［D］．成都：西南财经大学，2012．

［71］张浩然．中国城市金融集聚的演进趋势与影响因素：区域异质性视角［J］．广东财经大学学报，2016（3）：56-63．

［72］张帅，赵小曼，杨健全，等．城市要素聚集能力评价及耦合协调度研究——以陕西省为例［J］．南京师大学报（自然科学版），2020（4）：23-30．

［73］张志元，季伟杰．中国省域金融产业集聚影响因素的空间计量分析［J］．广东金融学院学报，2009（1）：107-117．

［74］赵伟，王春晖．区域开放与产业集聚：一个基于交易费用视角的模型［J］．国际贸易问题，2013（7）：38-49．

［75］张帆．聚智合力推动绿色金融发展［J］．支点，2021（9）：44-46．

［76］Allen W A, Wood G. Defining and Achieving Financial Stability ［J］. Journal of Financial Stability, 2006, 2 (2)：152-172.

［77］Cheung Lo. International Financial Centers under Different Political Systems：A Study of Financial Center Development in China ［D］. Hong Kong：The University of Hong Kong, 2006.

［78］Cerina F, Mureddu F. Is Agglomeration Really Good for Growth?

Global Efficiency, Interregional Equity and Uneven Growth [J]. Journal of Urban Economics, 2014, 84 (3): 9-22.

[79] Wójcik D, Knight E, Pažitka V. What Turns Cities into International Financial Centres? Analysis of Cross - border Investment Banking 2000-2014 [J]. Journal of Economic Geography, 2018, 18 (1): 1-33.

[80] Fell J, Schinasi G. Assessing Financial Stability: Exploring the Boundaries of Analysis [J]. National Institute Economic Review, 2005, 192: 102-117.

[81] Fu Y, Gabriel S A. Labor Migration, Human Capital Agglomeration and Regional Development in China [J]. Regional Science and Urban Economics, 2012, 42 (3): 473-484.

[82] Hu K H, Wei J, Tzeng G H. Improving China's Regional Financial Center Modernization Development: Using a New Hybrid MADM Model [J]. Technological & Economic Development of Economy, 2018, 24 (6): 1-38.

[83] Jian G M, Luo S, Zhou G. Financial Development, OFDI Spillovers and Upgrading of Industrial Structure [J]. Technological Forecasting and Social Change, 2020, 155: 1-10.

[84] Kulish M, Pagan A. Turning Point and Oscillatory Cycles: Concepts, Measurement, and Use [J]. Journal of Economic Surveys, 2021, 35 (4): 977-1006.

[85] Klagge B, Martin R. Decentralized Versus Centralized Financial Systems: Is There a Case for Local Capital Markets? [J]. Journal of Economic Geography, 2006, 5 (4): 387-421.

[86] Lannoo K. The Future of European Financial Centres [R]. ECMI Papers, 2007.

[87] Guiso L, Sapienza P, Zingales L. The Role of Social Capital in Financial Developmente [J]. The American Economic Review, 2004, 94 (3): 526-556.

参考文献

[88] Li Z, Dawood S S. Development of the Regional Financial Centers in China: A Quantitative Study Based on the Province-level Data [J]. Mediterranean Journal of Social Sciences, 2016, 3 (1): 374.

[89] Mishkin F S. Global Financial Instability: Framework, Events, Issues [J]. Journal of Economic Perspectives, 1999, 13 (4): 3-20.

[90] Minsky H P. Can "it" Happen Again?: Essays on Instability and Finance [J]. Journal of Economic Issues, 1984, 18 (4): 1260-1262.

[91] Pandit N R, Cook G A, Swann P M. The Dynamic of Industrial Clustering in British Financial Services [J]. The Service Industries Journal, 2001, 21 (4): 33-61.

[92] Porter M E. Clusters and the New Economics of Competition [J]. Harvard Business Review, 1998, 76 (6): 77.

[93] Porteous D J. The Development of Financial Centers: Location, Information Externalities and Path Dependency [M]. Wiley Press, 1999.

[94] Ritsila J, Marko O. Migration and Regional Centralization of Human Capital [J]. Applied Economics, 2001, 33 (3): 317-325.

[95] Thrift N. On the Social and Cultural Determinants of International Financial Centers: The Case of the City of London [M]. Oxford: Blackwell, 1994.

[96] Teirlinck P, Spithoven A. The Spatial Organization of Innovation: Open Innovation, External Knowledge Relations and Urban Structure [J]. Regional Studies, 2008, 42 (5): 689-704.

[97] Wahed M S. China's Financial System: Resolving the Constraints for Sustained Growth [J]. Strategic Change, 2017, 26 (3): 243-250.

[98] Zhao S, Li Z, Wang D. Determining Factors of the Development of a National Financial Center: The Case of China [J]. Geoforum, 2004, 35 (5): 577-592.

武汉区域金融中心建设创新路径研究